税理士のための
中小企業の不正・不祥事対策ブック

弁護士の視点をプラス！

トピックス別

この1冊で
顧問先のリスクを
未然に防ぐ

アンダーソン・毛利・友常法律事務所　外国法共同事業
弁護士　嘉納英樹

第一法規

はじめに

　弁護士は、大企業または中規模の企業でないと、顧問として雇わない場合が多く、零細・小規模の企業には必ずしも顧問弁護士はついていません。ところが、どんな企業でも毎年税務申告をしなければならないので、税理士の先生方は、ほとんどの企業に顧問としてついています。その意味で、税理士の先生方は、「企業の最も身近にいて企業の経営をご覧になることのできる立場の方々」と形容しても間違いではないかもしれません。

　そして、税理士の先生方の顧問先企業が抱える「税務周りの問題」が、「税務以外の問題」と密接不可分に結び付いている場合が非常にたくさんあります。

　とするなら、「税務周りの問題」について税理士の先生方が税の専門分野に関する助言をする際に、背景知識として「税務以外の、一般的な法律のこと」を知っておられるなら、顧問先企業の「税務周りの問題」を、より明快に理解し、かつ、より的を射た、より適切な助言を顧問先の企業に対し行うことができるわけです。

　このため、「税務以外の、一般的な法律のこと」について、税理士の先生方が、背景知識として勉強され、かつ、知っておくことを手助けするための概説書を出版することとなりました。それが本書です。

　税理士の先生方は「税務の専門家」ですが「法律家」ではありません。弁護士法および税理士法との兼ね合いがありますから、税理士の先生方が「税務周りの問題」以外に関する助言をすることは許されないと思われます。したがって、本書は、税理士の先生方が、「法律について顧問先の企業に正しく助言するための書籍」ではありません。「税務周りの問題」について助言をする際の、背景知識として知っておくべき情報を短くまとめたものです。もっと突っ込んでいうなら、「顧問先の

企業の法律問題や不正・不祥事に関するリスクに気付いたら、弁護士などの適切な他士業に、顧問先企業をつなげるためのきっかけとなる前提知識を得るための書籍」ということができます。

　本書の特徴は3つです。第1に、「法律の部分」の内容が、中小企業で特に頻出する2つ（「人事労務」問題および「競争確保」問題）を柱としていることです。第2に、理解しやすさを考え、「税務の部分」と「法律の部分」の絡みをできるだけふんだんに盛り込んだことです。第3に、「会話調だとアッという間に読める」という視点から、会話調の分量を比較的多くしたことです。

　本書の発想は、**『法律書では学べない　弁護士が知っておきたい企業人事労務のリアル』**を第一法規から上梓した2019年からずっと、筆者の中にありました。5年超かかりましたが、ようやく執筆が完了し、筆者として感無量です。もっとも、舞台裏を明かすなら、第一法規の稲村将人さん、新田拓己さん、および小池芽衣さんからの多大なるご指導を経て、やっと執筆完了に漕ぎ着けることができた次第です。実のところ、3人の方々からの適宜かつ継続的な叱咤激励がなければ、本書の執筆完了は、およそあり得ませんでした。そこで、3人の方々の、類い稀なるご尽力につき、この場をお借りして明確に特筆し、かつ強調させていただきたく存じます。心よりお礼申しあげます。

　2024年12月

アンダーソン・毛利・友常法律事務所　外国法共同事業

弁護士　嘉納英樹

CONTENTS ● 税理士のための 中小企業の不正・不祥事対策ブック

はじめに
凡　例

第1章 │ 競争確保に関する各法律（競争確保法） …… 1
　Ⅰ　インボイス制度と下請いじめ …… 2
　Ⅱ　消費税転嫁対策特別措置法 …… 9
　Ⅲ　下請法 …… 15
　Ⅳ　フリーランス適正化法 …… 24
　Ⅴ　優越的地位の濫用 …… 30
　Ⅵ　コンビニ …… 38

第2章 │ いじめ、嫌がらせ、ハラスメント …… 47
　Ⅰ　カスハラ …… 48
　Ⅱ　他社をおもんぱかってくださいね、という法律
　　　……特に建設業法 …… 62
　Ⅲ　他社をおもんぱかってくださいね、という法律
　　　……マイナーな条文 …… 76
　Ⅳ　パワハラ …… 79
　Ⅴ　セクハラ …… 91

第3章 │ 会社法 …… 97
　Ⅰ　会社の種類 …… 98
　Ⅱ　株式会社とコーポレートガバナンス …… 112
　Ⅲ　株式会社の取締役 …… 132
　Ⅳ　株式会社の取締役に対して支払われる報酬 …… 137
　Ⅴ　株式会社の取締役に対して支払われる報酬についての
　　　最近の動き …… 148

iii

第4章｜賃金 159

Ⅰ　リストリクテッド・ストック（RS）と
　　リストリクテッド・ストック・ユニット（RSU）　160

Ⅱ　賃金に関する5原則　175

Ⅲ　源泉徴収　181

Ⅳ　賃金額の決まり方および解雇の困難性　188

Ⅴ　賃上げ税制および最低賃金法　201

Ⅵ　賃金減額　210

第5章｜離職 213

Ⅰ　パフォーマンス不良の場合の解雇困難性　214

Ⅱ　離職勧奨　225

Ⅲ　解雇に対する法規制　238

Ⅳ　経済的理由を原因とする解雇　243

Ⅴ　経済的理由を原因とする希望退職募集および個別の離職勧奨　254

Ⅵ　退職に際して　265

第6章｜募集・採用およびエンゲージメント 277

Ⅰ　サインオンボーナス　278

Ⅱ　採用の自由　284

Ⅲ　募集採用の場面で気を付けるべき点　299

Ⅳ　労働契約締結に際して気を付けること　309

Ⅴ　採用内定、試用期間　316

Ⅵ　副業・兼業　321

Ⅶ　借上社宅　329

おわりに

【 凡 例 】

本書において、本文中では以下の略称を用いています。

略称	正式名称
憲法	日本国憲法（昭和二十一年十一月三日公布昭和二十二年五月三日施行）
下請法	下請代金支払遅延等防止法（昭和三十一年法律第百二十号）
独占禁止法	私的独占の禁止及び公正取引の確保に関する法律（昭和二十二年四月十四日法律第五十四号）
消費税転嫁対策特別措置法	消費税の円滑かつ適正な転嫁の確保のための消費税の転嫁を阻害する行為の是正等に関する特別措置法（平成二十五年法律第四十一号）
フリーランス適正化法	特定受託事業者に係る取引の適正化等に関する法律（令和五年五月十二日号外法律第二十五号）
男女雇用機会均等法	雇用の分野における男女の均等な機会及び待遇の確保等に関する法律（昭和四十七年法律第百十三号）
男女雇用機会均等法施行規則	雇用の分野における男女の均等な機会及び待遇の確保等に関する法律施行規則（昭和六十一年労働省令第二号）
労働施策総合推進法	労働施策の総合的な推進並びに労働者の雇用の安定及び職業生活の充実等に関する法律（昭和四十一年法律第百三十二号）
労働時間設定改善特別措置法	労働時間等の設定の改善に関する特別措置法（平成四年法律第九十号）
労働者派遣法	労働者派遣事業の適正な運営の確保及び派遣労働者の保護等に関する法律（昭和六十年法律第八十八号）
労組法	労働組合法（昭和二十四年法律第七十四号）
外為法	外国為替及び外国貿易法（昭和二十四年法律第二百二十八号）
商法特例法	株式会社の監査等に関する商法の特例に関する法律（昭和四十九年法律第二十二号）
労働保険料徴収法	労働保険の保険料の徴収等に関する法律（昭和四十四年法律第八十四号）
賃金支払確保法	賃金の支払の確保等に関する法律（昭和五十一年法律第三十四号）
パート有期労働法	短時間労働者及び有期雇用労働者の雇用管理の改善等に関する法律（平成五年法律第七十六号）
障害者雇用促進法	障害者の雇用の促進等に関する法律（昭和三十五年法律第百二十三号）
育児・介護休業法	育児休業、介護休業等育児又は家族介護を行う労働者の福祉に関する法律（平成三年法律第七十六号）
裁判員法	裁判員の参加する刑事裁判に関する法律（平成十六年法律第六十三号）
個別労働紛争解決促進法	個別労働関係紛争の解決の促進に関する法律（平成十三年法律第百十二号）
高年齢者雇用安定法	高年齢者等の雇用の安定等に関する法律（昭和四十六年法律第六十八号）
高年齢者雇用安定法施行規則	高年齢者等の雇用の安定等に関する法律施行規則（昭和四十六年労働省令第二十四号）
個人情報保護法	個人情報の保護に関する法律（平成十五年法律第五十七号）
教育職員児童生徒性暴力防止法	教育職員等による児童生徒性暴力等の防止等に関する法律（令和三年法律第五十七号）
こども性暴力防止法	学校設置者等及び民間教育保育等事業者による児童対象性暴力等の防止等のための措置に関する法律（令和六年法律第六十九号）
女性活躍推進法	女性の職業生活における活躍の推進に関する法律（平成二十七年法律第六十四号）

第1章 競争確保に関する各法律（競争確保法）

Ⅰ　インボイス制度と下請いじめ
Ⅱ　消費税転嫁対策特別措置法
Ⅲ　下請法
Ⅳ　フリーランス適正化法
Ⅴ　優越的地位の濫用
Ⅵ　コンビニ

I インボイス制度と下請いじめ

Discussion

税　2023年10月からインボイス制度が始まりましたね。

弁　そうですね。税務の専門家でない私たち弁護士にとっては、なかなか難しい内容です。簡潔に解説いただけますでしょうか。

税　簡潔にいうと、インボイス制度とは、「自社」が国から特別な番号をもらわないと「自社」ではなく「他社」に迷惑をかけかねないという制度です。

弁　は？

税　のっけから簡潔にぶっちゃけてすみません。

弁　「簡潔にぶっちゃけ」すぎかもしれませんけれど、先生のそういうところが昔からとっても好きです。解説の続きをお願いします。

税　普通、どんな制度においても、「自分」がその制度に乗っからないと、「自分」が不利益を受けるでしょ？　不利益を受ける客体は「自分」ですよね。

弁　そうですね。制度って、通常は、およそそういうものです。自分が不利益を受けるのを避けるため、その制度に乗っかりますよ。

税　でも、インボイス制度は基本的に、「自分」がその制度に乗っからないと「他者」、特に取引先が被害を受けるという、興味深い制度となっているのです。

弁　えっ？　マジで？？　それはびっくりです。

税　専門的に解説してみましょう。「実体的」な面と「手続的」な面と

ありますが、第1に、インボイス制度を「実体的」にみると、「適格請求書でやり取りされた消費税のみを消費税の計算の際の経費として計上できる」という制度です。

弁　え？　インボイスって「消費税」に関する制度だったんですか。

税　ええ。そうですよ。

弁　「所得税」に関する制度だと思っていました。

税　いえいえ。まったく違います。

弁　へぇ。先ほどのご説明ですが、逆に「適格請求書でやり取りされていない消費税は、消費税の計算の際の経費として処理できない」ということですか？

税　うん。そうなんですよね。2023年9月まではどんな請求書でもよかったんですけどね。同年10月から変わりました。そして、「適格請求書」のことを「インボイス」と呼んでいます。

弁　ほぉ。

税　第2に、「手続的」には、Tで始まる13桁の登録番号を国からもらうことを意味します。税務署経由でもらいます。

弁　それだけをお伺いすると実に簡単ですね。

税　この登録番号が載っているものが適格請求書です。

弁　なるほどぉ。インボイス制度が始まってしばらくたちましたが、小規模事業者に影響を及ぼすと言われていますね。実務的にはどのような影響を及ぼす制度なのですか？

税　実体的な影響としては、売上1,000万円以下の小規模事業者が今まで手元に置いておくことのできた「益税」を消費税として納めなければならなくなるかもしれない、という制度です。

弁　難しいですね。「益税」とは何でしょうか。

税　小規模事業者が、支払ってもらった消費税を今まで手元に置いておくことができた、その分のことです。

第1章　競争確保に関する各法律（競争確保法）　3

弁　小規模事業者は消費税を支払ってもらっても、国に納税せずに手元に置いておくことができたのですか？

税　はい。そのとおりです。1989年の竹下内閣において消費税が開始されています。当時の税率は3％でした。覚えておられますか？

弁　そういえばそうでしたね。今から思えば小さい率です。

税　同時に、1989年の消費税開始当時、事業者免税点が3,000万円以下と定められました。

弁　事業者免税点が3,000万円以下、という意味は何ですか？

税　要するに3,000万円以下の売上の事業者は、免税される＝消費税を国に納めなくてよかったということです。

弁　へぇ。つまり、3,000万円以下の事業者は免税事業者だったという意味ですか。

税　はい。

弁　納めなくていいという事実こそが「益税」と呼ばれるものですか？

税　はい。そして、この免税点は2004年の小泉内閣の際に1,000万円に引き下げられています。

弁　ということは、2004年以後は、1,000万円以下の売上の事業者のみが、消費税を納めなくてよくなったということですか。

税　はい。

弁　ほぉ。わかりました。ところで、国による基本的な税のかけ方は、「売上」それ自体にかけるのではありませんよね。

税　よくご存じですね。「売上」から、「（売上を上げるためにかかった）経費」を引いた分、すなわち「利益」にかけます。

弁　消費税10％の場合、「売上」と「経費」はどうなるのでしょうか。

税　例えば、*Key points*（後記）の図において、第二法規商店の立場からすると、消費税についての売上は7,000円です。消費税についての経費は5,000円です。このため、7,000円から5,000円を控

除した残りの2,000円が消費税についての利益です。なので、第二法規商店は、2,000円を国に納めることとなります。

弁 この、「7,000円から5,000円を控除」することを、専門用語で**仕入税額控除**と呼びますよね。

税 そのとおりです。仕入税額控除とは、要するに、「売上の消費税額」から「経費＝仕入の消費税額」を引くこと、を指します。

弁 2023年10月以後、インボイス制度が始まりましたが、その下での肝は…？

税 インボイス制度の肝ですが、*Key points*（後記）の図のAMT株式会社が売上1,000万円以下と仮定してお話しします。**AMT株式会社がインボイスを発行できないと（＝国から13桁の登録番号をもらっていないと）、第二法規商店は、もはや5,000円を経費に入れられず5,000円を7,000円から差し引けなくなる、というのが要点です。**

弁 そうなりますと、AMT株式会社がインボイスを発行できないと第二法規商店は7,000円を国に納めざるを得ないことになりますか？

税 はい。第二法規商店の立場からすると、今まで2,000円だけ納めていればよかったのに7,000円も納める羽目になります。

弁 要するに、直接的には、自分が被害を被るのではなくて、自分のお客様が被害を被るというわけですね。これが先生が冒頭におっしゃっていた「他社に迷惑をかけかねない」ということですかね。

税 そうですね。さて、第二法規商店がとり得る行動様式としては、インボイスを発行してください（＝国から登録番号をもらってください）とAMT株式会社に要請することです。

弁 確かに、そうですね。AMT株式会社がインボイスを発行できるようになれば、7,000円から5,000円を差し引けるので、国に納めることとなる税金は2,000円となるわけですから。

税 しかし、今まで**「免税事業者」だったAMT株式会社が、国から登**

第1章　競争確保に関する各法律（競争確保法）　　5

録番号をもらいインボイスを発行できるようになると、恐ろしいことに、いきなり「課税事業者」に変身してしまいます。

弁　えええぇ？　そうなんですか？

税　そうなんですよぉ。

弁　つまり、AMT株式会社は、今まで消費税を国に納めることをせっかく免除されていたのに（益税を手元に置くことができたのに）、たちまち、消費税を国に納税しなければならない立場に置かれてしまうようになる、という意味ですか？

税　はい。そのとおりですね。

弁　わかりました。おそらく、国は免税事業者をなくす方向なのですね。

税　その場合、第二法規商店としては、どのような行動が考えられるのでしょうか、先生。

弁　AMT株式会社との取引をやめるという可能性があり得ますね。

税　やはりそうですかぁ。

弁　この点は競争確保に関する各法律（以下、本書において「競争確保法」といいます）ですから、私の得意とするところです。

Key points

```
    消費者        ……………      注文主       ……………       下請
（サーグッド株式会社）           （第二法規商店）            （AMT株式会社）
              77,000円                    55,000円
```

(1)　AMT株式会社が、製品を作って第二法規商店に納品し、第二法規商店がその製品をサーグッド株式会社に販売する、という場合です。現在、AMT株式会社は、売上が1,000万円以下と仮定します。そう

すると、AMT株式会社は「免税事業者」となります。ですから、国に消費税を納めることを免除されています。

(2)　製品納品の対価としてAMT株式会社が5万円+消費税5,000円の5万5,000円を、第二法規商店から支払ってもらうとし、製品販売の対価として第二法規商店が、7万円+消費税7,000円の7万7,000円をサーグッド株式会社から支払ってもらうとします。

(3)　この場合にみられる典型的な下請いじめは以下のとおりです。

　①　「貴社が「国から登録番号をもらってください」という、うちの要請に応じてくれない場合、うちは5,000円分、損するわけです。なので、その分、値下げをお願いしますよ。値下げに応じてくれないなら、今後、取引をしませんよ」と第二法規商店がAMT株式会社に圧力をかける事態です。

　②　この要請に応じ、AMT株式会社が国から登録番号をもらい免税事業者から課税事業者に変わってしまったとき、AMT株式会社は国に消費税を納め始めることとなってしまいます。なので、「すみませんが、少し値上げさせてもらえませんか」と第二法規商店にお願いするかもしれません。しかし、その場合に「いえ、今までのどおりの金額でお願いします」と第二法規商店がAMT株式会社に圧力をかける事態です。

(4)　公正取引委員会はすでに、上記①②のような事例を含めたさまざまな下請いじめに目を光らせています。以下に引用するウェブサイト（「免税事業者及びその取引先のインボイス制度への対応に関するQ&A」（2022年1月19日　最終改正2022年3月8日））のQ7を参照ください。

「免税事業者及びその取引先のインボイス制度への対応に関するQ&A」
（ https://www.jftc.go.jp/dk/guideline/unyoukijun/invoice_qanda.html ）

　そこには、以下が明記されています。

第1章　競争確保に関する各法律（競争確保法）

事業者がどのような条件で取引するかについては、基本的に、取引当事者間の自主的な判断に委ねられるものですが、免税事業者等の小規模事業者は、売上先の事業者との間で取引条件について情報量や交渉力の面で格差があり、取引条件が一方的に不利になりやすい場合も想定されます。

　自己の取引上の地位が相手方に優越している一方の当事者が、取引の相手方に対し、その地位を利用して、正常な商慣習に照らして不当に不利益を与えることは、優越的地位の濫用として、独占禁止法上問題となるおそれがあります。

　仕入先である免税事業者との取引について、インボイス制度の実施を契機として取引条件を見直すことそれ自体が、直ちに問題となるものではありませんが、見直しに当たっては、「優越的地位の濫用」に該当する行為を行わないよう注意が必要です。

また、以下を例示しています。

1	取引対価の引下げ
2	商品・役務の成果物の受領拒否、返品
3	協賛金等の負担の要請等
4	購入・利用強制
5	取引の停止
6	登録事業者となるような慫慂等

II 消費税転嫁対策特別措置法

Discussion

弁　「免税事業者たる売主への支払だと、買主は仕入税額控除ができなくなってしまう」という点、先生から先ほど習いました。領収書をもらって、Tで始まる13桁が書いてあるとホッとします、正直。というのも、仕入税額控除ができるので。

税　そのお気持はよくわかりますよ。

弁　逆に、Tで始まる13桁が書いてないと、がっかりさせられるだけでなくて、「ここの売上は1,000万円以下なのかな」という推定が働いてしまいますかね？

税　んー。インボイス登録をしているか否かと1,000万円超か以下かは、必ずしも一致しません。ですが、まぁ、一般的にはご趣旨の推定が働き得るでしょうね。

弁　やはりそうなんですね。ところで、根本的な疑問なのですが、日本でも「消費税」という制度はそもそも必要なんですかね。あまりの根本論で申し訳ないのですが。

税　少子高齢化ですから必要でしょうね。

弁　どういうことですか？

税　ご承知かとは思いますが、もともと税の多くは、「現役世代が稼ぐ所得や利益」から賄われていますよね。

弁　まぁ、そうでしょうね。

税　でも、今の日本は、少子高齢化でしょう。そうすると、高齢者医療

第1章　競争確保に関する各法律（競争確保法）

費が増えていくばかりか人口が減っていきますよね。

弁　確かに、国立社会保障・人口問題研究所が「日本の将来推計人口（令和5年推計）結果の概要」を公表しています。

（ https://www.ipss.go.jp/pp-zenkoku/j/zenkoku2023/pp2023_gaiyou.pdf ）

　53頁の《長期参考推計結果》の参考表3をみると、2100年時点で日本の人口は5,100万人ほどまで落ち込む可能性が示唆されています。

税　ご指摘の数値を前提にすると、現役世代の人口がどんどん少なくなる可能性が高くあります。

弁　なるほど。少子高齢化の下で、税収が減ることを恐れて、「所得に依存しない徴税方法」が必要であり、それを編み出したというわけでしょうか、先生。

税　はい。特に、社会保障費の財源としてですね。実際のところ、社会保障制度改革推進法第2条第4号には、財源に必要な消費税を充てると明記されています。しかし、当初は大反対が起こりましてね。

弁　どうしてですか？

税　理由としては、増税になり得ますし、計算に手間がかかりますし、所得の低い方々に大きな影響があり得ますし。実際、1987年の中曽根内閣の時代、「売上税」が廃案になっています。

弁　それでも国は導入を貫いたのですか。

税　税収が乏しくなると国が成り立たなくなりますから。国は消費税を何とか導入しようと、さまざまな救済措置を設けました。それらのうちの1つが、先ほど申しあげた免税事業者という制度です。

弁　売上3,000万円以下の事業者は、消費税をもらっても国に納めなくてよいという1989年消費税開始当時の制度ですね。

10

税 はい。別の救済措置が、「帳簿方式」と呼ばれるものでした。これは、簡単にいうと、事務負担の複雑化防止です。帳簿に記載さえすれば、それだけで、消費税を計算して仕入税額控除できるというものです。インボイス制度のまったく逆のものです。

弁 インボイス制度を導入することにより免税事業者を少なくすることにつながりますか？

税 はい。国の狙いはおそらくそれなのでしょう。

弁 としますと、インボイス制度は、免税事業者にとっては酷な制度ですね。

税 確かにそうかもしれません。もっとも、免税事業者は、1989年の消費税導入時期以後、これまでの間、特別に優遇を受けてきています。やはり将来的には免税事業者をなくす方向というのは、国からみるとやむを得ないように感じます。

弁 わかりました。そういえば、私の小学校の同級生にお父様が尾崎護先生という方がいました。

税 え？ 大蔵事務次官を務められたあの尾崎護先生ですか。消費税を日本に導入した際の中心人物ではありませんか。

弁 ええ。大蔵省時代に、消費税導入のため政治家や経済界の理解を得ようと奔走し、だいぶご苦労をなされたとおっしゃっていました。一流の大蔵官僚でしたね。

税 はい。

弁 贅沢品や嗜好品に「物品税」が5〜30％かかっていて、これが不公平感からたびたび問題になっていたので、生活の多様化を背景に、広く薄く公平に負担をお願いすることにしたということを尾崎護先生がおっしゃっていました。ところで、先ほど1989年に竹下内閣が導入した際は消費税率が3％だというお話をされましたね。

税 ええ。その後、1997年の橋本内閣のときに、消費税は5％に引き

第1章 競争確保に関する各法律（競争確保法） 11

上げられ、同時に「請求書等保存方式」が導入されました。そして、2014年の安倍内閣のときに8%に引き上げられましたし、2019年の安倍内閣の際には10%に引き上げられました。

弁　そうでした、そうでした。3%の時代からみると、10%って、かなり高いですよね。

税　消費税を導入する際に参考にした欧州の付加価値税（Value Added Tax）は、標準的な税率としては、もっともっと高い税率ですよ。大体20%台です。

弁　そうなんですか。高いですね。ところで、かつて、消費税転嫁対策特別措置法という法律があったんですよ。ご存じでしたか。

税　いえ。存じませんが。

弁　2013年10月1日より2021年3月31日までの時限立法でした。2014年4月1日（5%から8%に）および2019年10月1日（8%から10%に）に予定されていた消費税率の引上げに際し、消費税の円滑かつ適正な転嫁を確保することを目的として制定された特別法でした。

税　法律の趣旨を具体的にいうと、どういうことでしょうか？

弁　具体的にいうと、消費税の値上げ分を売手が買手に転嫁したいという場合、買手がこれを妨げてはいけない、という趣旨です。

税　2014年および2019年の引上げのときに、多くの売手は、消費税の上がった分を、価格に転嫁したいと思ったわけですよね。

弁　はい。ところが、多くの買手は、「転嫁するな」と主張したかったわけです。売手が転嫁したい場合に、買手が圧力をかけ転嫁を拒むのはおかしい、というのが法の趣旨です。

税　なるほどぉ。具体的にどのような行為が規制対象でしたか。

弁　「特定事業者」と呼ばれる買手が、「特定供給事業者」と呼ばれる売手に対して行う5つの、消費税転嫁拒否等の行為です。

① 減額
② 買いたたき
③ 商品購入、役務（サービス）利用、利益提供の要請
④ 本体価格での交渉の拒否
⑤ 報復行為

[税] 消費税に関連するので、国税庁の所管でしたか。税理士としてまったく記憶にないのですが。

[弁] いえいえ、先生。消費税転嫁対策特別措置法は、趣旨が独占禁止法や下請法と同種なのです。優越的な地位の濫用を防ぐということで、公正取引委員会の所管でした。その背後にあるのは、自由かつ公正な競争の確保という観点ですね。

Key points

(1) 資本主義の下では、自由かつ公正な競争が確保されなければなりません。そこでは、「契約自由の原則の名の下で強い者が弱い者に圧力をかける行為」を排除して、市場原理を維持しようという考え方が重要となります。消費税に関して、2014年および2019年に税率が上がっていますが、売手は当然に消費税分を転嫁したいと考えるはずです。これを抑え込みたい買手の存在を許さない、というのが消費税転嫁対策特別措置法の趣旨でした。

(2) 2021年３月31日をもって、消費税転嫁対策特別措置法は効力を失いました。しかし、同法の失効後も、優越した地位にある事業者が、

その地位を利用して、相手方に対して消費税の転嫁拒否等の行為を行う場合には、「優越的地位の濫用」として、独占禁止法違反になり得ます。また、資本金の額によっては、下請法の問題となり得ます。このため、公正取引委員会としては、消費税転嫁対策特別措置法の失効後も、厳正な対処をする旨、公に知らしめています。

「消費税転嫁対策特別措置法の失効後における消費税の転嫁拒否等の行為に係る独占禁止法及び下請法の考え方に関するQ&A」
（ https://www.jftc.go.jp/tenkataisaku/tenka-shikko-QandA.html ）

Ⅲ 下請法

Discussion

税　先ほどの話の中で、下請法が出てきましたね。下請法の趣旨は、結局のところ、何ですか？

弁　優越的地位の濫用の禁止です。

税　優越的地位の濫用というと、独占禁止法による禁止がすでに存在していますよね。それなのに、どうして下請法が必要なのでしょうか。

弁　確かに、下請法に反する行為は、優越的地位の濫用として、すでに独占禁止法の規制対象のはずです。しかし、独占禁止法上の「優越的地位の濫用」に該当するためには、いくつかの要件を充足することが必要です。

税　具体的には何でしょうか？

弁　優越的地位の濫用とは、(a)取引の一方の当事者が自己の取引上の地位が相手方に優越していること（優越的地位）を利用して、(b)正常な商慣習に照らして不当に、(c)不利益を与える行為（濫用行為）を行うことをいいます（独占禁止法第2条第9項第5号）。

税　何が(a)に該当し、何が(b)に該当し、何が(c)に該当するのか、一義的には不分明といえそうですね。

弁　ええ。まぁ、正確にいえば、(c)については、以下が独占禁止法第2条第9項第5号に定められてはいますが、それでも、いまだ少し抽象的といえるかもしれません。

イ　継続して取引する相手方（新たに継続して取引しようとする相手方を含む。ロにおいて同じ。）に対して、当該取引に係る商品又は役務以外の商品又は役務を購入させること。
ロ　継続して取引する相手方に対して、自己のために金銭、役務その他の経済上の利益を提供させること。
ハ　取引の相手方からの取引に係る商品の受領を拒み、取引の相手方から取引に係る商品を受領した後当該商品を当該取引の相手方に引き取らせ、取引の相手方に対して取引の対価の支払を遅らせ、若しくはその額を減じ、その他取引の相手方に不利益となるように取引の条件を設定し、若しくは変更し、又は取引を実施すること。

[税]　そうですね。

[弁]　(a)(b)(c)の充足については、抽象的なので評価を必要とする場面も多く、個別の認定に時間がかかり得ることはきっとおわかりいただけるでしょう。実際、短時間での迅速な審理にはとてもなじまない現実があり得ます。

[税]　そこで、補完法たる下請法を定めることにより、簡易な手続きを制定し、もって下請業者の利益を迅速に確保しようとした、ということですか？

[弁]　はい。おっしゃるとおりです。形式的な要件を用いることにより迅速な判断を可能にするということですね。これにより迅速な保護が確保されます。

[税]　わかりやすく解説いただけますか？

[弁]　下請法では、規制対象たる事業者を「親事業者」と呼びます。保護対象となる事業者は「下請事業者」と呼ばれます。

[税]　なるほど。

弁　そして、対象となる取引は、以下の4類型です。

> ・製造委託
> ・修理委託
> ・情報成果物委託
> ・役務提供委託

税　たった4種類なんですか？

弁　ええ。そうなんです。そして、(a)の要件については、資本金の額を用いて形式的な判断をします。

税　資本金の額で主体と客体を割り切って定義してしまうということですね。具体的に教えてください。

弁　資本金が1,000万円を超える事業者は、資本金1,000万円以下の事業者と委託取引を行う場合に、親事業者となります。

税　ほぉ。

弁　製造委託・修理委託においては、資本金3億円を超える事業者が、資本金3億円以下の事業者に対する関係で、親事業者となります。そして、情報成果物作成委託および役務提供委託においては、資本金5,000万円を超える事業者が、資本金5,000万円以下の事業者に対する関係で、親事業者となります。

税　ややこしいですね。

弁　んー。確かにそうかもしれませんね。実は、厳密に表現すると、もう少しややこしいのです。先ほどの4類型を少しだけ細分化してみましょう。

(あ)
　・製造委託

第1章　競争確保に関する各法律（競争確保法）　　17

> ・修理委託
> ・政令で定める情報成果物委託（＝プログラムの作成に限る）
> ・政令で定める役務提供委託（＝運送、物品の倉庫における保
> 　管および情報処理に限る）
> (い)
> ・情報成果物委託（プログラムの作成を除く）
> ・役務提供委託（運送、物品の倉庫における保管および情報処
> 　理を除く）

税　情報成果物委託と役務提供委託が2つずつに分かれましたね。

弁　はい。これらに資本金の情報を関連付けてみますね。すなわち、
　　まず、(あ)の区分においては、資本金3億円超の法人事業者が「親事業
　　者」として、資本金3億円以下の法人事業者（または個人事業者）が
　　「下請事業者」とされます（下請法第2条第7項第1号、第8項第1号）。
　　また、同じく(あ)の区分において、資本金1,000万円超3億円以下の法
　　人事業者が「親事業者」として、資本金1,000万円以下の法人事業
　　者（または個人事業者）が「下請事業者」とされます（下請法第2条
　　第7項第2号、第8項第2号）。

税　なるほど。

弁　続きまして(い)の区分ですが、資本金5,000万円超の法人事業者が
　　「親事業者」として、資本金5,000万円以下の法人事業者（または個
　　人事業者）が「下請事業者」とされます（下請法第2条第7項第3号、
　　第8項第3号）。そして同じく(い)の区分において、資本金1,000万円
　　超5,000万円以下の法人事業者が「親事業者」として、資本金1,000
　　万円以下の法人事業者（または個人事業者）が「下請事業者」とされ
　　ます（下請法第2条第7項第4号、第8項第4号）。

税　ご説明をまとめると、*Key points*（後記）の(1)の図表になりますか？

弁 そうですよ。先生って飲み込みが早いですね。

税 ありがとうございます。先生に褒められるとうれしくなってしまいます。ところで、下請法の条文をみたのですが、(b)と(c)については、違反行為の類型を具体的に列挙していますね。

弁 はい。趣旨のとおりです。下請法第4条の列挙に該当する親事業者の行為は、即、優越的地位の濫用行為に該当するので禁止と定められています。

---

① 買いたたきの禁止（同条第1項第5号）

② 受領拒否の禁止（同条1項1号）

③ 返品の禁止（同条1項4号）

④ 不当な給付内容の変更および不当なやり直しの禁止（同条第2項第4号）

⑤ 下請代金の支払遅延の禁止（同条第1項第2号）

⑥ 下請代金の減額の禁止（同条第1項第3号）

⑦ 有償支給原材料等の対価の早期決済の禁止（同条第2項第1号）

⑧ 割引困難な手形の交付の禁止（同条第2項第2号）

⑨ 購入・利用強制の禁止（同条第1項第6号）

⑩ 不当な経済上の利益の提供要請の禁止（同条第2項第3号）

⑪ 報復措置の禁止（同条第1項第7号）

税 禁止行為がたくさん列挙されていますね。

弁 はい。11個あります。禁止行為をいちいち列挙する方法をとることにより、先ほどみた独占禁止法第2条第9項第5号の「(b)正常な商慣習に照らして不当に、(c)不利益を与える行為（濫用行為）を行うこと」よりは明確になっています。

税 禁止行為は「やってはいけない行為」ですが、「やらなくてはいけ

第1章 競争確保に関する各法律（競争確保法）　19

ない行為」すなわち、義務も規定されていますか？

🅱 はい。ありますよ。特に重要なのは、下請法第3条の書面交付義務および同法第5条の書類作成保存義務です。

🅣 へぇ。2つの書面が義務なのですか。

🅱 んー。まぁ、そうなんですけど、正確に表現すると、第3条の方は「書面」、第5条の方は「書類」です。

🅣 あぁ。微妙に異なるのですね。

🅱 下請法での注意点としては、現在の契約が満期になったとき、「更新すること」について親事業者は強制されない、ということです。

🅣 更新するか否かについては親事業者の自由ということですか？

🅱 ええ。11個の禁止行為に「不更新」が掲げられていませんので。

Key Points

(1) 下請法の適用主体および保護客体は以下のとおりです。

	親事業者	下請事業者
㊐ ・製造委託 ・修理委託 ・情報成果物委託（プログラムの作成に限る） ・役務提供委託（運送、物品の倉庫における保管および情報処理に限る）	資本金3億円超の法人事業者	資本金3億円以下の法人事業者（または個人事業者）
	資本金1,000万円超3億円以下の法人事業者	資本金1,000万円以下の法人事業者（または個人事業者）
㊋ ・情報成果物委託（プログラムの作成を除く） ・役務提供委託（運送、物品の倉庫における保管および情報処理を除く）	資本金5,000万円超の法人事業者	資本金5,000万円以下の法人事業者（または個人事業者）
	資本金1,000万円超5,000万円以下の法人事業者	資本金1,000万円以下の法人事業者（または個人事業者）

(2)　対象となる取引は以下の4類型ですが、それぞれ、「再委託」の場合と「自社がもともとの発注元になる場合」との両方を含むのかについては、以下のとおりです。

・製造委託（再委託の場合と自社がもともとの発注元になる場合との両方を含む）

・修理委託（再委託の場合と自社がもともとの発注元になる場合との両方を含む）

・情報成果物委託（再委託の場合と自社がもともとの発注元になる場合との両方を含む）

・役務提供委託（再委託の場合だけ。自社がもともとの発注元になってサービスを利用する場合を除く。なお、建設業者が行う建設工事についても除く）

---

(3)　禁止行為についての11項目は、*Discussion*（前記）でみたとおりです。禁止行為以外に、行わなければならない行為を下請法は以下のとおり定めています。

• 3条書面交付義務
• 5条書類作成保存義務
• 下請代金支払期日を定める義務（第2条の2）
• 遅延利息の支払義務（第4条の2）

---

(4)　上記のうち、3条書面とは、発注内容の具体的な点をすべて記載している書面です。具体的な内容は、「下請代金支払遅延等防止法第3条の書面の記載事項等に関する規則」（最終改正　2023年12月25日　公正取引委員会規則第3号）の第1条に明記されています。

第1章　競争確保に関する各法律（競争確保法）　21

(5) 5条書類とは、下請事業者に対し製造委託、修理委託、情報成果物作成委託または役務提供委託をした場合に、給付の内容、下請代金の額等について記載する書類です。5条書類は2年間保存する義務があります。5条書類に記載すべき具体的事項は、「下請代金支払遅延等防止法第5条の書類又は電磁的記録の作成及び保存に関する規則」（最終改正2009年6月19日　公正取引委員会規則第4号）に定められています。

(6) 3条書面の内容と5条書類の内容の多くは重なります。実際に、3条書面を5条書類の一部とすることは可能です。この2つの違いを簡潔に示せば以下のとおりです。

　・3条書面

　　親事業者が作成して下請事業者に交付するもの。発注時に作成する発注時の内容の書面。

　・5条書類

　　親事業者が作成して自分で持っておくもの。発注時よりも後の時点の情報（取引の経過の情報）を含めて法律が要請する内容をその都度書き込んでいく書類。

(7) 親事業者が行わなければならない行為の1つとして、下請代金支払期日を定める義務ですが、以下の趣旨が定められています（下請法第2条の2）。

　・当事者間で支払期日を定めていない場合には、物品等を受領した日から起算して60日以内。

　・当事者間で合意された取り決めがあっても、物品等を受領した日から60日を超えて定められている場合には、受領した日から起算して60日以内。

(8) 下請法の具体的運用を記した「下請代金支払遅延等防止法に関する運用基準」も出されていますところ（最終改正2022年1月26日

公正取引委員会事務総長通達第4号)、

「下請代金支払遅延等防止法に関する運用基準」

(https://www.jftc.go.jp/shitauke/legislation/unyou.html)

「**労務費、原材料価格、エネルギーコスト等のコストの上昇分の取**
引価格への反映の必要性について、価格の交渉の場において明示
的に協議することなく、従来どおりに取引価格を据え置くこと」

「労務費、原材料価格、エネルギーコスト等のコストが上昇したた
め、下請事業者が取引価格の引上げを求めたにもかかわらず、**価**
格転嫁をしない理由を書面、電子メール等で下請事業者に回答す
ることなく、従来どおりに取引価格を据え置くこと」

も、買いたたきとして明示されています。ご留意ください。

第1章 競争確保に関する各法律(競争確保法) 23

Ⅳ フリーランス適正化法

Discussion

税　2023年5月12日にフリーランス適正化法案が国会を通りましたね。
弁　はい。2024年11月1日にすでに施行されています。
税　趣旨は、どんなものなのでしょうか？
弁　個人や1人会社が業務を受託する場合、これらの者を特定受託事業者＝フリーランスと位置付けて、フリーランスに労働法類似の保護を限定的ながら与え、かつ、発注事業者＝業務委託事業者に下請法類似の規制を課すものです。
税　監督官庁はどうなっていますか？
弁　「労働法類似の保護の条文」と「下請法類似の保護の条文」に二分されましてね。それらのうち、労働法類似の保護の条文については厚生労働省が所管です。下請法類似の規制については公正取引委員会が所管です。
税　労働法類似の保護の条文について、まずは概説してください。
弁　まず、性的嫌がらせ、いじめ、妊娠出産に関わる嫌がらせ、についてフリーランスの相談に応じ適切に対応する体制整備などの必要な措置を講ずる義務が課されています（フリーランス適正化法第14条第1項）。これは6か月以上の業務委託の場合ですがね。
税　なるほど。男女雇用機会均等法第11条第1項、労働施策総合推進法第30条の2第1項、男女雇用機会均等法第11条の3第1項の規制にそっくりです。

弁　次に、フリーランスから申出を受ければ、妊娠出産育児介護と両立して業務に従事できるよう必要な配慮が求められます（フリーランス適正化法第13条第1項）。これもやはり6か月以上の業務委託の場合においてです。

税　労働法類似の規制について、ほかには何かありますか？

弁　6か月以上の業務委託の場合において、業務委託事業者がフリーランスとの継続的業務委託を解除したり不更新にしたりする場合には、30日前の予告をすべき義務を負います（フリーランス適正化法第16条第1項）。

税　労働者を解雇する場合に30日前に予告しなければならないという労働基準法第20条の規制に似ていますね。

弁　はい。次に、フリーランスの募集情報を提供する場合には、虚偽表示や誤解を生じさせる表示をしてはいけないですし、正確かつ最新の内容に保つ義務もあります（フリーランス適正化法第12条）。

税　職業安定法第5条の4と似ていますねぇ。

弁　あぁ、よくご存じですね。

税　次に、下請法類似の規制について教えてください。

弁　はい。フリーランスに業務委託をする場合、業務委託事業者は契約条件を書面で明示する義務を負います（フリーランス適正化法第3条第1項の「3条通知」）。

税　先ほど勉強した、下請法における3条書面と同様の規制ですね。

弁　そのとおり。そして、フリーランスに業務委託をする場合、給付受領日・役務提供日から起算して60日以内に報酬を支払う必要が生じます（フリーランス適正化法第4条第1項）。

税　下請法でも類似の規制がありましたね（下請法第2条の2第1項）。

弁　はい。さらに、1か月以上の業務委託について、報酬減額や買いたたき等の禁止がフリーランス適正化法に盛り込まれています（フ

第1章　競争確保に関する各法律（競争確保法）　　25

㊗　リーランス適正化法第5条)。これらも下請法類似の規制です。
㊗　条文をみると7個ありますね。
弁　それらには覚え方がありましてね。「高天原に坐し坐して、ジュゲンヘン・カイコリ・フトケー・フトキュー」です。
㊗　先生、その、おまじないみたいなの、何ですか？
弁　「**受**領拒否」「報酬の**減**額」「**返**品」「**買**いたたき」「**購**入」「**利**用強制」「**不当**な**経**済上の利益の提供要請」「**不当**な**給**付内容の変更・やり直し」の頭文字です。

Key Points

(1)　フリーランス適正化法第5条およびフリーランス適正化法Q&Aでは、1か月以上の業務委託について、以下が禁止行為とされています。

・「受領拒否」

　　フリーランスに責任がないのに、発注した物品等の受領を拒否することです。発注の取消し、納期の延期などで納品物を受け取らない場合も受領拒否に当たります。

・「報酬の減額」

　　フリーランスに責任がないのに、発注時に決定した報酬を発注後に減額することです。協賛金の徴収、原材料価格の下落など、名目や方法、金額にかかわらず、こうした減額行為が禁止されています。

・「返品」

　　フリーランスに責任がないのに、発注した物品等を受領後に返品することです。

・「買いたたき」

　　発注する物品・役務等に通常支払われる対価に比べ著しく低い報酬を不当に定めることです。通常支払われる対価とは、同種または類似品等の市価です。

・「購入・利用強制」

　　フリーランスに発注する物品の品質を維持するためなどの正当な理由がないのに、発注事業者が指定する物（製品、原材料等）や役務（保険、リース等）を強制して購入、利用させることです。

・「不当な経済上の利益の提供要請」

　　発注事業者が自己のために、フリーランスに金銭や役務、その他の経済上の利益を不当に提供させることです。報酬の支払とは独立して行われる、協賛金などの要請が該当します。

・「不当な給付内容の変更、やり直し」

　　フリーランスに責任がないのに、発注の取消しや発注内容の変更を行ったり、受領した後にやり直しや追加作業を行わせる場合に、フリーランスが作業にあたって負担する費用を発注事業者が負担しないことです。

⑵　下請法の下、少なからぬ数の事案は「３条書面」の給付・役務の内容が不分明だということに端を発しています。フリーランス適正化法の下、同様に「３条通知」でも給付・役務の内容が不分明だと紛争の火種になりかねません。明確化をお願いしたいところです。

⑶　下請法の列挙する11個の禁止行為とまったく同様に、フリーランス適正化法の列挙する７個の禁止行為は、「現在の契約が期間満了になった場合の不更新」を掲げていません。つまり「不更新」は発注事業者の自由です。これは有期労働契約の場合に更新が強制され得ること（労働契約法第19条、第20条）と対照的です。

⑷　フリーランスと労働者の決定的な違いは、フリーランスは仕事が

第1章　競争確保に関する各法律（競争確保法）　　27

ないときには報酬を受けることができないのに対し、労働者は仕事がないときでも給与を受け取ることができる点です。

(5) 「フリーランス」の方々は、「労働者」ではありません。ですから、労働法の保護の対象・客体とはなりません。下請法は、保護の対象・客体として、確かにフリーランスを含んでいますが、下請法の規制の名宛人として、親事業者が1,000万円を超えない資本金の場合、規制の適用がありませんし（下請法第2条第7項第2号）、下請法で対象となる取引が、製造委託、修理委託、情報成果物委託、役務提供委託に限られていますから、これら以外の取引に下請法は適用されません。以上からすると、フリーランスに対する保護および規制の中には空白地帯になっていた箇所があったともいえます。これが2024年11月1日から変わりました。

(6) ある企業が数多くのフリーランスを雇っているとします。そして、フリーランスと交渉を行い、課税事業者として登録するようお願いをしたとします。ところがわずかな割合のフリーランスのみしか課税事業者として登録しなかったと仮定しましょう。

　　この場合、お願いを超えて不利益を課すことは下請法やフリーランス適正化法に照らして強い疑義が生じます。では、「課税事業者となってくれたフリーランスに特典を与え、免税事業者のままのフリーランスには特典を与えない」という方法で、間接的に課税事業者になることを促すという方法はどうでしょうか。例えば、①多く売り上げたフリーランスを表彰する制度があるとして、課税事業者だけを対象とし、免税事業者を対象にしない、②車両を使って販売に従事するという場合、課税事業者だけガソリン代を会社負担とし、免税事業者のガソリン代は自己負担とするなどです。

　　この点に関し、「免税事業者及びその取引先のインボイス制度への対応に関するQ&A」（最終改正2022年3月8日）のQ7の「6　登

録事業者となるような慫慂等」における公正取引委員会の考え方は
以下のとおりです。

> 課税事業者になるよう要請することにとどまらず、**課税事業者に
> ならなければ、取引価格を引き下げるとか、それにも応じなけれ
> ば取引を打ち切ることにするなどと一方的に通告することは、独
> 占禁止法上又は下請法上、問題となるおそれがあります**。例えば、
> 免税事業者が取引価格の維持を求めたにもかかわらず、取引価格
> を引き下げる理由を書面、電子メール等で免税事業者に回答する
> ことなく、取引価格を引き下げる場合は、これに該当します。また、
> 免税事業者が、当該要請に応じて課税事業者となるに際し、例え
> ば、消費税の適正な転嫁分の取引価格への反映の必要性について、
> 価格の交渉の場において明示的に協議することなく、従来どおり
> に取引価格を据え置く場合についても同様です。

　この考え方に照らすと、以下の［場合あ］については明文の禁止はあり
ませんが、［場合い］は確実に問題となるおそれがあります。というのも
これは、実質的にみてQ7の「6　登録事業者となるような慫慂等」におけ
る下線部分に該当する可能性が高いと判断することができるからです。
　［場合あ］
　　　免税事業者を課税事業者に変身させるよう、間接的に促すべく、
　　課税事業者だけに、将来、新たなインセンティブを与えること（免
　　税事業者にすでに与えられている特典等には影響を与えない）。
　［場合い］
　　　免税事業者を課税事業者に変身させるよう、間接的に促すべく、
　　免税事業者に現在与えられている特典等を剥奪し、喪失させ、ま
　　たは減らして、課税事業者と差を付けること。

第1章　競争確保に関する各法律（競争確保法）

V 優越的地位の濫用

Discussion

[税]　これまで、競争確保法についていろいろ教えていただきましたが、共通しているのは、優越的地位の濫用を排除するということですかね。

[弁]　そうですね。「優越的地位の濫用」の法理は、考えてみれば興味深いです。

[税]　どういうことでしょうか？

[弁]　民法の原理の大修正だからです。

[税]　は？

[弁]　民法の立場からすれば、XさんとYさんの契約については、本来、「契約自由の原則」が妥当するはずですよね。

[税]　あぁ。確かに。「契約自由の原則」って、民法の基本ですね。

[弁]　「物権」と「債権（契約）」を分けて考えるとき、「物権」については、物権法定主義といって、法律の定めに依存します（民法第175条）。つまり、当事者が自由に作り出せないのです。これに対し、「債権（契約）」についての基本的な考え方は、「契約自由の原則」……すなわち、誰と契約するか、どんな内容の契約にするか、等につき、当事者の自由だというのが大原則です。

[税]　もっとも、「契約自由の原則」を貫くと、例えば、企業と企業との間の契約の内容は、力の大きな企業の思うがままになってしまいかねませんよね。

[弁]　そのおそれは多分にあります。というのも事実上の交渉力格差…

取引の実質的不平等性…が本質的に存在し得る場合には。力の大きな企業からすれば、「使う対象は、実は貴社でなくてもいいんだよ。嫌なら別の企業に発注するから」となってしまいかねません。

[税] 契約自由の原則を修正することが、競争確保法の体系の基本、ということですね。

[弁] そうなのです。本来、市場においては、公正かつ自由な競争の中で、事業主が自主的な判断で自由に活動できるという理念に基づいています。市場原理が正しく機能していれば、事業主は自らの創意工夫により売上を伸ばすこともできますし、消費者は自らの欲求に合った商品・製品・サービスを選択することができます。

[税] なるほど。

[弁] ところが、一方が他方に比べ事実上の力関係において強大で、正常な商慣習に照らして不当に不利益を与える行為を、「契約自由の原則」の名の下に堂々と行わせてしまったら、自由な競争が萎縮し市場原理がうまく機能しなくなるかもしれません。

[税] そのような事態に陥らないように規制をかけているということですね。

[弁] はい。根本的な法源としては独占禁止法です。大本としては、その第19条に、「事業者は、不公正な取引方法を用いてはならない」という条文を置いています。

[税] ずいぶん短くてあっさりした条文ですね。それだけですか。たった一文？

[弁] そうですね。もっとも、ここにいう「不公正な取引方法」については、別の条文で定義がなされていますよ。独占禁止法第2条第9項を一緒にみてみましょう。

[税] 今、みていますが、次のような趣旨の条文が各号として記載されています。

第1号	供給に関する共同の取引拒絶
第2号	商品・役務の継続的な供給に関する差別対価
第3号	不当廉売
第4号	再販売価格拘束
第5号	優越的地位の濫用
第6号	公正取引委員会が告示で指定する15類型の行為（一般指定）および3種類の行為（特殊指定）

弁　第5号をご覧ください。優越的地位の濫用が出てきていますね。

税　優越的地位の濫用とは、先ほど先生から教えていただいたように、(a)取引の一方の当事者が自己の取引上の地位が相手方に優越していること（優越的地位）を利用して、(b)正常な商慣習に照らして不当に、(c)不利益を与える行為（濫用行為）を行うことですね。

弁　これら(a)(b)(c)の要件について、先ほど抽象的とは申しあげましたが、実際のところ、公正取引委員会から詳しいガイドラインが示されています。2010年11月30日付「優越的地位の濫用に関する独占禁止法上の考え方」（最終改正2017年6月16日　公正取引委員会）がそれです。一般に、「優越ガイドライン」と呼ばれています。

「優越的地位の濫用に関する独占禁止法上の考え方」

(https://www.jftc.go.jp/dk/guideline/unyoukijun/yuetsutekichii.html)

税　今、みていますが、結構細かいですね。

弁　そうですね。ちなみに、最終改正2017年6月16日と申しあげましたが、同じ日に最終改正があった指針のうち実務において頻繁に使うものとして、「流通・取引慣行に関する独占禁止法上の指針」というガイドラインがあります。通称「流取ガイドライン」（1991年

7月11日　公正取引委員会事務局）です。

[税]　流取ガイドラインは、流通関係の企業に対してのみ適用されるのでしょうか？

[弁]　いいえ。一般の企業の取引すべてに適用されます。

[税]　そうすると、その限りにおいて、一般指定（1982年6月18日　公正取引委員会告示第15号、最終改正2009年10月28日　同告示第18号）のようなものですかね。

[弁]　はい。業種を問わないという面ではおっしゃるとおりです。

[税]　公正取引委員会はいろいろな指針を出していますね。

[弁]　近年で一番の衝撃だったのは「労務費の適切な転嫁のための価格交渉に関する指針」です。

[税]　あ、今、見つけました。2023年11月29日付の、これですね。

「労務費の適切な転嫁のための価格交渉に関する指針」
（https://www.jftc.go.jp/dk/guideline/unyoukijun/romuhitenka.html）

[弁]　はい。岸田政権の掲げる「賃上げ」に呼応する形で、労務費の適切な転嫁を実現する目的のガイドラインです。ここまで政府がいうのか、と驚がくですがねぇ。

[税]　まぁ、戦争等の影響で原材料価格やエネルギー価格が高騰していますから、適切な価格転嫁による適正価格設定を模索すること自体は、やむを得ないでしょうね。

[弁]　このガイドラインを読むと、確かに、物価上昇に負けない賃上げを行うことが目指されています。中小企業庁は、これを受けて「取引適正化・価格転嫁促進に向けた取組」を2024年1月に公表しています。

(https://www.chusho.meti.go.jp/keiei/torihiki/download/roumuhi/torihiki_tenka_torikimi.pdf)

[税] かなり本腰を入れていますね、政府は。

[弁] さらに、中小企業庁は、2024年2月に「中小企業・小規模事業者の価格交渉ハンドブック」を改訂しています（初版：2022年3月）。

(https://www.chusho.meti.go.jp/keiei/torihiki/pamflet/kakaku_kosho_handbook.pdf)

Key Points

(1) 2022年５月20日に公正取引委員会が「優越Gメン」を創設しています（優越的地位濫用未然防止対策調査室の人員を増強して執行を強化するという方法でした）。目指すところは、①独占禁止法上の優越的地位の濫用に関する緊急調査、②大企業とスタートアップとの取引に関する調査、③荷主と物流事業者との取引に関する調査など、優越的地位の濫用に関する各種調査において、関係事業者に対する立入調査などの業務を担当するということです。

「「優越Gメン」の体制創設について」
(https://www.jftc.go.jp/houdou/pressrelease/2022/may/220520_01_gmen.html)

(2) そして、2023年11月８日には、「価格転嫁円滑化に関する調査の結

果を踏まえた事業者名の公表に係る方針について」が公表されています。

(https://www.jftc.go.jp/partnership_package/231108hoshin.pdf)

> 「受注者から多く名前が挙がった発注者については、その旨を説明し、事業者名の公表があり得る旨を予告した上で個別調査を実施し、（中略）協議を経ない取引価格の据え置き等が確認された場合には、（中略）積極的な協議を促し、また、受注者にとっての協議を求める機会の拡大につながる有益な情報であること等を踏まえ、独占禁止法第43条の規定に基づき、その事業者名を公表することとする」

としています。独占禁止法に違反すること、または、そのおそれが認定されていないにもかかわらず、事業者名を公表するという方針は、なかなか厳しいもので、かなり踏み込んでいます。実際に具体的な企業名も公表されています。

独占禁止法上の「優越的地位の濫用」に係るコスト上昇分の価格転嫁円滑化に関する調査の結果を踏まえた事業者名の公表について
(https://www.jftc.go.jp/houdou/pressrelease/2024/mar/240315kakakutenka.html)

(3) 中小企業庁はウェブサイトで、「発注企業・受注企業の皆さん、賃上げ実現が重要な今こそ、サプライチェーン全体で、積極的に価格交渉・価格転嫁を行いましょう」とうたい、そして、以下を述べています。

> エネルギー価格や原材料費、労務費などが上昇する中、中小企業が適切に価格転嫁をしやすい環境を作るため、2021年9月より、毎年9月と3月を「価格交渉促進月間」と設定。この「月間」おいて、価格交渉・価格転嫁を促進するため、広報や講習会、業界団体を通じた価格転嫁の要請等を実施しています。また、各「月間」終了後には、多数の中小企業に対して、主な取引先との価格交渉・価格転嫁の状況についてのフォローアップ調査を実施し、価格転嫁率や業界ごとの結果、順位付け等の結果をとりまとめるとともに、状況の芳しくない親事業者に対しては下請中小企業振興法に基づき、大臣名での指導・助言を実施しています。

価格交渉促進月間の実施とフォローアップ調査結果

（https://www.chusho.meti.go.jp/keiei/torihiki/follow-up/index.html）

(4) 競争確保法の規制対象は、以下の4類型です。

(w) 同業他社と手を組んで競争を停止する

(x) 需要者と手を組んで同業他社を排除する

(y) 優越的地位を濫用して搾取する

(z) 未来の合併（公正取引委員会が事前審査する）

これらのうち、(y)の根底にあるのは、強者が弱者を搾取しないように弱者を守る、というものです。人事労務の根底と同じ考え方です。なお、米国法では、(y)の規制は行われません。

(5) 不更新は下請法やフリーランス適正化法に禁止行為として掲げられていません。「もしいうことを聞かなければ将来契約の更新はしない」といわれ、泣く泣く応じることもあるでしょう。下請事業者やフリーランスの立場に立つと怒りが込み上げてくることがあろう

かと思います。怒りの感情に飲まれてしまっては、理性的思考を失い、非理性的な行動を暴走させてしまって、結局、自分が損をします。もっとも、怒るなといっても無理な話です。その場合に有効かもしれないのは、「独りの時間を作り、独りの場所において、声にして怒りをぶちまけること」＝怒りの言語化、です。これは、自分の心に起こる怒りの感情を言語化し自らが客観的に眺めるという方法です。

VI コンビニ

Discussion

弁　フランチャイズのコンビニエンスストアのフランチャイジーの方々が労働組合を結成した件、お聞きになられたことがありますか?

税　ええ。暫く前の話ですよね。

弁　はい。この労働組合がフランチャイザーに対して団体交渉を求めたところ、これが拒否されました。そこで、団体交渉の拒否は労働組合法に違反するということで、不当労働行為救済申立事件として労働委員会で争われていました。

税　法律上の争点は何でしたか?

弁　結局のところ、フランチャイジーが労働組合法上の「労働者」に当たるのか否か、という点です。

税　不当労働行為と認定されたのでしょうか。

弁　都道府県労働委員会では、フランチャイジーは労働者であるのでフランチャイザーは団体交渉に応じなければならない、という救済命令が出されていました(岡山県労働委員会2014年3月13日および東京都労働委員会2015年3月17日)。

税　ほぉ。都道府県レベルではフランチャイジーが勝ったということですね。

弁　ところが、これらを中央労働委員会が覆しました。

税　そうなんですか?

弁　はい。フランチャイザーとフランチャイジーとの間に交渉力格差

はあるが、その交渉力格差は経済法＝競争確保法が担当すべきことであり、労働法の出る幕ではない、と中央労働委員会はいうのです（2019年3月15日）。

[税] なるほど。その後、これらの件は裁判所にいきましたか？

[弁] はい。2022年6月6日に東京地方裁判所で、2022年12月21日に東京高等裁判所で、フランチャイジーを負かす判決が出ています。

[税] 最高裁判所の判断はどうでしたか？

[弁] フランチャイジーの上告を受理しない決定を2023年7月12日付でしました。

[税] ということは、フランチャイジーが敗訴した、ということになりますかね。

[弁] はい。一審の東京地方裁判所および二審の東京高等裁判所の判決が維持されたということになります。

[税] 確かに、フランチャイジーは、独立した事業者ですから、フランチャイジーを「労働者」と呼ぶのは難しいかもしれませんね。

[弁] そうでしょうね。もっとも、労働者と呼ぶことが難しくて、団体交渉や不当労働行為救済手続が使えないのだとすると、経済法＝競争確保法がきちんとした手当をしてくれているのか、ということになります。

[税] 公正取引委員会の出番ということですね。

[弁] はい。2020年9月2日に、「コンビニエンスストア本部と加盟店との取引等に関する実態調査について」を公正取引委員会が発表しています。

（ https://www.jftc.go.jp/houdou/pressrelease/2020/sep/200902_1.html ）

[税]　今、みていますが、加盟前にフランチャイザーから受けた説明と話が違っていたこと、加盟後にフランチャイザーに意見をいいにくいこと、仕入先の制限、仕入数量の強制、見切り販売、採算のとれない新規事業の導入、年中無休・24時間営業、ドミナント出店などさまざまな問題を浮かび上がらせていますね。

[弁]　はい。そして、この実態調査報告書で明らかとなった主たる問題行為に関連し、公正取引委員会は2021年4月28日にとうとう、「「フランチャイズ・システムに関する独占禁止法上の考え方について」の改正について」を発表しました。

（https://www.jftc.go.jp/houdou/pressrelease/2021/apr/210428fcgl.html）

Key Points

(1)　2022年12月21日に東京高等裁判所が出した判決の要旨は次のとおりです（以下、厚生労働省の「労働委員会関係　命令・裁判例データーベース」を抜粋します）。

> 1　判断枠組み
> 　労組法の適用を受ける労働者は、労働契約によって労務を供給する者に加え、その他の契約によって労務を供給して収入を得る者で、使用者との交渉上の対等性を確保するために労組法の保護を及ぼすことが必要かつ適切と認められる者をも含むと解するのが相当である。

そして、加盟者が労組法上の労働者に該当するか否かを判断するに当たっては、①加盟者が相手方の事業遂行に不可欠ないし枢要な労働力として組織に組み入れられているか、②契約の締結の態様から、加盟者の労働条件や労務の内容を相手方が一方的・定型的に決定しているか、③加盟者の報酬が労務供給に対する対価又はそれに類するものとしての性格を有するか、④加盟者が、相手方からの個々の業務の依頼に対して、基本的に応ずべき関係があるか、⑤加盟者が、一定の時間的、場所的拘束を受け、会社の指揮命令の下において労務を提供していたか、⑥加盟者が独立した事業者としての実態を備えているかといった事情を総合的に考慮して、使用者との交渉上の対等性を確保するために労組法の保護を及ぼすことが必要かつ適切と認められるかという観点から判断するのが相当である。

2　事業組織への組入れ、業務の依頼に応ずべき関係

(1)　本件フランチャイズ契約において、①会社は、加盟者に対し、Ｚ・システムによる加盟店を経営することを許諾し、本部として、継続的に経営の指導や技術援助、各種サービスを行うことを約し、他方、加盟者は、会社の許諾の下に加盟店の経営を行い、これについて会社に一定の対価を支払うことを約束した旨のほか、②会社と加盟者はフランチャイズ関係においては、ともに独立した事業者であり、加盟店の経営は、加盟者の独自の責任と手腕により行われ、その判断で必要な従業員を雇用する等、使用主として全ての権利を有し、義務を負う旨などが規定されているから、本件フランチャイズ契約上、加盟者は独立した事業者として位置付けられており、会社の事業の遂行に不可欠な労働力として会社の事業組織に組み入れられていないことは明らかである。

第1章　競争確保に関する各法律（競争確保法）　　41

(2) 実態としても、加盟者は、会社と独立した立場で、従業員の採否・労働条件等を決定し、他人労働力を使用するとともに、商品の販売・サービスの提供について独立の事業者と評価するに相応しい裁量を有し、店舗の立地・契約種別・共同フランチャイジー・複数出店の選択についても自ら判断・決定している。さらに、加盟者は、自身が担当する店舗運営業務の内容や程度についても、加盟者自身の判断により決定している。

(3) したがって、加盟者は、会社から個別具体的な労務の提供を依頼され、事実上これに応じなければならないという関係に立つものでもなく、会社の事業の遂行に不可欠な労働力として組織に組み入れられていると認めることもできない。

3 報酬の労務対価性

(1) 加盟者は、オープンアカウントを通じて会社から月次引出金等の支払を受けるところ、これは、加盟者が加盟店における商品の販売やサービスの提供の対価として顧客から得た収益を獲得しているものであって、加盟者が本件フランチャイズ契約上の何らかの義務の履行をしたことに対する報酬であると評価することはできない。

(2) なお、仮に加盟者が加盟店において店舗運営業務に従事していることをもって、会社に対する労務の提供を行っているとみるとしても、①月次引出金等の金額は、加盟者本人の加盟店における店舗運営業務の多寡やその成果のみに連動するものではなく、会社に対する労務の提供とはおよそ評価し難い経営判断業務や、他の従業員による労務を含む、総体としての加盟店の運営の結果を反映したものであること、②法人を共同フランチャイジーとする場合、加盟者は、会社からではなく、当該法

人から報酬の支払を受けることからすれば、月次引出金等について、加盟者が労務の提供をしたことに対し、会社から支払われる対価であると評価することもできない。

(3)　したがって、報酬の労務対価性を認めることはできない。

4　契約内容の一方的・定型的決定

　本件フランチャイズ契約は、会社が統一的な内容を定型化したものであり、加盟希望者がその内容を決定することはできず、会社との個別交渉や加盟者の個別事情等により契約内容が変更されることもないから、一方的・定型的に定められたものということができる。

　しかしながら、本件フランチャイズ契約は、加盟店の事業活動について規定したものであり、その経営の在り方に一定の制約を課すものということはできるものの、加盟者が、加盟店の経営を、自己の労働力と他人の労働力のそれぞれを、どのような割合で、どのような態様で供給することによって行うかや、加盟者自身の具体的な労務提供の内容については、加盟者の判断に委ねられている。

　したがって、本件フランチャイズ契約において、加盟者の労務提供の在り方が一方的・定型的に定められているものと評価することはできない。

5　時間的場所的拘束、指揮命令関係

(1)　時間的拘束

　加盟者は、営業日・営業時間の選択という点において、加盟店の事業活動に一定の制約を受けているということができる。

　しかしながら、前記2、4と同様、かかる制約は、加盟店の事業活動に関するものであって、加盟者が、自身が担当する店舗運営

第1章　競争確保に関する各法律（競争確保法）　　43

業務の内容や程度について、自身の判断により決定している以上、加盟店の営業日・営業時間に制約があるからといって、加盟者の労務提供が時間的に拘束されているとはいえない。

(2) 場所的拘束

　加盟者は、加盟店の立地を自ら選択しているから、加盟者が何らかの場所的拘束を受けていると評価することはできない。

(3) 指揮命令関係

　加盟者は、自身が担当する店舗運営業務の内容や程度について、加盟者自身の判断により決定しているのであって、会社の指揮命令を受けて労務提供をしているものではない。

6　小括

　以上のとおり、加盟者は、会社から個別具体的な労務の提供の依頼に事実上応じなければならない関係にはなく、会社の事業の遂行に不可欠な労働力として組織に組み入れられているともいえない。また、加盟者は、会社から労務提供の対価としての金員の支払を受けているとはいえず、労務提供の在り方が一方的・定型的に定められているものでもなく、時間的場所的拘束の下、会社の指揮命令を受けて労務を提供しているともいえない。

　そうすると、加盟者が独立した事業者としての実態を備えているかについて検討するまでもなく、会社との本件フランチャイズ契約を締結する加盟者は、会社との交渉上の対等性を確保するために労組法の保護を及ぼすことが必要かつ適切と認められるかという観点からみて、労組法上の労働者に該当しないというべきである。

7　独立した事業者としての実態

(1)　加盟者は、店舗の立地・契約種別・共同フランチャイジーの

採否・複数出店の有無について自ら決定した上で、加盟店の経営による損益の帰属主体として、会社とは独立した立場で平均して20ないし30名もの従業員を雇用して、加盟店を経営している。また、加盟者は、商品の提供・サービスの提供についても、一定の制約を受けているものの、独立した事業者と評価するに相応しい裁量を有している。

したがって、加盟者は、独立した事業者としての実態を備えているというべきである。

(2) 加盟者は、営業日・営業時間の選択という点において、加盟店の経営に一定の制約を受けているほか、看板や標章を含め、Ｚ・イメージに基づく統一的な内外装を備えており、従業員もＺの商標が表示された加盟店共通のユニフォームを着用することが義務付けられているものの、これらの制約は、独立した事業者としての実態を失わせるほどに重大な制約であると評価することはできない。

8 まとめ

以上のとおり、会社と本件フランチャイズ契約を締結する加盟者は、会社との交渉上の対等性を確保するために労組法の保護を及ぼすことが必要かつ適切と認められるかという観点からみて、労組法上の労働者に当たるとは認められない。

そして、いずれも店舗の収益状況等に応じて、自ら判断して多数のアルバイト従業員を恒常的に雇用して店舗運営業務を割り当てていることなどに鑑みると、判断枠組み及び組合の主張についての認定・判断は、組合の組合員にもあてはまるものと認められる。したがって、会社と本件フランチャイズ契約を締結した加盟者である組合の組合員は、労組法上の労働者に当たるとは認められない。

第1章 競争確保に関する各法律（競争確保法） 45

(2)　優越的地位の濫用は、取引の自主性と自由競争の保護をその趣旨
　　とします。正常な商慣習に照らして、不当に取引条件の設定または
　　取引の実施について不利益を与えるものです。金融機関が金銭消費
　　貸借で貸し付けた債権を回収する場合、特則や相殺は優越的地位の
　　濫用とは無縁であることが原則です。もっとも、債権保全に必要と
　　なる限度を超える過剰な追加担保の徴求は、優越的地位の濫用の面
　　から問題になる場合があるとされています。以下の2011年6月15日
　　付「金融機関と企業との取引慣行に関する調査報告書」をご覧いた
　　だけますでしょうか。

（ https://www.jftc.go.jp/houdou/pressrelease/cyosa/cyosa-ryutsu/
h23/110615gaiyo.html ）

第2章　いじめ、嫌がらせ、ハラスメント

- I　カスハラ
- II　他社をおもんぱかってくださいね、という法律……特に建設業法
- III　他社をおもんぱかってくださいね、という法律……マイナーな条文
- IV　パワハラ
- V　セクハラ

 カスハラ

Discussion

㊗ 競争確保法の下で問題となり得る「下請いじめ」について第1章で一緒にみてみました。

㊗ それは要するに、「自社より弱い立場の他社をいじめること」です。いじめる側がお金を支払う側で、いじめられる側がお金をもらう側、という場合が通常でしょう。いじめられる側の企業からすると、お金を支払ってくださるお客様企業（カスタマー）からいじめられています。ですので、下請いじめはカスタマーハラスメント＝カスハラの一種とすらいえるかもしれません。

㊗ なるほど。カスハラについて、国はどのような指針を公表していますか？

㊗ 2020年1月15日厚生労働省告示第5号として「事業主が職場における優越的な関係を背景とした言動に起因する問題に関して雇用管理上講ずべき措置等についての指針」が公表されています。

（ https://www.mhlw.go.jp/content/11900000/000605661.pdf ）

㊗ 今、みましたが、これって、カスハラについて、というよりもむしろパワハラについての指針なのではないのですか？

㊗ はい。確かにそうです。でも、これの最後の方をご覧ください。「7 事業主が他の事業主の雇用する労働者等からのパワーハラスメン

トや顧客等からの著しい迷惑行為に関し行うことが望ましい取組の内容」ってありませんか。

[税] あー。あります、あります。んー。以下のように書かれています。この内容は確かにカスハラについてですね。

> 事業主は、取引先等の他の事業主が雇用する労働者又は他の事業主（その者が法人である場合にあっては、その役員）からのパワーハラスメントや顧客等からの著しい迷惑行為（暴行、脅迫、ひどい暴言、著しく不当な要求等）により、その雇用する労働者が就業環境を害されることのないよう、雇用管理上の配慮として、例えば、(1)及び(2)の取組を行うことが望ましい。また、(3)のような取組を行うことも、その雇用する労働者が被害を受けることを防止する上で有効と考えられる。

[弁] はい。そして、そこに(1)(2)(3)と書かれていますね。分かりますか。

[税] はい。(1)(2)(3)とありますね。これらはいったい何を指すのでしょうか。

[弁] まず(1)ですが、「相談に応じ、適切に対応するために必要な体制の整備」です。

[税] 以下のように書かれていますね。

> 事業主は、他の事業主が雇用する労働者等からのパワーハラスメントや顧客等からの著しい迷惑行為に関する労働者からの相談に対し、その内容や状況に応じ適切かつ柔軟に対応するために必要な体制の整備として、4(2)イ及びロの例も参考にしつつ、次の取組を行うことが望ましい。
>
> また、併せて、労働者が当該相談をしたことを理由として、解

> 雇その他不利益な取扱いを行ってはならない旨を定め、労働者に
> 周知・啓発することが望ましい。
>
> イ　相談先（上司、職場内の担当者等）をあらかじめ定め、これを
> 　労働者に周知すること。
> ロ　イの相談を受けた者が、相談に対し、その内容や状況に応じ
> 　適切に対応できるようにすること。

弁　はい。そして、⑵は「被害者への配慮のための取組」です。

税　次のように書かれています。

> 　事業主は、相談者から事実関係を確認し、他の事業主が雇用す
> る労働者等からのパワーハラスメントや顧客等からの著しい迷惑
> 行為が認められた場合には、速やかに被害者に対する配慮のため
> の取組を行うことが望ましい。
> 　（被害者への配慮のための取組例）
> 　事案の内容や状況に応じ、被害者のメンタルヘルス不調への相
> 談対応、著しい迷惑行為を行った者に対する対応が必要な場合に
> 一人で対応させない等の取組を行うこと。

弁　そして、⑶ですが、「他の事業主が雇用する労働者等からのパワー
　ハラスメントや顧客等からの著しい迷惑行為による被害を防止する
　ための取組」とされています。

税　次の記載があります。

> 　⑴及び⑵の取組のほか、他の事業主が雇用する労働者等からの
> パワーハラスメントや顧客等からの著しい迷惑行為からその雇用
> する労働者が被害を受けることを防止する上では、事業主が、こ

> うした行為への対応に関するマニュアルの作成や研修の実施等の取組を行うことも有効と考えられる。
>
> 　また、業種・業態等によりその被害の実態や必要な対応も異なると考えられることから、業種・業態等における被害の実態や業務の特性等を踏まえて、それぞれの状況に応じた必要な取組を進めることも、被害の防止に当たっては効果的と考えられる。

弁　そう、そう。そのとおりです。

税　パワハラについての厚生労働省の指針の中に、カスハラについてもすでに示されているとは存じあげませんでしたよ。

弁　ええ。そこからわかることは、カスハラも結局はパワハラの一種ということですね。

税　あー。そうしますと、カスハラの本質はつまり「パワハラ」ということですかねぇ、要するに…。

弁　はい。説明をわかりやすくするため「加害者」という語を仮に用いることをお許しいただけますなら、「加害者」たるお客様が個人の場合には、そのパワハラは「カスハラ」と呼ばれ、「加害者」たるお客様が企業の場合には、そのパワハラは、冒頭に申しあげたように、「下請いじめ」と呼ばれる、ということなのでしょう。

税　先ほどあまりに驚いたので繰り返しますが、厚生労働省が2020年1月15日の時点でカスハラについて早くも指針を公表していたとは知りませんでした。

弁　あまり知られていないですが、実は公表していたんですよ。でもね、それだけではありませんよ。2022年2月25日には新たな動きがありましてね。

税　何でしょうか。

弁　「カスタマーハラスメント対策企業マニュアル」（以下「マニュア

ル」といいます）を厚生労働省が公開しています。

㋓　ええっ？　そうなんですか？

㋨　ええ。

（ https://www.mhlw.go.jp/content/11900000/000915233.pdf ）

㋓　これはまた、分厚いですね。

㋨　ええ。力作と思います。まず、定義ですが、7頁に以下のように記されています。

> 顧客等からのクレーム・言動のうち、当該クレーム・言動の要求の内容の妥当性に照らして、当該要求を実現するための手段・態様が社会通念上不相当なものであって、当該手段・態様により、労働者の就業環境が害されるもの

㋓　「顧客等」の「等」って、何ですか？

㋨　平たくいうと、潜在的顧客、見込客を含む概念です。

㋓　「当該要求を実現するための手段・態様が社会通念上不相当なもの」って具体的にどんなクレーム・言動なのでしょうか。

㋨　2つです。1つは、内容が悪い場合、もう1つは（内容は良いけれど）手段態様が悪い場合です。

㋓　マニュアルをみると、8頁において、手段態様が悪い場合として次の例を挙げていますね。1つ目は「要求内容の妥当性にかかわらず不相当とされる可能性が高いもの」です。

> 　身体的な攻撃（暴行・傷害）
> 　精神的な攻撃（脅迫、中傷、名誉毀損、侮辱、暴言）

> 威圧的な言動
>
> 土下座の要求
>
> 継続的な（繰り返される）、執拗な（しつこい）言動
>
> 拘束的な言動（不退去、居座り、監禁）
>
> 差別的な言動
>
> 性的な言動
>
> 従業員個人への攻撃、要求

弁　これらをみると、仮に要求内容が正当であっても、それを実現する手段態様が確かにおかしいというものばかりでしょ。

税　はい。そうですね。手段態様が悪い場合の2つ目は、「要求内容の妥当性に照らして不相当とされる場合があるもの」とマニュアルに記載されていますね。

> 商品交換の要求
>
> 金銭補償の要求
>
> 謝罪の要求（土下座を除く）

弁　これらは、原則としては、「要求内容が不当なとき」に当てはまる不相当なクレーム・言動ということなのでしょうね。だって、要求内容が正当なとき、例えば壊れていたら商品を交換してくれ、お金を返してくれ、と要求するのは消費者として当然です。サービスがひどい場合には謝罪の要求だって当然でしょ。

税　「労働者の就業環境が害される」とは、何でしょうか？

弁　身体的・精神的に苦痛を与えられ、就業環境が不快なものとなったために能力発揮に重大な悪影響が生じる、などの看過できない程度の支障が生じる場合をいいます。

第2章　いじめ、嫌がらせ、ハラスメント　　53

税　マニュアルは、企業がとるべき対策についてうたっていますか？

弁　はい。18 〜 19頁に記載されています。「事前」と「事後」に分けると、まずは「事前」、すなわち、カスハラを想定した事前の準備です。

---

① 事業主の基本方針・基本姿勢の明確化、従業員への周知・啓発
・組織のトップが、カスタマーハラスメント対策への取組の基本方針・基本姿勢を明確に示す。
・カスタマーハラスメントから、組織として従業員を守るという基本方針・基本姿勢、従業員の対応の在り方を従業員に周知・啓発し、教育する。

② 従業員（被害者）のための相談対応体制の整備
・カスタマーハラスメントを受けた従業員が相談できるよう相談対応者を決めておく、または相談窓口を設置し、従業員に広く周知する。
・相談対応者が相談の内容や状況に応じ適切に対応できるようにする。

③ 対応方法、手順の策定
・カスタマーハラスメント行為への対応体制、方法等をあらかじめ決めておく。

④ 社内対応ルールの従業員等への教育・研修
・顧客等からの迷惑行為、悪質なクレームへの社内における具体的な対応について、従業員を教育する。

税　わかりました。「事前」に呼応する「事後」、についてはどんな感じでしょうか。

弁　カスハラが実際に起こった際の対応として、マニュアルは以下をうたっています。

⑤　事実関係の正確な確認と事案への対応

・カスタマーハラスメントに該当するか否かを判断するため、顧客、従業員等からの情報を基に、その行為が事実であるかを確かな証拠・証言に基づいて確認する。

・確認した事実に基づき、商品に瑕疵がある、またはサービスに過失がある場合は謝罪し、商品の交換・返金に応じる。瑕疵や過失がない場合は要求等に応じない。

⑥　従業員への配慮の措置

・被害を受けた従業員に対する配慮の措置を適正に行う（繰り返される不相当な行為には一人で対応させず、複数名で、あるいは組織的に対応する。メンタルヘルス不調の対応等）。

⑦　再発防止のための取組

・同様の問題が発生することを防ぐ（再発防止の措置）ため、定期的な取組の見直しや改善を行い、継続的に取組を行う。

⑧　①〜⑦までの措置と併せて講ずべき措置

・相談者のプライバシーを保護するために必要な措置を講じ、従業員に周知する。

・相談したこと等を理由として不利益な取扱いを行ってはならない旨を定め、従業員に周知する。

税　理解しました。ありがとうございます。ところで、企業として、具体的にはどのような対応が望ましいのでしょうか？

弁　それは、本当に場面、場面に依存します。

税　んー。まぁ、そうでしょうね。でも先生、そのご回答だと、身も蓋もないので。もう少し、ご説明いただけませんか。

弁　一般的に述べるなら、お客様のおっしゃることをむやみに否認したり遮ったりせず、関心を持って全部とにかくじっくり傾聴すると

第2章　いじめ、嫌がらせ、ハラスメント　　55

いうことが一番最初でしょう。これについてはマニュアルの30頁にも同趣旨が記されています。

[税] 確かに初動はそれですね。

[弁] 実際、私も、2024年4月第2週にイタリアのミラノで国際法律家協会の労働法部会があり出席したのですがね。ミラノのホテルで自動扉が開かなくて、顔にけがをしました。

[税] ええええええええええええええええええええええええええええええ!!

[弁] そのとき、ホテルに苦情をいったのです。自動扉って、普通、前に立ったら当然に開くものでしょ。

[税] まぁ、そうですね。開かないということ自体、本質的に危険でおかしい、かもしれませんね。

[弁] まさに、そう主張したのですよ。

[税] はい。そうしたら？

[弁] 最初からというか、私に口を挟ませず、「開かないということ自体、本質的に危険でおかしい」という私の発言をしばしば遮り、自分のいいたいことをいうのです、ホテルのゼネラルマネージャーは、「合法だ。法にのっとって検査している。過失はない」の一点張りです。一番最初からですよ。最初からけんか腰なのです。

[税] へぇ。

[弁] 過失の有無ではなく、製造物責任、すなわち、過失がなくても物に欠陥があれば責任を負う、という法理があるのですから、とにかく話を聞いてくれといったんですが、私の発言を遮り、私に口を挟ませないのです。

[税] しゃべらせてもらえないのでは、お客様が怒るだけですよね。最終的な結論がどちらであったとしても。

[弁] そうですよ。ですから、カスハラという概念が人口に膾炙して数年たちますが、むしろ、企業側が丁寧な対応をしていなくて、お客

様を怒らせている場合も少なくないと思われます。

㋄　最初はとにかく拝聴する、という姿勢が重要ですね。ほかに注意すべき点はありませんか？

㋨　「対象となる事実、事象を明確かつ限定的に謝罪する」という点が初期対応の1つとしてマニュアルの30頁に書かれています。

㋄　例えば、「お客様にご不快な思いをさせてしまい、誠に申し訳ございません」とか、「お客様のご期待に沿えず本当に申し訳ございません」などですね。

㋨　はい。そして、その場合に私がいつも思っていることがあります。

㋄　何でしょうか。

㋨　「は」を使わない方がいいということです。

㋄　は？

㋨　限定の副詞「は」を使わない方がいいです。

㋄　限定の副詞「は」って何ですか？

㋨　「xxxxが」とか「xxxxは」とか、日本語でいうでしょ。あれです。あれのうち、「xxxxは」のことです。

㋄　先生…それって、**限定の助詞**「は」のことではないですか？

㋨　[顔を赤らめながら] あ…すみません。副詞と助詞と間違ってしまいました…。

㋄　もー。先生。しっかりしてください!!

㋨　すみません。高校生のとき、「現代文」の授業、あんまり得意ではなかったので。

㋄　で、先生のおっしゃりたいことは一体何なのですか？

㋨　「お客様にご不快な思いをさせてしまったことについて「は」、誠に申し訳ございません」とか、「お客様のご期待に沿えなかったことについて「は」、本当に申し訳ございません」などと聞くと、聞き手はちょっとむかつきませんでしょうか？

第2章　いじめ、嫌がらせ、ハラスメント　　57

㊵ あー。確かにそうですね。「は」にはむかつきますね。

㊤ 限定の助詞たる「は」があるのでむかつきますよね。感じ方として、限定・区別の意識が強くにじみ出てしまっていますね。

㊵ これだと、「他の点については謝罪しないぞ」といってしまっているのと同じに聞こえてしまいますね。

㊤ ええ。「他の点については謝罪しないぞ」というニュアンスを伝達してしまうのは、初期対応として良くないのではないか、と思うのです。

㊵ よくわかります。重要ですね。ほかに実務上の留意点はありますか？

㊤ お客様からみると、応対担当者は会社そのものということです。このため、応対担当者の言動は会社としての言動とみなされかねません。この点に留意をしなければならず、したがって、事態が入り組んできたら必ず、そして、可能なら初期の段階から、応対担当者を2人体制にして対応する、ということは必須でしょう。

Key points

(1) カスタマーハラスメントは労災の分野でも正式に取り上げられるようになっています。例えば、2023年9月1日に厚生労働省が基発0901第2号「心理的負荷による精神障害の認定基準」を公表しましたが、これには、「具体的出来事」として、カスタマーハラスメントを受けたことが明記されています。また、2023年10月18日に厚生労働省は、基発1018第1号「血管病変等を著しく増悪させる業務による脳血管疾患及び虚血性心疾患等の認定基準の改正について」を公表しましたが、これにも、「顧客や取引先、施設利用者等から著しい

迷惑行為を受けた」が具体的出来事として掲げられています。

⑵　2023年12月13日に施行された旅館業法の改正法によりますと、カスハラ客の宿泊を拒むことができる旨が明記されました。不当な割引の要求、過剰なサービスの要求、対面や電話で長時間にわたり不当な要求を行う、内容の妥当性に照らして実現する手段態様が不相当な場合（暴行・傷害・脅迫・名誉毀損・侮辱・暴言・土下座要求など）が対象です。

⑶　2024年10月４日にカスハラ防止条例が東京都議会で成立しました。2025年４月１日から施行されます。カスハラ防止条例第２条第５号によると、カスハラとは「顧客等から就業者に対し、その業務に関して行われる著しい迷惑行為であって、就業環境を害するものをいう」と定義されています。ここにいう「著しい迷惑行為」とは、「暴行、脅迫その他の違法な行為又は正当な理由がない過度の要求、暴言その他の不当な行為をいう」とされています（カスハラ防止条例第２条第４号）。2024年７月に東京都産業労働局が出した「東京都カスタマーハラスメント防止条例（仮称）の基本的な考え方」によれば、「違法な行為」および「不当な行為」として以下が掲げられています。

（ https://www.metro.tokyo.lg.jp/tosei/hodohappyo/press/2024/07/19/documents/18_01.pdf ）

⑴　違法な行為
　暴行、傷害、脅迫、強要、名誉毀損、侮辱、業務妨害、不退去 他
⑵　不当な行為
　申出の内容又は行為の手段・態様 が社会通念上相当であると認められないもの

※社会通念上の相当性は総合的に判断

代表的な行為の類型（指針（ガイドライン）への記載を想定）

○　申出の内容が相当と認められない場合の例

（1）　事業者の提供する商品・サービスに瑕疵・過失が認められない場合

（2）　申出の内容が、事業者の提供する商品・サービスの内容とは関係がない場合

○　行為の手段・態様が社会通念上相当と認められない場合の例

（1）　身体的な攻撃

（2）　精神的な攻撃

（3）　威圧的な言動

（4）　土下座の要求

（5）　執拗な言動

（6）　拘束的な行動

（7）　差別的な言動

（8）　性的な言動

（9）　従業員個人への攻撃　等

　カスハラ防止条例第9条、第14条によると、事業主の努力義務として以下が掲げられています。

（事業者の責務）

第9条　事業者は、基本理念にのっとり、カスタマー・ハラスメントの防止に主体的かつ積極的に取り組むとともに、都が実施するカスタマー・ハラスメント防止施策に協力するよう努めなければならない。

2　事業者は、その事業に関して就業者がカスタマー・ハラスメ

ントを受けた場合には、速やかに就業者の安全を確保するとと
もに、当該行為を行った顧客等に対し、その中止の申入れその
他の必要かつ適切な措置を講ずるよう努めなければならない。
3　事業者は、その事業に関して就業者が顧客等としてカスタ
マー・ハラスメントを行わないように、必要な措置を講ずるよ
う努めなければならない。

（事業者による措置等）
第14条　事業者は、顧客等からのカスタマー・ハラスメントを防
止するための措置として、指針に基づき、必要な体制の整備、
カスタマー・ハラスメントを受けた就業者への配慮、カスタ
マー・ハラスメント防止のための手引の作成その他の措置を講
ずるよう努めなければならない。

⑷　報道によれば、厚生労働省はカスハラについての法整備を模索し
ています。労働施策総合推進法の改正案を2025年の通常国会に提出
する予定です。

⑸　限定の助詞「は」以外に重要なことがあります。それは、「不快な
思いをされたり、心を痛められたりされたのであれば、お詫び申し
あげます」という形の謝罪です。これは、「であれば」と仮定してい
ます。逆にいえば、「もしかしたら、不快な思いをしていないかもし
れないし、心を痛めていないかもしれない」といっているに等しく、
聞いている人に怒りの感情を抱かせ、実務的に非常に不適切です。

第2章　いじめ、嫌がらせ、ハラスメント　　61

II 他社をおもんぱかってくださいね、という法律
……特に建設業法

Discussion

㊵ 2020年の指針、2022年のマニュアル、2024年の東京都条例でわかることは、「お客様は神様です」という古い発想は捨て去り、お互い対等の立場で、敬意を持って接すべき、ということですかね。

㊁ まぁ、そうでしょうね。お互い敬意を持つということの根本は、相手を思いやるということでして、重要でしょう、きっと。

㊵ 相手を思いやるという視点ですが、難しいですね。お金を支払う立場からすると横柄になる人も少なくありません。

㊁ それは、資本主義の最もいけないところの1つなのでしょうね。お金を持っている者が偉くて、ゆえに、お金を支払う人を奉らなければならない、と。

㊵ 先生のご懸念は理解します。私もお金の計算が仕事の1つですから。

㊁ お金の計算を生業になさっている先生にお伺いしたいのですが、そもそも資本主義って、一体何なんでしょうねぇ。

㊵ んー。難しいご質問ですねぇ。まぁ、あくまでも個人的な意見ですが、ぶっちゃけ申しあげると…「人々が抱くさまざまな希望・欲望・願望・憧れを、お金と引き換えに、満たしてあげる、または実現させてあげる」という体制である、と表現できそうですけれど。

㊁ なるほどぉ。そう表現してしまうならば、もう、哀しい気がします。「お金さえあればすごい」と聞こえてしまうので。ですが、その表現は正鵠を射ているかもしれません。

62

税 希望・欲望・願望・憧れに立脚する資本主義は、思うに、きっと文化・文明・技術を発展させる体制なのでしょう。「満たしてあげる、または実現させてあげる」側の立場のものとしては、お金をもらえる前提でなら、いろいろ頑張って競争して、文化・文明・技術を発展させようと思いますからね。

弁 人々が抱くさまざまな希望・欲望・願望・憧れを満たす方向で、文化・文明・技術を発展させていく…その原動力ですね、資本主義は。

税 でも、それだけでは、殺伐としてしまいませんかね。

弁 そうでしょうね。「お金を支払ってやるんだから横柄に振る舞っても構わない」という姿勢につながりかねません。これは、資本主義における大問題です。

税 先ほどから一緒に勉強しているカスハラについては、それが顕著に現れかねないところですから、お客様の立場に立つ者としては注意が必要です。

弁 同時に、会社側としては、2022年のマニュアルが示す諸点に留意しなければなりません。

税 相手を思いやって敬意を持って接することができれば、カスハラが減るだけでなく、独占禁止法の「優越的地位の濫用」法理、下請法、フリーランス適正化法に違反する案件も減るはずですが、ね。

弁 独占禁止法の「優越的地位の濫用」法理、下請法、フリーランス適正化法の背後にある趣旨は、資本主義をいくばくか修正する、という方向で働いていますね。

税 どういうことですか？

弁 お金を支払う側であっても偉そうにしてはならず、お金を支払う側がお金をもらう相手に対し、思いやりを示し敬意を持って接するということになりましょう。

税 あー。そうですねぇ。ところで、相手を思いやって敬意を持って

第2章 いじめ、嫌がらせ、ハラスメント　　63

接するという趣旨に依拠した規定ってほかにもありますか？

弁 ええ。第1章で意図的に説明を省きましたが、建設業法という法律があります。

税 それはどのような法律ですか？

弁 簡単にいうと、「下請法の建設業バージョン」とでも称すべきものです。特に、建設業法の第3章ですがね。

税 ほぉ。

弁 建設業法では、「建設工事」として29種類を定義しています（建設業法第2条第1項に係る別表第1）。

・土木一式工事

・建築一式工事

・大工工事

・左官工事

・とび・土工・コンクリート工事

・石工事

・屋根工事

・電気工事

・管工事

・タイル・れんが・ブロック工事

・鋼構造物工事

・鉄筋工事

・舗装工事

・しゅんせつ工事

・板金工事

・ガラス工事

・塗装工事

・防水工事

- 内装仕上工事
- 機械器具設置工事
- 熱絶縁工事
- 電気通信工事
- 造園工事
- さく井工事
- 建具工事
- 水道施設工事
- 消防施設工事
- 清掃施設工事
- 解体工事

税　「建設工事」というのがどういうものかということまで、法律で決まっているのですね。知りませんでしたよ。

弁　はい。実はそうなんです。これら建設工事について請負契約を締結する場合、建設業法の第3章の規定が適用されます。これについては、国土交通省不動産・建設経済局建設業課が「建設業法令遵守ガイドライン―元請負人と下請負人の関係に係る留意点―」(以下「建設業法令遵守ガイドライン」といいます)を公表しています。

税　今、みていますが、最新版は、2024年12月に出た第11版ですね。

(https://www.mlit.go.jp/totikensangyo/const/content/001765310.pdf)

弁　建設業法の第3章に根拠を持つ「建設業法令遵守ガイドライン」には以下が明記されています。

　　本ガイドラインは、元請負人と下請負人との間で交わされる下請契約が発注者と元請負人が交わす請負契約と同様に建設業法(昭

第2章　いじめ、嫌がらせ、ハラスメント　65

和24年法律第100号）に基づく請負契約であり、契約を締結する際は、建設業法に従って契約をしなければならないことや、また、元請負人と下請負人との関係に関して、どのような行為が建設業法に違反するかを具体的に示すことにより、法律の不知による法令違反行為を防ぎ、元請負人と下請負人との対等な関係の構築及び公正かつ透明な取引の実現を図ることを目的としています。

税　「建設業法令遵守ガイドライン」のサブタイトルとして、「―元請負人と下請負人の関係に係る留意点―」と明記されていますね。ということは、発注者と元請負人との間の請負契約に焦点を当てているのではなくて、元請負人と下請負人の請負契約に焦点を当てているわけですね。

弁　「建設業法令遵守ガイドライン」の目次をみると以下が掲げられていますが、これをみればおおむね内容がおわかりいただけますね。

1．見積条件の提示等（建設業法第20条第4項、第20条の2）
2．書面による契約締結
　2－1　当初契約（建設業法第18条、第19条第1項、第19条の3、第20条第1項及び第20条の2第4項）
　2－2　追加工事等に伴う追加・変更契約（建設業法第19条第2項、第19条の3）
3．工期
　3－1　著しく短い工期の禁止（建設業法第19条の5）
　3－2　工期変更に伴う変更契約（建設業法第19条第2項、第19条の3）
　3－3　工期変更に伴う増加費用（建設業法第19条第2項、第19条の3）

４．不当に低い請負代金（建設業法第19条の３）

５．原材料費等の高騰・納期遅延等の状況における適正な請負代金の設定及び適正な工期の確保（建設業法第19条第２項、第19条の３、第19条の５）

６．指値発注（建設業法第18条、第19条第１項、第19条の３、第20条第４項）

７．不当な使用資材等の購入強制（建設業法第19条の４）

８．やり直し工事（建設業法第18条、第19条第２項、第19条の３）

９．赤伝処理（建設業法第18条、第19条、第19条の３、第20条第４項）

10．下請代金の支払

　　10-１　支払保留・支払遅延（建設業法第24条の３、第24条の６）

　　10-２　下請代金の支払手段（建設業法第24条の３第２項）

11．長期手形（建設業法第24条の６第３項）

12．不利益取扱いの禁止（建設業法第24条の５）

13．帳簿の備付け・保存及び営業に関する図書の保存（建設業法第40条の３）

税　先生、「９．赤伝処理」って何ですか？

弁　「建設業法令遵守ガイドライン」の38頁に以下が定義されています。

赤伝処理とは、元請負人が

①　一方的に提供・貸与した安全衛生保護具等の費用

②　下請代金の支払に関して発生する諸費用（下請代金の振り込み手数料等）

③　下請工事の施工に伴い、副次的に発生する建設副産物の運搬処理費用

④　上記以外の諸費用（駐車場代、弁当ごみ等のごみ処理費用、

第2章　いじめ、嫌がらせ、ハラスメント　67

> 安全協力会費並びに建設キャリアアップシステムに係るカードリーダー設置費用及び現場利用料等）を下請代金の支払時に差引く（相殺する）行為である。

税　おおむね方向性はガイドラインの目次でわかりました。下請法と似ていますね。

弁　ええ。例えば、契約内容に関する書面の交付が建設業法でも下請法でも義務付けられています（建設業法第19条および下請法第3条）。

税　支払期日についてはどうでしょうか。

弁　建設業法では第24条の3、下請法では第2条の2に明記されています。

税　買いたたきについてはどうでしょうか。

弁　建設業法第19条の3、下請法第4条第1項第5号に明記されています。

税　正当な理由のない購入・利用強制の禁止はどうでしょうか。

弁　建設業法第19条の4、下請法第4条第1項第6号です。

税　建設業法と下請法の共通の趣旨が私にも少しみえてきました。後ほど*Key points*にてまとめてみましょう。

弁　ところで、税務調査において、建設業界が対象になりやすいと伺ったことがあるのですが、本当でしょうか？

税　国税庁が2023年11月に公開した2022年度の調査結果をみてみましょう。「令和4事務年度法人税等の調査事績の概要」です。

（ https://www.nta.go.jp/information/release/kokuzeicho/2023/hojin_chosa/pdf/01.pdf ）

弁　あっ、こんな資料があったのですね。知りませんでした。

税　8頁の別表2をみていただけますか。

弁　おー。「不正発見割合の高い10業種（法人税）」とありますね。

税　ええ。そこに挙げられている10業種のうち建設関係を挙げてみてください。

弁　えー。「工事」とつく業種を挙げればいいでしょうか。

税　そうですね。

弁　としますと、次のように4業種が挙げられています。

4位	土木工事	28.1%	1,666万6,000円
5位	職別土木建築工事	27.7%	1,882万5,000円
7位	一般土木建築工事	26.8%	1,940万5,000円
8位	管工事	26.4%	1,602万6,000円

税　10業種のうち、実に4業種もありますよね。おわかりになりますか？

弁　んー。そうですねぇ。驚きました。すなわち、不正が発生しやすいのでしょうか。

税　まぁ、何と申しあげればよいか…必ずしも不正が発生しやすいとはいえないですが、仮に不正が発生するとするならば、1つの理由は、「期ずれ」かもしません。長期間にわたる工事が多いため、売上（収益）や費用について、計上すべき時期がずれてしまうことがあり得るからかも、ですね。

弁　なるほど。

税　もう1つあり得るのは、「人件費」と「外注費」の境が不明になることですね。

弁　どういうことでしょうか？

税　人件費というのは、まぁ、平たくいうと、直接雇用の従業員への給与ですよね。

弁　はい。

税　従業員に給与を支払うとすると、必要なのは何ですか。先生の御専門のはずですが。

弁　あぁ。労働保険と社会保険ですね。

第2章　いじめ、嫌がらせ、ハラスメント　69

税　そうです。労働保険料と社会保険料が発生しますよね。これを避けたいと思っている企業様もおられるかもしれません。

弁　なるほどぉ。そうすると、本来は、雇用の下、従業員に対する給与ゆえ「人件費」のはずなのに、あたかも個人事業主への発注（業務委託や請負）であるかのように装う、つまり「外注費」として支払う、ということですか？

税　そういう可能性があり得ます。

弁　んー。可能性としてはそのようなものがあり得るのですね。

税　それだけではなく、「人件費」と「外注費」の境が不明になるという点、実はね、消費税の問題も絡むのですよ。

弁　はい？　どうして消費税なんですか？

税　消費税って、すべての取引にかかると思っていませんか、先生。

弁　ええ。もちろん思っていますが。

税　ざ、ざんねぇーん!!

弁　え、違うのですか。かからない取引があるという意味ですか。

税　先生、あのぉ、申し訳ないけれど、もうちょっと税務を勉強してくださいね。消費税がかからない取引ってあるのですよ。

弁　えええええええええええええええええええええええええええええ。

税　例えば、「心身や資産に加えられた損害の発生に伴い受ける損害賠償金」には消費税がかかりません。これは先生もご経験あるでしょ？

弁　あー。考えてみればそうですねぇ。示談契約書を交わすとき、いちいち消費税について書面に記しませんね。

税　ですよね。同様に、労働者に対する賃金にもかからないのです。給与明細に「消費税」の控除の欄はないですよね？

弁　あー。いわれてみれば、確かにそうですね。今まで気付きませんでしたよ。

税　「所得税」を源泉徴収することはあっても、「消費税」は源泉徴収

されていないでしょ。

弁　なるほどぉ。労働者に対する賃金が非課税取引なのだとはねぇ。

税　「非課税取引」ではなく「不課税取引」です。「非課税取引」と「不課税取引」と、両方があって、これらは、それぞれ異なる概念です。

弁　2つ別々なのですか？

税　そうですよ。不課税取引とは、簡単にいうと、そもそも消費税の定義上、消費税が課税される対象ではない取引です。

弁　どういうことでしょうか？

税　消費税は、国内において事業者が事業として対価を得て行う資産の譲渡や貸付け、役務の提供（以下「資産の譲渡等」といいます）を課税の対象とします。とすると、「国内において」とありますから、定義上、国外で行われる取引は対象ではありませんよね？

弁　まぁ、そうなりますね、定義上は。

税　同様に、「心身または資産について加えられた損害の発生に伴い受ける損害賠償金」については、どうでしょうか。

弁　ええっとぉ。

税　対価として支払われるものではないから不課税です。

弁　対価として支払われるものでないため、定義から外れるわけですね。

税　はい。そして、労働者に対する賃金は、雇用契約に基づく労働の対価であり、「事業」として行う資産の譲渡等の対価に当たりません。ですから不課税です。

弁　へぇ。定義上、そうなりますね。

税　これらのことは以下の国税庁のウェブサイトに掲載されています。

「No.6157　課税の対象とならないもの（不課税）の具体例」
（ https://www.nta.go.jp/taxes/shiraberu/taxanswer/shohi/6157.htm ）

第2章　いじめ、嫌がらせ、ハラスメント　　71

弁　それでは「非課税取引」とは？

税　国内において事業者が事業として対価を得て行う取引として、消費税のかかる取引には当たり得るんだけれども、それでも課税の対象としてなじまないものや社会政策的配慮から課税しないもの、のことを非課税取引といいます。

弁　具体的にはどんなものですか？

税　次のウェブサイトをみていただけますか。

「No.6201　非課税となる取引」

（ https://www.nta.go.jp/taxes/shiraberu/taxanswer/shohi/6201.htm ）

弁　以下の17取引が載っていますね。

⑴　土地の譲渡および貸付け

⑵　有価証券等の譲渡

⑶　支払手段の譲渡

⑷　預貯金の利子および保険料を対価とする役務の提供等

⑸　日本郵便株式会社などが行う郵便切手類の譲渡、印紙の売渡し場所における印紙の譲渡および地方公共団体などが行う証紙の譲渡

⑹　商品券、プリペイドカードなどの物品切手等の譲渡

⑺　国等が行う一定の事務に係る役務の提供

⑻　外国為替業務に係る役務の提供

⑼　社会保険医療の給付等

⑽　介護保険サービスの提供等

⑾　社会福祉事業等によるサービスの提供等

⑿　助産

⒀　火葬料や埋葬料を対価とする役務の提供

⒁　一定の身体障害者用物品の譲渡や貸付け等

⒂　学校教育

⒃　教科用図書の譲渡

⒄　住宅の貸付け

㊁　はい。話を元に戻しましょう。「人件費」と「外注費」の話を先ほどしましたね。

㊁　ええ。

㊁　消費税の場面ですが、労働者に対する賃金の場合には、不課税取引です。対象外仕入です。したがいまして、仕入税額控除を受けられないわけです。

㊁　あー。「仕入税額控除」って、どこかで聞きました… えっとぉ、あぁ、第1章のインボイス制度のお話のときに教わりましたね。

㊁　そうでしたね。

㊁　「仕入税額控除」を受けられないのは、企業にとってきついですね。

㊁　はい。ところが、外注費であれば、消費税の課税取引です。ゆえに、仕入税額控除を受けられるわけです。このため、企業は、費用を外注費として計上していくのなら、消費税を差し引けます。ですので、国に納付する消費税を少なくすることができ、企業にとってお得です。ここで、意図的に外注費として計上していくインセンティブが生じ得ることとなります。

Key points

⑴　「建設業法」ですが、「建築業法」ではありませんので名前にご留意ください。そして、建設業法第3章と下請法の根本的な趣旨は同じです。もっとも、以下のような違いも存在します。

	建設業法	下請法
契約内容の書面化義務	請負契約の当事者双方に係る義務として（第19条）。	親事業者を名宛人として、書面交付義務（第3条）。
買いたたきの禁止	注文主を名宛人として、「通常必要と認められる原価に満たない金額」を請負代金としてはならない（第19条の3）。	親事業者を名宛人として、「通常支払われる対価に比し著しく低い下請代金の額」を下請代金とすることを禁止（第4条第1項第5号）。
購入利用強制の禁止	注文主を名宛人として、資材・機械器具、またはこれらの購入先を指定したり、これらを請負人に購入させたりしてはならない（19条の4）。時期は「請負契約の締結後」に限定されている。	親事業者を名宛人として、自己の指定するものを強制して購入させ、または役務を強制して利用させてはならない（第4条第1項第6号）。
短い期間の完成	注文主を名宛人として、通常必要と認められる期間に比して著しく短い期間を工期としてはならない（第19条の5）。	
一括下請の禁止	建設業者にかかる禁止として、請け負った建設工事を一括して他人に請け負わせてはならない（第22条）。	
代金支払義務、支払遅延禁止	元請負人を名宛人として、代金・費用の支払後1か月以内のできる限り短い期間内に、下請負人へ支払う義務（第24条の3）。	親事業者を名宛人として、60日以内のできる限り短い期間内において、支払期日を定める義務（第2条の2）。そして、遅延せずに支払う義務（第4条第1項第2号）。
検査引渡	元請負人を名宛人として、20日以内の検査義務（第24条の4）。	
不利益取扱、報復措置の禁止	元請負人を名宛人として、国土交通大臣、都道府県知事、公正取引委員会、中小企業庁に通報したことを理由として、不利益取扱をしてはならない（第24条の5）。	親事業者を名宛人として、公正取引委員会、中小企業庁に通報したことを理由として、不利益取扱をしてはならない（第4条第1項第7号）。
受領拒否		親事業者を名宛人として、注文した物品等の受領を拒んではならない（第4条第1項第1号）。
減額		親事業者を名宛人として、あらかじめ定めた下請代金を減額してはならない（第4条第1項第3号）。

返品		親事業者を名宛人として、受領後に、返品してはならない（第4条第1項第4号）。
不当な経済上の利益の提供要請		親事業者を名宛人として、金銭・労務などの経済上の利益を提供させてはならない（第4条第2項第3号）。
不当な給付内容の変更・やり直し		親事業者を名宛人として、費用を負担せずに注文内容を変更したり、受領後にやり直しをさせたりしてはならない（第4条第2項第4号）。

(2)　他社をおもんぱかるということは、個々の企業にとってこれからは重要課題です。請負人は、発注者からすれば、自社の力でどうにでもなる軽い存在にすぎないのだと扱われてきた側面もあるかもしれません。しかし、請負人は、決してそのような存在とみなされるべきではありません。発注者にとっては請負人が社外で役務を提供してくれないとどうしようもなくなるはずです。とするなら、ビジネスをうまく回すためには、発注者の目的のために一緒に協力していただける有用な存在として、いわば発注者の社外社員のように、請負人との間で、発注者は良い関係を築くべき対象です。まったく同様のことが、元請負人と下請負人の間についても、当てはまります。下請負人が支えてくれているから元請負人のビジネスが成り立っているのだという視点を忘れずに敬意を持って振る舞うということこそ、「建設業法令遵守ガイドライン」の趣旨からしますと、当然のことになりましょう。

Ⅲ 他社をおもんぱかってくださいね、という法律……マイナーな条文

Discussion

弁　相手を思いやって敬意を持って接するという趣旨に依拠した規定が、実は労働法関連の法律の中にもあるのです。

税　え？　そのような規定がありましたっけ？

弁　はい。他社や他社の従業員のことをおもんぱかれ、という趣旨のものです。

税　聞いたことがありません。きっとマイナーな法律ですよね。

弁　んー。2つの法律のうち1つはマイナーな法律ではないのですが、その法律の中にある当該規定は知られていないでしょうね。

税　ぜひ教えてください。

弁　労働安全衛生法第3条第3項です。

税　えっ。労働安全衛生法ですか？　それはメチャクチャメジャーな法律ですね。

弁　条文は次のとおりです。

> 建設工事の注文者等仕事を他人に請け負わせる者は、施工方法、工期等について、安全で衛生的な作業の遂行をそこなうおそれのある条件を附さないように配慮しなければならない。

税　こんな条文があったんですね。

弁　要するに、建設工事の注文者など、仕事を他人に請け負わせる事

業主への法の要請です。配慮義務ですがね。

税 施工方法・工期等について、安全で衛生的な作業遂行を損なう条件を付けないように配慮をすべし、というものですか。

弁 はい。

税 確かに、他社の従業員のことをおもんぱかってくださいね、という趣旨ですね。

弁 ほかにもあります。労働時間設定改善特別措置法です。

税 はい？　何ですか、その法律は？

弁 あまり知られていないマイナーな法律です。

税 聞いたことありません。

弁 まぁ、そうおっしゃらずに。第2条第4項をみてください。

> 　事業主は、他の事業主との取引を行う場合において、著しく短い期限の設定及び発注の内容の頻繁な変更を行わないこと、当該他の事業主の講ずる労働時間等の設定の改善に関する措置の円滑な実施を阻害することとなる取引条件を付けないこと等取引上必要な配慮をするように努めなければならない。

税 これも努力義務ですね。事業主は他の事業主との取引を行う場合、著しく短い期限の設定および発注の内容の頻繁な変更を行わないこと、労働時間設定の改善を阻害する取引条件を付けないこと、等が努力義務としてうたわれています。

弁 努力義務とはいっても、他社に配慮すべきという内容で、労働安全衛生法および労働時間設定改善特別措置法が規定を設けていることってすごいことだとは思われませんか？

第2章　いじめ、嫌がらせ、ハラスメント　77

Key points

(1) 日本経団連に似た存在ですが「ビジネスラウンドテーブル」というものが米国にあります。ビジネスラウンドテーブルは、「コーポレートガバナンスに関する原則」として、2019年8月19日に「企業の目的に関する声明」Statement on the Purpose of a Corporation を公表しました。

(https://opportunity.businessroundtable.org/opportunity/commitment)

これによると、以下のとおり、サプライヤーに対しても、公平かつ倫理的に接しなさいと明記されています。

> Dealing fairly and ethically with our suppliers. We are dedicated to serving as good partners to the other companies, large and small, that help us meet our missions.

(2) あまり知られていない条文ですが、セクハラに関する男女雇用機会均等法第11条第3項があります。例えばA社の従業員からB社の従業員がセクハラを受けたとします。この場合において、B社から必要な協力を求められたときには、A社はこれに応じるように努力しなければならないとされています。

 パワハラ

Discussion

㊏　パワハラについて、近年、動きはありますか？

㊇　はい。「心理的負荷による精神障害の認定基準について」という資料が厚生労働省から公表されていましてね、これが2023年9月1日に改正されたのです。

(https://www.mhlw.go.jp/content/11201000/001140929.pdf)

㊏　「心理的負荷による精神障害の認定基準について」とはどのようなものでしょうか。

㊇　簡潔にいうと、業務が原因で精神疾患に陥ったことについて認定するための指標を示す基準ですよ。

㊏　実務ではそのような基準が必要なのですか？

㊇　ええ。日本では、業務「上」の病気やけがは労働災害となり労働者災害補償保険が機能し、業務「外」の場合は健康保険が機能します。

㊏　ええ。そこまでは私も存じあげておりますよ。業務「上」と業務「外」の区別は大切です。でも、業務上か否かって、そんなに判断に迷うものですかね。要するに、「業務起因性」すなわち、業務との相当因果関係があるかないかだけの話ですよね。

㊇　争点は確かに、業務との相当因果関係があるかないかです。

㊏　ですよね。とすると区別は簡単でしょう？

弁　でも、先生が念頭に置かれているのは、負傷＝けがでしょ。けがについては、それが業務上で生じたものなのか、プライベート＝業務外で生じたものなのか、通常は、判別が容易ですよね。

税　はい。確かにけがを念頭に置いていました。先生のご指摘のとおり、業務上なのか業務外なのかについて、けがの場合には、あんまり間違いないでしょうねぇ。

弁　そうですよね。ところが、けが以外に、病気ということがありますよね。

税　あー。確かに。病気とけがは別ですものね。

弁　そうそう。そして、病気の場合の区別はどうですかね。ある病気の原因が業務上のものなのか業務外によるものなのかについて、判別がなかなか困難かもしれませんよ。

税　あぁ。なるほどね。確かに、けがと異なり病気の場合にはその病気の原因が業務上のものなのか否か、わかりにくいかもしれませんね。

弁　えぇ。そこで、業務上の原因による病気については、労働基準法施行規則別表第1の2が、11個を列挙してくれています。これらを国が示すことにより、労働者が具体的に業務起因性を立証する際の困難性を容易化してくれています。

税　わかりました。今、労働基準法施行規則別表第1の2をみています。うち、第9号に、「人の生命にかかわる事故への遭遇その他心理的に過度の負担を与える事象を伴う業務による精神及び行動の障害又はこれに付随する疾病」と明記されていますね。

弁　ええ。その第9号に依拠して、先ほどの「心理的負荷による精神障害の認定基準について」が出されているのですよ。

税　知りませんでした。「心理的負荷による精神障害の認定基準について」は、どのような考え方を示しているのでしょうか？

弁　基本的には、次の3つのいずれの要件をも満たす精神障害を業務

上の疾病として取り扱うという考え方です。(ⅰ)対象疾病を発病して
いること、(ⅱ)対象疾病の発病前おおむね6か月の間に業務による強
い心理的負荷が認められること、(ⅲ)業務以外の心理的負荷及び個体
側要因により発病したとは認められないことです。

税　なるほど。(ⅰ)対象疾病とは何でしょうか？

弁　ICD-10の第Ⅴ章「精神及び行動の障害」に分類される精神障害で
す。たくさんの記載があります。

（https://www.mhlw.go.jp/stf/shingi/2r98520000011ncr-
att/2r98520000011nq2.pdf）

税　結構ありますね。

弁　そうですよね。もっとも、厚生労働省は、「対象疾病のうち業務に
関連して発病する可能性のある精神障害は、主としてICD-10のF2か
らF4に分類される精神障害である」と述べています。このため、基本
的には、F2、F3、F4に留意すれば足りるということになりましょう。

F2　統合失調症、統合失調症型障害及び妄想性障害

　　F20 統合失調症、F21 統合失調症型障害、F22 持続性妄想性
　　障害、F23 急性一過性精神病性障害、F24 感応性妄想性障害、
　　F25 統合失調感情障害、F28 その他の非器質性精神病性障害、
　　F29 詳細不明の非器質性精神病

F3　気分［感情］障害

　　F30 躁病エピソード、F31 双極性感情障害、F32 うつ病エピソー
　　ド、F33 反復性うつ病性障害、F34 持続性気分[感情]障害、F38
　　その他の気分［感情］障害、F39 詳細不明の気分［感情］障害

F4　神経症性障害、ストレス関連障害及び身体表現性障害

第2章　いじめ、嫌がらせ、ハラスメント　　81

F40 恐怖症性不安障害、F41 その他の不安障害、F42 強迫性障害、F43 重度ストレスへの反応及び適応障害、F44 解離性[転換性]障害、F45 身体表現性障害、F48 その他の神経症性障害

[税] 統合失調症のほか、躁病エピソードおよびうつ病エピソードも記載されていますね。

[弁] はい。

[税] では、(ii)対象疾病の発病前おおむね6か月の間に業務による強い心理的負荷が認められること、とはどのようなものなのでしょうか？

[弁] 先ほどみていただいた厚生労働省の「心理的負荷による精神障害の認定基準について」の13頁以下に「業務による心理的負荷評価表」が掲載されています。

[税] 「具体的出来事」が1から29まで、けっこう細かく書かれていますね。

[弁] うち、「⑥対人関係」の中にある、27をみてください。

[税] おー。カスハラについて書かれています。

[弁] 2023年8月31日までの旧基準でも、「顧客や取先から無理な注文を受けた」と「顧客や取引先からクレームを受けた」が「②仕事の失敗、過重な責任発生等」の中で例示されていました。同年9月1日からは、27として「顧客や取引先、施設利用者等から著しい迷惑行為を受けた」ことが追加・明示されました。これが改正点の1つです。

[税] 追加・明示されることで、わかりやすくなりましたね。カスハラは多いですからね。

[弁] また、「具体的出来事」の「⑤パワーハラスメント」の22ですが、パワハラの6類型すべての具体例が2023年9月1日に示されました。

[税] パワハラの6類型とは何でしょうか？

弁　以下のとおりで、厚生労働省が「事業主が職場における優越的な
　関係を背景とした言動に起因する問題に関して雇用管理上講ずべき
　措置等についての指針」（以下「パワハラ指針」といいます）（2020
　年1月15日　告示第5号）にて示しているものです。

---

(1)　身体的な攻撃（暴行・傷害）

(2)　精神的な攻撃（脅迫・名誉棄損・侮辱・ひどい暴言）

(3)　人間関係からの切り離し（隔離・仲間外し・無視）

(4)　過大な要求（業務上明らかに不要なことや遂行不可能なこと
　の強制、仕事の妨害）

(5)　過小な要求（業務上の合理性なく、能力や経験とかけ離れた
　程度の低い仕事を命じることや仕事を与えないこと）

(6)　個の侵害（私的なことに過度に立ち入ること）

税　ありがとうございます。

弁　また、「業務による心理的負荷評価表」の22には、性的指向・性
　自認に関する精神的攻撃等を含むことが明記されています。さらに、
　「「上司等」には、職務上の地位が上位の者のほか、同僚又は部下で
　あっても、業務上必要な知識や豊富な経験を有しており、その者の
　協力が得られなければ業務の円滑な遂行を行うことが困難な場合、
　同僚又は部下からの集団による行為でこれに抵抗又は拒絶すること
　が困難である場合も含む」と明記されています。22に絡むこれら
　も2023年9月1日の改正点です。

税　ありがとうございます。ほかに改正点はありますか？

弁　精神障害を発病して治療が必要な状態にある者については、旧基
　準では、悪化前おおむね6か月以内に別表1の「特別な出来事」（特
　に強い心理的負荷となる出来事）がなければ 業務起因性を認めて

第2章　いじめ、嫌がらせ、ハラスメント　83

いなかったのです。

㊉　それは厳しいですね。

㊋　ええ。実際のところ、これが労災認定の障害となっていました。しかし、2023年9月1日からの基準の「第5」の「1」では、悪化前おおむね6か月以内に「特別な出来事」がない場合でも、「業務による強い心理的負荷」により悪化したときには、「悪化した部分について業務起因性を認める」ことが明示されました。

㊉　労働災害を認めやすくする方向での改正ですね。ところで、パワーハラスメントとはどのような定義なのでしょうか？

㊋　先ほどご紹介した厚生労働省のパワハラ指針に次のように記載されています。

　職場におけるパワーハラスメントは、職場において行われる①優越的な関係を背景とした言動であって、②業務上必要かつ相当な範囲を超えたものにより、③労働者の就業環境が害されるものであり、①から③までの要素を全て満たすものをいう。

　なお、客観的にみて、業務上必要かつ相当な範囲で行われる適正な業務指示や指導については、職場におけるパワーハラスメントには該当しない。

㊉　なるほど。パワハラというからには、①②③が必要ということですね。

㊋　はい。3つすべてが必要です。

㊉　①の要件がある以上は、あくまでも上司から部下に対するものであって、部下から上司に対するものは概念の範疇の外ですよね。

㊋　いえいえ。先ほど「業務による心理的負荷評価表」の22の話を申しあげましたでしょ。

税　はい。

弁　「「上司等」には、職務上の地位が上位の者のほか、同僚又は部下であっても、業務上必要な知識や豊富な経験を有しており、その者の協力が得られなければ業務の円滑な遂行を行うことが困難な場合、同僚又は部下からの集団による行為でこれに抵抗又は拒絶することが困難である場合も含む」と明文で定められているとおり、部下から上司へのパワハラというのも、厚生労働省は認めているのです。

税　あぁ。先ほどのあれは、そういう意味だったんですね。

弁　はい。先ほどご紹介した厚生労働省のパワハラ指針には、同僚または部下によるパワハラが成り立ち得る場合について、以下の2つの場合が含まれる趣旨が記載されています。

・同僚又は部下による言動で、当該言動を行う者が業務上必要な知識や豊富な経験を有しており、当該者の協力を得なければ業務の円滑な遂行を行うことが困難であるもの

・同僚又は部下からの集団による行為で、これに抵抗又は拒絶することが困難であるもの

税　パワハラをきっかけに「被害者従業員」に生じる影響としては、何がありますか？

弁　精神疾患の発症のほか、自殺、失踪、ロイヤルティやモラルによる生産性の低下などでしょう。いじめの被害者が加害者になり部下や同僚へのいじめをしてしまう、という影響もときにあり得ます。

税　パワハラをきっかけに「企業」に生じる影響は何でしょうか？

弁　いろいろあります。

(1)　労災申請

(2)　正式訴訟（安全配慮義務違反、使用者責任）

第2章　いじめ、嫌がらせ、ハラスメント　85

⑶　企業または企業グループのレピュテーションの低下

⑷　ロイヤルティやモラルの低下に基づく、労働生産性の全社的な低下

⑸　加害者が優秀な場合でも、もはや活用できなくなる可能性

⑹　外部組合に駆け込まれる可能性

⑺　弁護士との交渉になる可能性

⑻　官庁との契約ができなくなる可能性（指名停止措置）

税　パワハラをきっかけに「加害者個人」に生じる影響は何でしょうか？

弁　民事事件の被告となることだけでも大変ですが、へたをすると、民事にとどまらず刑事事件（暴行罪、強制わいせつ罪、等々）となり得ます。

税　事後ではなく事前にできる予防の面から、会社や個人として、どのような点に気を付ければよいのでしょうか？

弁　パワハラの事件を多く手がけてわかったのは、ほとんどの場合、加害者の弁明は、いじめの意図はなく、むしろ、「教育・訓練・指導・激励」の意図だったというものです。確かに、「教育・訓練・指導・激励」と、いじめは紙一重の部分があるのかもしれません。

税　「教育・訓練・指導・激励」と、いじめの区別は難しいでしょうね。

弁　そうですね。ここで注目いただきたいのは、目的が正当であっても、手段がダメならパワハラになり得る、ということです。

税　目的と手段を分けるという考え方ですね。

弁　はい。目的達成のために、たくさんの手段のうちで適切な手段を選べということです。

税　ほぉ。目的が「教育・訓練・指導・激励」ならば、それらを達成する手段として、当該目的に寄り添った手段を選びなさいという考え方ということですかね？

弁　そのとおりです。例えば目的達成手段は100通りもあるのに、ど

うしてわざわざ暴力的な、あるいは人をおとしめるような手段を選ぶのでしょうか、ということです。

税 わかりました。発言等で留意することは何でしょうか？

弁 以下に対してぜひともご留意をお願いします。

⑴ 死ね、殺すぞ、馬鹿、給料泥棒、●●失格だ、等のあからさまな誹謗中傷表現。

⑵ クビだ、辞めろ、飛ばすぞ、降格させるぞ、等の身分の変動に関する表現。

⑶ 身体的特徴、学歴、家族に関する表現。

⑷ 指導するなら短い時間で（10-15分以内で、要領良く）。

⑸ 「ちゃんと仕事しろよ」等、抽象的に指摘するのではなく、具体的事実に対して注意をし、具体的にどうあってほしいか指導する。

⑹ 「さらされた」といわれないように、人前での叱責、または大勢を巻き込むメールCcはできるだけ避ける方が無難。

⑺ 笑顔で、かつ声に出して「ありがとう」「お疲れ様」等の挨拶を。

⑻ 指示を明確に。

⑼ 声の大きさに注意（怒鳴るのはアウト。また地声が大きいことは上司として良いことではないことを真剣に思い知ること）。

⑽ プライベートなことに干渉しすぎない。

⑾ 公平「にみえる」よう努力を。

⑿ 部下が相談しやすいような雰囲気をあらかじめ日ごろから作るよう試みること。

税 なるほどぉ。

弁 頻度回数、期間、等々にもよりますので、必ずしも一発でアウトというわけではないですがね。

税 企業として、日ごろから、従業員に自覚させるべきことを教えてください。

第2章 いじめ、嫌がらせ、ハラスメント 87

弁　いろいろあります。

(a)　上司のいうことをきちんと聞いて仕事をすること。

(b)　上司に対して異見があるときには上司の顔を潰さないように
うまくいうこと。

　　「私ってストレートな性格だから仕方がないの」は組織では
決して済まされないことを思い知ること。

　　同じ内容を表現するにも、表現方法は100通りある（けんか
になる場合の多くは、「内容」に怒っているのではなく「表現方
法」「言い方」に怒っている）。

(c)　仕事は1人で行うものではなく、同僚との協調性が重要なこと。

(d)　就業時間というのは、効率的に仕事をすることを会社が期待
する時間であること。

(e)　お給料というのは、他人がやらない仕事をすることや勤務先企
業にとって価値のある仕事をすることの貴重な対価であること。

(f)　笑顔で、かつ、声に出して、「おはようございます」「お疲れ様
です」の挨拶を。

(g)　上司に対してため口を使わないように。

(h)　悪くないとわかっていても謝らなくてはいけないことなど
は、人生の中で山ほどあること。

(i)　企業では、上にいけばいくほど、多くの情報に接し、下であ
ればあるほど少ない情報に接する。

　　不十分な情報の下で作り上げた意見は、間違っていることが
あること。

(j)　辛ければ誰かに相談して吐き出そうと試みること。

税　私が顧問先から聞いた話では、往々にして、現場の上司だけで対
処しようと頑張り、結果、大ごとになって失敗することがときにあ
る、ということでした。

弁　確かにその可能性があります。教訓ですが、現場としては、できるだけ早期に人事やマネジメントを巻き込んでください。

税　メールやLINEは証拠になりますしね。また、近ごろはスマートフォンで録音や撮影をすることも可能です。

弁　自らの言動には留意をしましょう。私は、常に留意をしていますが、これからは一層留意を重ねることとします。

Key points

(1)　筆者自身が取り扱った事案にも、いじめをきっかけにして、自殺してしまわれた案件や行方不明になってしまわれた案件があります。2024年3月29日に厚生労働省および警察庁が公表した「令和5年中における自殺の状況」という資料があります。

(https://www.npa.go.jp/safetylife/seianki/jisatsu/R06/R5jisatsunojoukyou.pdf)

　これによると、2022年の自殺者は2万1,881人で、2023年の自殺者は2万1,837人です。ところが、警察庁が2024年7月に出した「令和5年における行方不明者の状況」によると、2022年は8万4,910人の行方不明者が、2023年には9万144人の行方不明者が出ています。要するに自殺者の4倍超の行方不明者が出ている、そんな国なのです。

(https://www.npa.go.jp/safetylife/seianki/fumei/R05yukuefumeisha.pdf)

第2章　いじめ、嫌がらせ、ハラスメント

(2)　職場におけるパワハラは、職場において行われる①優越的な関係
を背景とした言動であって、②業務上必要かつ相当な範囲を超えた
ものにより、③労働者の就業環境が害されるものであり、①から③
までの要素をすべて満たすものをいいます。その中でも②が非常に
重要です。客観的にみて、業務上必要かつ相当な範囲で行われる適
正な業務指示や指導については、②の要件が欠けるため、定義から
外れ、職場におけるパワハラには該当しません。ですので、何でも
かんでもパワハラになるわけではありません。適正な業務指示や指
導については、企業として決してためらってはいけません。

(3)　労働者が離職する場合に、雇用保険から「基本手当」＝「失業等給
付」をもらうことができる場合があります。もし「かわいそうな労
働者」と認められる事情がある際には、「特定受給資格者」として、
早めに（＝２か月の給付制限なく）、かつ多めに（＝一般の受給資格
者よりも）、基本手当がもらえるかもしれません。この特定受給資格
者の中に「⑪　事業主又は当該事業主に雇用される労働者から就業
環境が著しく害されるような言動を受けたことによって離職した
者」が含まれています。これは、パワハラやセクハラが原因で離職
した場合に、特定受給資格者になる可能性があることを明示してい
るものです。以下、2022年４月版の「**特定受給資格者及び特定理由
離職者の範囲と判断基準**」です。

（ https://roumu.com/pdf/2022042211.pdf ）

 セクハラ

Discussion

㊗ セクハラというのは、「職場において行われる、労働者の意思に反する性的な言動のこと」ですよね？

㊗ 大雑把に表現すれば、定義はそのとおりですよ。それが、対価型および環境型の2種類に分かれるといわれています。

㊗ 対価型というのは、「昇進させてやるから私と付き合え」みたいなことですか？

㊗ はい、そのとおりです。逆に表現するなら、「職場において行われる労働者の意思に反する性的な言動」に対する労働者の対応（抵抗や拒否）により、労働条件について不利益を受けたりという場合ですね。

㊗ 環境型というのは、どんな場合ですか？

㊗ 「職場において行われる、労働者の意思に反する性的な言動」により、労働者の職場環境が害されたりする（これにより能力の発揮に重大な悪影響が生じる）ことです。

㊗ 確か、環境型の典型例として、海遊館事件がありますね。

㊗ よくご存じですね。最高裁判所2015年2月26日判決です。

（ https://www.courts.go.jp/app/files/hanrei_jp/883/084883_hanrei.pdf ）

㊗ この最高裁判決の「別紙」に載っている加害者の発言は下品です。

第2章 いじめ、嫌がらせ、ハラスメント　91

ひどすぎます。あり得ません。こんなこと、絶対に職場でいってはいけない言葉ですよ。品位の欠けらもありません。

[弁] そうですね。職場は仕事をしてお金をもらう場であって、同僚や部下にわいせつなことをいう場ではありません。

[税] 「職場」とおっしゃいましたが、セクハラの定義にも「職場において行われる」とあります。この、「職場」とは企業の地理的な場所の物理的空間のことですか？

[弁] 「職場」とは、業務を遂行している場所のことです。取引先の事務所、顧客の事業場・自宅、出張先、打ち合わせのための飲食店内、接待の席上、業務で使用する車中なども含まれます。

[税] 勤務時間外の懇親の場は「職場」なんでしょうか？

[弁] 勤務時間外の懇親の場や社員寮や通勤中であっても、実質、職務の延長と考えられる場合には、「職場」という概念に含まれます。

[税] 「労働者の意思に反する」と定義にありますが、ここでいう「労働者」とは誰でしょうか？

[弁] 「労働者」とは、直接雇用するすべての労働者です。パート、契約社員は当然に含まれます。

[税] 直接雇用でない派遣労働者はどうでしょうか？

[弁] 労働者派遣法第47条の2により、「労働者」の概念に含まれます。

[税] お客様企業の労働者、業務受託先企業の労働者、個人事業主などのフリーランスも含まれますか？

[弁] 他の事業主が雇用する労働者、個人事業主などのフリーランスについては、「労働者」ではないが対象とすることが望ましい、というのが厚生労働省の考え方です。

[税] 私が若いときには、セクハラは常に女性が被害者、男性が加害者、と相場は決まっていましたが、今では、女性が加害者、男性が被害者になることもあり得ますよね。

弁　今でも圧倒的大多数は、確かに女性が被害者、男性が加害者です。でもおっしゃるとおり、女性が加害者、男性が被害者になることも今ではあり得ますね。同性同士の場合もあり得ますし、LGBTについての言動も含まれます。

税　わかりました。今でも圧倒的大多数の事案において女性が被害者、男性が加害者というのは興味深いです。

弁　少なからぬ男性の意識の根底にあるのは、「二人きりになってもよい」「尊敬してくれている」ということは、自分に好意（恋愛感情として）を持っているに違いないという誤解ですね。これは大きな間違いです。

税　それはわかります。女性の意識としては、尊敬と恋愛は別物という発想です。上司を尊敬する気持ちや、可愛がってくれる先輩を慕う気持ちがあれば、個別の指導を受けたくもなるかもしれません。職場関係を壊さないための大人の付き合いとして、二人きりになる瞬間を容認することはあり得るでしょう。しかしそれは、恋愛感情とはまったく別物なのです。「その上司・先輩のことを男性として好き」というわけではありません。単に上司・先輩として好きなだけです。または職場関係を壊さないためだけです。

弁　残酷ですけれど、「脈あり」では決してないということですね。

税　今まで顧問先からお伺いしたことでは、セクハラは飲酒の上でのものが多いということでした。報道でも、わいせつがらみの事件についてはアルコールを摂取していたという案件が多いですよね。

弁　アルコールを摂取した上でのセクハラは多いですね。これまで真面目に生きてきても、また、どんなに高い地位まで登り詰めても、それらが一瞬で吹っ飛んでしまいます。ですので、アルコールを摂取したら、自らの行動に十分留意することをおすすめ申しあげます。酔った上での一夜限りの性交渉に関しては、刑事事件に発展する事

第2章　いじめ、嫌がらせ、ハラスメント　　93

案すら多発しています。

[税] 米国社会における犯罪で「銃さえ所持していなければ起きなかったであろう」という事件が多いですが、日本でも「アルコールさえ飲んでいなければ起きなかったであろう」という事件が多すぎます。

[弁] アルコール関連でセクハラを受け、被害者になってしまった人は本当にお気の毒です。同時に、加害者になった人の家族や雇用主たる企業の衝撃は大きいです。企業としては、「従業員のアルコール摂取」に腰を据えて取り組むべき時期にきているのだと思います。そういえば、2024年2月19日に厚生労働省が出した「健康に配慮した飲酒に関するガイドライン」を知っていますか？

（https://www.mhlw.go.jp/content/12200000/001211974.pdf）

[税] へぇ。こんなのが公表されていたのですね。知りませんでしたよ。

[弁] アルコールを摂取しろと同僚や部下に強要するのはもってのほかです。急性アルコール中毒で死亡してしまう場合もありますよ。

[税] そのとおりです。ところで、セクハラ自体をきっかけにして自殺してしまわれる案件は、多くないですよね。

[弁] まぁ、男性が加害者で女性が被害者という典型的な事案では、女性が自殺をすることは、私の経験値としては、多くはないといってよいでしょう。

[税] パワハラにおいては、パワハラをきっかけにして自殺してしまわれる案件は、ありますよね。

[弁] 痛ましいことです。

[税] ほかに、セクハラとパワハラの違いはありますか？

[弁] パワハラにおいては、加害者が、他の人に対する関係で被害者になり得ることがありますね。部長からパワハラを受けている課長が

係長をいじめる、みたいに。

[税] しかし、セクハラでそのような事態はほぼないでしょうね。例えば、社長からセクハラを受けている執行役員が、部長に対してセクハラをしてしまっているなんてことはほぼ考えられません。

[弁] 男性が加害者で女性が被害者、という典型的な事案についてだけ、実務的な視点でいうなら、安全性を考えて、以下をおすすめします。

・できるなら二人きりにならない。

・できるなら身体に触らない。

・できるなら身体的特徴についてコメントしない

立場が上の男性が、部下の女性と2人きりの方が腹を割って話せると思っても、部下はそうは思っていないかもしれません。また、女性の身体に触れる必要がある事態は、業務上、ほぼ発生しません。さらに、身体的特徴について、業務の場でコメントする必要も通常はありません。

Key points

(1) 2023年９月１日に厚生労働省が、基発0901第２号「心理的負荷による精神障害の認定基準」を公表しましたが、その中の「業務による心理的負荷評価表」において、性的指向・性自認に関する精神的攻撃等を「強」と明記しています。

(2) 実務では、セクハラに遭った被害者が、当初の聴き取りにて、「大ごとにしたくない。職場で部署異動をしてくれればいい。加害者への処罰は求めない」と、とりあえずいうことがあります。ところが、かつてそういっていたのに、加害者が出世していくのをみたり、加害者がまったく反省していないような様子をみたりすると怒りが込

み上げてきて、後から「やっぱり調査してほしい」と会社に要求し
てくることがあります。時効にかかっている場合を除いては拒めま
せんが、数年経過していると証拠が散逸してしまっている場合があ
ります。したがって、当初の聴き取りの際に、きちんと証拠を保存
しておくこともご検討ください。

(3)　２人きりになることへの同意、家に付いていくことへの同意が
あったとしても、それらは、(性交渉への同意を含む)性的同意を意
味しません。まったく別物です。性的同意を確認すべきことが必要
な時代です。政府も以下のウェブサイトにおいて、性的同意につい
て広報しています。

(https://www.gov-online.go.jp/media/commercials/202311/
video-270758.html)

　地方自治体においても、性的同意について注意喚起しているとこ
ろもあります。

(https://www.pref.fukuoka.lg.jp/contents/seitekidoui.html)

(4)　人事労務や競争確保法に長年携わっていると、アルコールをきっ
かけとする様々な事件が多発することに絶句します。犯罪の少なか
らぬ数もアルコール絡みです。アルコールを摂取すると自分では大
丈夫なつもりでも、確実に判断能力が鈍ります。企業の中には、管
理職が職場の２次会に参加しないよう勧奨するところが増えてきて
います。アルコールを摂取する際には常に自分を律するとともに、
何についての同意なのかについて、ぜひ、誤解・混同なされないよ
うにお願いします。

第3章　会社法

- Ⅰ　会社の種類
- Ⅱ　株式会社とコーポレートガバナンス
- Ⅲ　株式会社の取締役
- Ⅳ　株式会社の取締役に対して支払われる報酬
- Ⅴ　株式会社の取締役に対して支払われる報酬についての最近の動き

I 会社の種類

Discussion

税　ねぇ、先生。「会社法」っていう法律がありますよね。

弁　ええ。

税　会社法は、2005年に国会を通過して法律となり、2006年5月から施行されていますよね。

弁　よくご存じですね。そのとおりですよ。

税　それより前には、「商法」という法律の第2編が、会社について定めていましたよね。

弁　そうですね。主な法律は2つ、すなわち商法の第2編「会社」、および商法とは別の「有限会社法」でしたね。

税　当時は、株式会社および有限会社について、最低これだけは資本金が必要だという決まりはありましたか？

弁　はい。最低資本金の制度です。株式会社においては、最低でも1,000万円以上が必要でした（旧商法第168条の4）。これを満たすことが難しい小規模企業のため、有限会社については資本金300万円でした（旧有限会社法第9条）。

税　ちなみに、この時代、株式会社の取締役は最低でも3人が必要とされていましたよね（旧商法第255条）。

弁　ええ。株式会社に比し、有限会社においては、取締役の人数は1人以上で足りました（旧有限会社法第25条）。そして有限会社の社員は50人以下と定められていました（旧有限会社法第8条第1項）。

税　「社員」って「従業員」のことですか？

弁　いえいえ。商法、有限会社法、会社法にいう「社員」とは、「持分を有する人」の意味です。つまり、出資者のことです。別の表現をすれば「所有者」ですかねぇ。

税　昔の商法の第2編「会社」および「有限会社法」は、現在、「会社法」に変わってしまっていますが、会社法の下で、最低資本金の制度は維持されていますか？

弁　いえいえ。株式会社は1円でも作ることが可能です。また、有限会社という形態はもう新設が認められなくなってしまいました。

税　現在の会社法では、基本的な形態は株式会社、合同会社、合資会社、合名会社の4種類ですか？

弁　そうですね。もっとも、合名会社および合資会社は、旧商法の時代からあるにもかかわらず、現在、ほとんど新規設立がありません。

税　そうなんですか？

弁　はい。以下の政府統計をみていただけますでしょうか。2022年に新規で設立された株式会社、合同会社、合資会社、合名会社、それぞれの数が掲載されています。

（ https://www.e-stat.go.jp/stat-search/files?page=1&layout=datalist&toukei=00250002&tstat=000001012460&cycle=7&year=20220&month=0&tclass1=000001012462&result_back=1&cycle_facet=tclass1%3Acycle&tclass2val=0&metadata=1&data=1 ）

税　2022年においては以下のとおりですね。

| 株式会社 | 92,371件 |
| 合同会社 | 37,127件 |

第3章　会社法　99

合資会社	30件
合名会社	20件

弁　合資会社、合名会社はほとんど新設されていませんね。圧倒的に
株式会社および合同会社です。2023年はどうでしょうか？

（ https://www.e-stat.go.jp/dbview?sid=0003206210 ）

税　2023年は以下のとおりですね。

株式会社	100,669件
合同会社	40,751件
合資会社	17件
合名会社	15件

弁　合資会社、合名会社の新設数は減っていますね。増えているのが
株式会社および合同会社の新設数です。

税　合資会社、合名会社はどうして人気がないのですかね。

弁　かつては、株式会社においては、最低でも1,000万円以上、有限
会社については300万円の資本金が必要だったと先ほど述べまし
た。そうすると、最低でも300万円を持ち合わせていないと有限会
社すら設立できなかったわけです。これに対し、合資会社、合名会
社には最低資本金の制度がありませんでしたからね。

税　あぁ。なるほど、合資会社、合名会社は資本金の用意ができないが、
とりあえず企業を設立したいという要望に応える制度だったわけで
すね。

弁　そうそう。当時はそうだったんですよ。でも今は、株式会社であっ

ても、資本金は1円でいいわけです。ちなみに、合同会社でも資本金は1円で足ります。

税 そうすると、わざわざ合資会社、合名会社を選択する意味が薄れるでしょうねぇ。

弁 そう。しかも、合資会社、合名会社ともに「無限責任社員」という存在が必要とされます。無限責任社員は、無限責任を負う出資者という意味です。

税 無限責任を負うのはきついですね。会社倒産の際も出資者として無限の責任を負うことになるわけですね。

弁 そのとおりです。なので、倒産するとなかなか辛いかもしれません。

税 そうすると、現在では、株式会社および合同会社がよく利用される、というわけですね。ところで、株式会社および合同会社の違いは何でしょうか？

弁 大きな違いは、株式会社では、「所有（出資）」と「経営」の分離がなされているのに対して、合同会社はそうではない（出資者が会社経営に携わるのを基本とする）というところですかね。

税 所有者が株主で経営者は取締役であるという分離がなされている株式会社に比して、合同会社では、所有者たる出資者が基本的に経営を担うわけですね。それは、すなわち、合同会社においては一人ひとりの出資者が、業務執行権および代表権を与えられることになりますか？

弁 はい。合同会社の原則的な制度設計としてはおっしゃるとおりです（会社法第590条第1項）。もっとも、一人ひとりの出資者に業務執行権および代表権を与えてしまうと、混乱を招くこともあり得ますね。また、出資者の中には業務執行に参画したくない人や業務執行の能力を持たない人もいるはずです。

税 まぁ、そうでしょうね。

弁 そこで、定款にて明文で定めることによって、業務執行権が与え

第3章 会社法　　101

られる出資者を決めることができます（会社法第591条第1項）。こういう出資者を業務執行社員と呼びます。

税　業務執行社員を複数選ぶことは可能ですか？

弁　はい。その場合は、業務執行社員の中から会社を代表する出資者、すなわち「代表社員」を選出することも可能です（会社法第599条1項但書）。

税　そうすると、合同会社を例えるなら、以下のような感じでしょうか。

> 合同会社の社員＝株式会社の株主
> 合同会社の業務執行社員＝株式会社の取締役（株主を兼ねる）
> 合同会社の代表社員＝株式会社の代表取締役（株主を兼ねる）

弁　理解のための比喩としては、そのとおりですね。

税　そうだとしますと、業務執行社員および代表社員については、株式会社の取締役および代表取締役と同様に、登記簿に登記される対象ですか？

弁　はい。株式会社の取締役の氏名（会社法第914条第6号）、ならびに代表取締役の氏名および個人住所と同様に、業務執行社員の氏名、ならびに代表社員の氏名および法人住所もしくは個人住所（会社法第914条第7号）が登記簿によって公示されます。

税　今、「代表社員の氏名および法人住所もしくは個人住所」とおっしゃいましたが、代表社員は法人でも構わないのですか？

弁　はい。業務執行社員も代表社員も、法人が就任することは可能です（会社法第598条）。

税　あれ？　株式会社の取締役および代表取締役は法人でも大丈夫なんでしたっけ？

弁　いえいえ。会社法第331条第1項第1号に、法人は就任できない旨

税 の明文がありますよ。自然人のみです。

税 あぁ。としますと、それが違いの1つなんですね。

弁 はい。別の違いとしては、任期です。株式会社の取締役は、原則として2年です。そして、最長10年という縛りがあります。

税 ええ。会社法第332条に明文があります。

弁 ところが、合同会社の業務執行社員には、定款で定めない限り任期がありません。

税 それは大きな違いですね。ほかに合同会社と株式会社の違いはありますか？

弁 設立時に定款を作成することは同じなのですが、「認証」に違いがあります。

税 「認証」って何でしょうか？

弁 ある文書に署名または押印が載っている、としましょう。この場合、その文書に記された署名や押印が本人のものであることを公証人が証明する作業が「公証」です。

税 どういう意味を持つ作業ですか？

弁 その文書が作成名義人の意思に基づいて作成されたことを推定する、という意味を持ちます。

（ https://www.koshonin.gr.jp/notary/ow09_1 ）

税 わかりました。認証（公証）における合同会社と株式会社の違いは何でしょうか？

弁 株式会社の場合、公証役場での公証人による定款認証が必須です。所有と経営が分離されているという話をしましたね。

税 ええ。

弁 「所有者たる株主」と「経営者」が仮に対立してしまった場合のた

第3章　会社法　　103

め、定款を国から認められた公証人による認証に服さしめる、という
ことにしています。

㊣ それに対し、合同会社では定款認証不要、ということですか？

㊂ はい。所有と経営が一致しているため、「所有者と経営者が対立し
てしまう」という事態が起こりにくいからです。

㊣ なるほど。ほかに、合同会社と株式会社の違いはありますか？

㊂ 株式会社では毎年、決算報告をする必要があります。

㊣ あー。それは、わかりますよ。決算報告って、株主および債権者の
ためでしょう。官報掲載、新聞掲載、ウェブサイト掲載のどれかを
使って毎年行うもののことですよね。

㊂ 合同会社では毎年の決算報告が不要です。

㊣ ほかに違いはありますか？

㊂ 株式会社では「株式の発行」という方法で資金調達ができます。
いろいろな審査を経ることを条件に、しっかりした会社であること
を証明できるなら、株式市場へ上場することも可能かもしれません。

㊣ なるほど。逆に、合同会社では株式がもともとないので、「株式の
発行」という方法で資金調達ができないということですね。当然な
がら株式市場への上場ということも理論上あり得ませんね。

㊂ そのとおりです。ほかの違いとしては、出資者による議決方法で
す。株式会社では、株主がものを決める際に、出資の額に依存して
しまう、ということです。別の表現をすると、1人1票ではなく、1
株1票、ということですね。

㊣ つまり先生、それは…「お金を出した人ほど、大きな発言権を持
つ」ということでしょうか。「お金で決まる」と？

㊂ まぁ、正しいでしょう。そうぶっちゃけて表現してしまっては、
もう身も蓋もないですが、ね。

㊣ それに対し、基本的に合同会社では、出資額にかかわらず、1人1

104

票ということですね。

弁　はい、そのとおりです。また、利益配分についてですが…

税　それは存じあげています。株式会社では、出資額に応じて決まりますが、合同会社では利益配分を自由に決められます。

弁　私がみる限り最大の違いは、外資系企業の場合です。外為法に関してです。

税　外為法って何でしょうか？

弁　「外国為替及び外国貿易法」という法律です。輸出規制、対内直接投資規制などを定めます。

税　輸出規制というのは何ですか？

弁　例えば、ある物を国外に輸出するとしますよね。この場合、国外において、その物が分解され、危険な人々の手に渡り、武器や軍事用品に転用されるかもしれません。これを防ぐため、国際的な合意によって輸出が管理されているのです。

税　ほぉー。とすると、安全保障のための規制ですか？

弁　はい。そのとおりです。

税　対内直接投資規制というのは何でしょうか？

弁　わが国の貴重な資源や資産を外国に奪われないようにするための規制です。簡単に表現すると、外国の投資家が日本企業の株式を取得する場合などに、事前届出や事後報告を義務付けています。

税　なるほど。

弁　問題は、「外国の投資家が日本企業の株式を取得する場合など」の「など」です。実は、この「など」には、外国の投資家が、日本の合同会社、合資会社、合名会社の「持分」を取得する場合のほか、外国の投資家が、日本の株式会社の取締役・監査役の選任に係る議案について同意をする場合、というのが含まれています。以下の「外為法Q&A（対内直接投資・特定取得編）」2頁の（2）および（4）②をみてください。

第3章 会社法　105

（https://www.boj.or.jp/about/services/tame/faq/data/tn-qa.pdf）

税　ほぉ。知りませんでした。外国の投資家が、日本の株式会社の取締役・監査役の選任に係る議案について同意をする場合、というのは要注意ですね。

弁　はい。同Q&A2頁の（4）の〈注3〉をみると、外国の投資家が自ら、日本の株式会社の取締役・監査役に就任する際、および外国の投資家の「関係者」が、日本の株式会社の取締役・監査役に就任する際の両方を対象としています。

税　それら2つの場合には、常に事前届出の対象ですか？

弁　いえ。事前届出の対象となる場合の1つ目として、外国の投資家が以下のウェブサイトの「参考資料　2　掲載国一覧」に属していない場合には、第1番目に、事前届出の対象となります。

（https://www.boj.or.jp/about/services/tame/faq/data/02tn-kuni.pdf）

税　「属している場合」ではなく、「属していない場合」ですね。えっとぉ、掲載国を拝見すると、かなり多くの国・地域が掲げられています。とすると、ほぼ網羅されますから、多くの場合には、事前届出は不要ということですね。まったく問題ないんじゃないでしょうか。脅かさないでくださいよ！

弁　いえいえ、先生。第1番目に当たらなくても第2番目がありますよ。

税　おー！　マジ？　きましたねぇ。第2番目とは何でしょうか？

弁　投資先たる企業が指定業種に属する場合、やはり事前届出の対象となります。

税　指定業種とは何でしょうか。

弁 それは以下の、指定業種を定める告示でおわかりになります。

（ https://www.mof.go.jp/policy/international_policy/gaitame_kawase/
fdi/publicnotice_designated.pdf ）

税 先生、今みたのですが、日本語が難し過ぎて、ぜんぜんわかりま
せんけど。

弁 すみません。要するに、別表第1および別表第2に定める業種で
あって、かつ別表第3に定める業種を除く、という意味です。

税 先生、そこにいう「別表」とはどれのことですか？

弁 以下が別表第1〜第3です。

別表第1：
（ https://www.mof.go.jp/policy/international_policy/gaitame_
kawase/fdi/attached_table1.pdf ）

別表第2：
（ https://www.mof.go.jp/policy/international_policy/gaitame_
kawase/fdi/attached_table2.pdf ）

別表第3：
（ https://www.mof.go.jp/policy/international_policy/gaitame_
kawase/fdi/attached_table3.pdf ）

税 指定業種に含まれていると、原則として事前届出が必要という意味
ですね。

弁 はい。原則はそのとおりです。指定業種に含まれていると取締役
や監査役の選任に対して規制が及ぶというのは辛いです。

（ https://www.boj.or.jp/z/tame/t03-2.pdf ）

税 　なるほど。重大な規制ですね。

弁 　ええ。一番わかりやすい例としては、米国企業の100％子会社た
る株式会社の取締役に、米国企業の従業員を送り込もうとする場合
です。この場合、米国企業自ら提案することになり、かつ、その従業
員は「関係者」でしょうから、事前届出の対象となります。

税 　先ほどご紹介いただいた「外為法Q&A（対内直接投資・特定取得
編）」Q7（18頁以下）に「関係者」が定義されています。さらに19
頁に、「外国投資家自らまたは第三者（発行会社を含む。）を通じて
提案する場合」の（1）に、確かに「本人の役員または従業者」と掲
げられていますね。

弁 　ええ。そして、次の日本銀行のウェブサイトの「**対内直接投資等・特
定取得、技術導入（提出先：国際局（国際収支課外為法手続グループ））**」
の「2020年12月25日」の欄に届出用紙がExcelで格納されています。

（ https://www.boj.or.jp/about/services/tame/t-down.htm ）

税 　ちなみに、新規に就任するときだけではなく、今まで就任してい
た者が再任される場合も規制の対象ですか？

弁 　はい。

税 　この審査にはどのくらいの期間を要するのですか？

弁 　場合による、としか申しあげられませんが、一般的には1週間か
ら1か月です。もっとも、1か月より長いこともあり得ます。

税 　合同会社においては取締役や監査役がいませんよね。なので、取
締役や監査役の選任に対するこのような規制はかからないというこ
とですか？

弁 はい。かかりません。あくまでも、外国の投資家が日本の「株式会社」の取締役・監査役の選任に係る議案について同意をする場合に対する規制ですから。

Key points

(1) 個人が法人化する理由はいろいろありますが、一般的に節税効果が大きいといわれています。もっとも、大局的にいえば、社会的な信用力が増すことが最大の効果でしょう。登記簿謄本に情報を載せることになるため、不特定多数に情報をさらすわけですから、不特定多数は登記簿謄本をてみいろいろなことを確認できるわけです。

　社会的な信用力の増加は、特に、取引先（潜在的顧客を含む）や金融機関、また求職者等に対する効果が見込めます（例えば「相手が法人でないのなら取引を控えよう」という企業もあります）。

　もちろん、社会的な信用力が増すことのほかには、メールアドレスの「.co.jp」というドメインを持つことができること、法人自身のクレジットカードが作れること、（経営者は法人とは別人なので）経営者が保証人になることができることなどがあります。

(2) 会社法上は確かに、資本金の額は1円で足りることになっています。しかし、会社法以外の法律により、事業を行う前に許認可が必要な業種がいくつもあります。許認可の要件の中には、資本金の金額が含まれていることがありますので注意が必要です。

業種	最低資本金
貨物利用運送業	300万円以上
一般建設業	500万円以上
特定建設業	2,000万円以上
有料職業紹介業	500万円以上（×事業所数）
労働者派遣業	2,000万円以上（×事業所数）
第1種旅行業	3,000万円
第2種旅行業	700万円
第3種旅行業	300万円
地域限定旅行業	100万円

- 貨物利用運送業について

  （https://www.mlit.go.jp/common/001179705.pdf）（Q18参照）

- 一般建設業および特定建設業について

  （https://www.mlit.go.jp/totikensangyo/const/1_6_bt_000082.html）

  （「4.財産的基礎等」参照）

- 有料職業紹介業について

  （https://jsite.mhlw.go.jp/mie-roudoukyoku/content/contents/001694168.
  pdf）

- 労働者派遣業について

  （https://jsite.mhlw.go.jp/tokyo-roudoukyoku/hourei_seido_
  tetsuzuki/roudousha_haken/_84342.html）

- 第1種旅行業、第2種旅行業、第3種旅行業、地域限定旅行業について

  （https://www.mlit.go.jp/kankocho/seisaku_seido/ryokogyoho/
  ryokogyohogaiyo.html）（「旅行業の登録制度①（種類・登録業務範

囲)」参照)

⑶　資本金が１億円以下の場合には、必ずしも法人税率が23.20%では
　　ありません。年800万円までの所得については15%であり、これを超
　　えると23.20%です。

（https://www.nta.go.jp/taxes/shiraberu/taxanswer/hojin/5759.htm）

　　また、資本金が１億円以下の場合には、以下の⒜⒝の２つを比較
し、多い方を選択できます。
　⒜　年800万円までは定額控除限度額とされているので、無条件
　　に損金算入されます。
　⒝　また、接待飲食費特例措置があるため、交際費の額のうち、
　　接待飲食費の半額が損金算入できます。

（https://www.nta.go.jp/taxes/shiraberu/taxanswer/hojin/5265.htm）

　　さらに、資本金が１億円以下の場合には、過去10年以内に発生し
た繰越欠損金のうち、その事業年度の所得金額までを控除すること
ができます。つまり、当期の所得金額と過去10年以内に発生した繰
越欠損金を比較して、繰越欠損金の方が多い場合には、当期の所得
をゼロにすることができるという意味です（これに対し、資本金
１億円超の法人の場合、過去10年以内に発生した繰越欠損金のうち、
その事業年度の所得金額の100分の50までを当期の所得金額から控
除することができるにすぎません）。

（https://www.nta.go.jp/taxes/shiraberu/taxanswer/hojin/5762.htm）

第3章　会社法　111

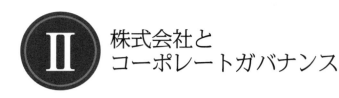

株式会社と
コーポレートガバナンス

Discussion

弁　法人税って、株式会社、合同会社、合資会社、合名会社の4法人のみが課税対象ですか？

税　いえいえ。先生。そんなことおっしゃってたら笑われちゃいますよ!!

弁　す、すみません。

税　ほかにも、医療法人、相互会社、一般社団法人、一般財団法人、信用金庫、農業協同組合、漁業協同組合、消費生活協同組合などが法人税の課税対象です。ほかにもあります。

弁　わかりました。ありがとうございます。一体どのくらいの額が、法人税として国庫に納められているのでしょうかね。

税　国税庁の2022年度の統計によると14兆7,787億5,500万円です。

弁　けっこう多額ですね。

税　ここ数年の経緯は、以下のとおりです。

年	法人税 (百万円　Million yen)	地方法人税 (百万円　Million yen)
FY 2017	12,349,698	649,844
FY 2018	12,660,952	673,577
FY 2019	11,439,700	602,942
FY 2020	12,040,801	1,405,541
FY 2021	13,804,381	1,744,257
FY 2022	14,778,755	1,802,015

（ https://www.nta.go.jp/publication/statistics/kokuzeicho/hojin2022/hojin.htm ）

弁　これだけ税収があるということは、法人税率自体、かなり高いということなのでしょうか。

税　それがねぇ、過去と比較すると、必ずしもそうともいいきれないのですよ。

弁　そうなんですか。

税　ええ。財務省の公表している「法人税率の推移」という資料がありますのでみてください。

（ https://www.mof.go.jp/tax_policy/summary/corporation/082.pdf ）

弁　どんどん下がってきていますね。

税　そうですよねぇ。かつては、43.30％まであった税率が23.20％にまで下がっています。

弁　驚がくです。税率は下がっているのに税収額が低くないということは、裾野まで広く徴収しているということになりますね。

税　国税庁が公表している2022年度版の「第148回　国税庁統計年報」をみてみましょう。この資料の13頁によると、2022年において、赤字法人（欠損法人）は177万7,413社で、赤字法人率は61.1％となっています。

（ chrome-extension://efaidnbmnnnibpcajpcglclefindmkaj/https://www.nta.go.jp/publication/statistics/kokuzeicho/r04/R04.pdf ）

弁　そんなに多くの割合が赤字企業なのですか？

税　実はそうなんですよぉ。国税庁の「会社標本調査」によると、欠損法人の割合は、2012年度には70.3％でしたが、そこから少しずつ減ってきています。ですので、2012年から2022年をみると、改善

第3章　会社法　　113

してはいるのですよね。

（ https://www.nta.go.jp/publication/statistics/kokuzeicho/
kaishahyohon2022/pdf/kekka.pdf ）

弁　しかし、改善したといっても6割強の企業は法人税を納めていな
　　いことになりませんか？　会社っていうのはもともと営利を追求す
　　る存在なのに…。

税　そうですねぇ。税金を納めるのはあくまでも黒字企業ですから。

弁　んー。この状況はひどいですね。無能な経営者が多いという意味
　　でしょうか。

税　いや、そんなことは。私の立場からは何とも申しあげられませんね。

弁　営利を追求する会社の起源としていわれているのは、1602年に
　　オランダで設立された東インド会社です。もっとも当時は、設立の
　　ためには、王の特別の許可が必要でしたね。

税　そうでしたね。王の特別の許可が必要という制度でした。ところ
　　がその後に変化が起きましたね。

弁　ええ。法律の定める手続きを満たしていさえすれば自由に設立で
　　きる、という準則主義に変わりました。その最初が1811年の米国
　　ニューヨーク州の会社法でしたよ。今から振り返ると、これは最大
　　級の規制緩和と形容する人もいます。

税　日本の株式会社における取締役制度の特徴は何でしょうか？

弁　日本企業では、実務的にみて、「取締役」と「従業員」が連続した
　　ものであること、でしょうかねぇ。

税　おっしゃる連続性とは、どういうことでしょうか？

弁　最近は転職が当たり前になっていますが、一昔前までは、転職は
　　必ずしも盛んとはいえませんでしたよね。そんな中、一度ある企業

に就職したら、定年までその企業にずーっと在籍し続けるということが圧倒的だったように感じます。

税　昔はそうでしたね。日本の体制は基本的に「ジョブ型」「ポジション型」ではなく、「メンバーシップ型」「企業就職型」ですから。

弁　企業の中では出世競争が多かれ少なかれあります。そして、出世競争の最終目標は、ずーっと勤め続けてきたその企業の取締役になることです。

税　確かに、「従業員が内部昇進という方法で出世していって、最後に取締役になること」は今でも結構みられますね。

弁　そうなんです。とすると、日本企業の圧倒的大多数では、「取締役が元従業員」ということがいえますよね。そして、取締役になることは出世競争の最終目標ということもいえます。

税　とすると、実務的にみれば、確かに必然的に取締役と従業員は連続したものとして捉えられることになりますね。

弁　日本企業では取締役と従業員が連続したものであるなら、取締役と従業員との間で身分的格差をもたらしにくく、また、取締役は従業員の利益に理解を示しやすい、という傾向にあります。つまりそれは、従業員を大切にするという文化に親和性を持つのでしょう。

税　なるほど。「メンバーシップ型」「企業就職型」の下、確かに、定年まで面倒をみてあげるというのが原則ですね。

弁　そうそう。労働契約法第16条の「解雇権濫用法理」も手伝って、よほどのことがない限り解雇を強行しません。すなわち、定年まで、従業員の身分および給与が保証されているというわけです。この意味では、従業員を大切にしている文化が、長い間ずっとあったのでしょう。

税　株主の利益と従業員の利益は必ずしも一致しませんね。従業員を大切にするという視点は、株主を大切にする視点とは異なりませんか？

弁　はい、理論上は異なります。取締役は従業員の利益に理解を示し

第3章 会社法　115

やすい、という傾向にあるのであれば、「株主の短期的利益の最大化」とは異なる視点で経営をする、ということになりがちです。

㊗ そのとおりですね。米国では、株主の短期的利益最大化のため、これをなし得るプロの経営者を外から引っ張ってきます。必ずしも「内部からの昇進」ではありません。

㊉ 資本主義の権化のような国ですからね。株主至上主義ですから。

㊗ もっとも、行き過ぎた資本主義への警鐘が2019年に米国で鳴らされたのを知っていましたか？

㊉ いいえ。そんなことがありましたかね。

㊗ ええ。株主至上主義が修正されていますよ。

㊉ それは知りませんでした。

㊗ 第2章Ⅲでみたように、日本の経団連と似た組織に「ビジネスラウンドテーブル」があります。ビジネスラウンドテーブルが2019年8月19日に、「企業の目的に関する声明」を発表しました。

（ https://opportunity.businessroundtable.org/opportunity-commitment ）

㊉ 今、みています。この声明では、①顧客、②従業員、③納入業者、④地域社会、⑤株主を本質的なステークホルダーとし、これらすべてに価値をもたらすことが企業の使命であるとしていますね。

㊗ 株主至上主義と比べると、理念の大きな転換です。「従業員をも大切にする」という理念を米国が述べるというのは興味深いですねぇ。さて、日本の状況はどうでしょうか。

㊉ 米国に対し日本では、逆です。株主の利益があまり重視されてこなかった歴史があります。

㊗ ええ。そうでした。

㊉ そこで、バブル崩壊期からのさまざまな企業の経営破綻を経て、

株主（外国人投資家を含みます）の利益を重視する方向で会社法改正がなされてきました。

税　1つには、「社外取締役」を一部の企業では必ず置かなければならないことを定める改正ですね。

弁　ええ。指名委員会等設置会社（会社法第2条第12号）および監査等委員会設置会社（同条第11号の2）に関する改正です。これらはともに、「社外取締役」を必須としています。

税　条文をみてみると…。まず、指名委員会等設置会社においては、指名委員会、監査委員会、報酬委員会の3つが置かれますが、それぞれの委員会は、委員3人以上で組織されるところ（会社法第400条第1項）、委員の過半数は社外取締役でなければなりません（会社法第400条第3項）。

弁　そのとおりです。

税　指名委員会等設置会社は、2015年5月より前には、「委員会設置会社」という名称だったものでしたっけ？

弁　そうそう。そうでした。先生、記憶力が優れていますね。

税　へへ。ありがとうございます。

弁　株式会社の理念について覚えておられますか？

税　ええ。先ほど教わりましたが、もともと、所有と経営の分離です。

弁　そう。株主は投資家としての地位にとどまり、基本的な事項について意思決定をするだけです。これに対し、経営事項についての意思決定および執行は経営の専門家である取締役に委ねる、というモデルです。

税　確か、かつての「委員会設置会社」、現在の「指名委員会等設置会社」は、所有と経営の分離をさらに一段と進めたのですよね。

弁　はい。「経営」のうち「執行」の部分について、「執行役」に委ねるとされています（会社法第402条第1項）。残りの部分、すなわち「意

第3章　会社法　117

思決定」の部分は取締役会に委ねます。

税　会社法施行は2006年5月ですが、その前からある制度ですね。2003年4月の商法特例法改正により導入されています。とても良い制度にみえますがね。

弁　まぁ、確かに良い制度なのですが、制度導入の負担がちょっと大変かもしれませんね。

税　どうしてですか？

弁　だって、指名委員会、監査委員会、報酬委員会を置く必要がありますから。大変ですよ。しかも、3つの委員会のそれぞれで、過半数が社外取締役となると、それはもう、人選が大変です。

税　まぁ、いわれてみれば大変そうですねぇ。

弁　実際のところ、指名委員会等設置会社の数が少ない事実こそが、その大変さを如実に表していますよ。

税　え？

弁　監査役会設置会社から指名委員会等設置会社への制度移行があまり進んでいません。日本取締役協会の資料では、2022年1月20日現在、上場企業のうち指名委員会等設置会社はわずか85社です。

（ https://www.jacd.jp/news/opinion/jacd_iinkaisecchi2.pdf ）

税　は？　日本全国の上場企業でたったそれっぽっちですか？

弁　ええ。

税　公開会社である大会社（資本金5億円以上または負債額200億円以上の会社）は統治形態として、「監査役会設置会社」と「指名委員会等設置会社」のほか、何らかの別の形態を採用できるのでしょうか？

弁　公開会社である大会社は、「監査役会設置会社」「監査等委員会設置会社」「指名委員会等設置会社」の3とおりの統治形態を選択する

ことができます。

税　3形態ですね。うち、どれが多くて、どれが少ないのでしょうか。

弁　2024年8月1日付の日本取締役協会の資料では、2024年現在、以下のようになっています。

監査役会設置会社	50.8%
監査等委員会設置会社	44.3%
指名委員会等設置会社	4.9%

（ https://www.jacd.jp/news/opinion/cgreport.pdf ）

税　同じ資料によりますと、2015年には、以下のとおりだったことがわかりますね。

監査役会設置会社	91.4%
監査等委員会設置会社	5.9%
指名委員会等設置会社	2.7%

弁　そうなんです。つまり、監査役会設置会社が圧倒的な数だったのに、どんどん割合が減ってきています。逆に、監査等委員会設置会社の割合が、どんどん増えてきています。

税　そうなると、監査役会設置会社から監査等委員会設置会社への制度移行が進んでいると評価してよいでしょうね。

弁　ええ。

税　監査等委員会設置会社というのはどのような形態の株式会社ですか？

弁　監査等委員会設置会社は、監査役会設置会社と指名委員会等設置会社の中間的な形態です。

第3章　会社法　119

税　いつごろにできた制度ですか？

弁　2014年の会社法改正により導入されました。2015年5月から施行されています。

税　監査等委員会設置会社という名前である以上は、監査等委員会が設置されている企業のことですよね。当たり前ですけど。

弁　そうです。監査役会に代わる機関として、監査等委員会設置会社においては、取締役会の中に、監査等委員会が設置されます。監査等委員会が取締役の職務の執行を監督します。

税　条文をみてみると、監査等委員会は、3名以上の監査等委員たる取締役で構成されます。過半数は社外取締役でなければなりませんね（会社法第331条第6項）。

弁　はい。委員会を3つ設置する必要はないし、過半数の社外取締役は監査等委員会についてだけでよいので、指名委員会等設置会社に比較すれば、圧倒的に制度導入の負担が小さいですね。

税　指名委員会等設置会社でも、監査等委員会設置会社でも、両者ともに社外取締役が必須で、かつ委員会の構成員の過半数を占めなければならないというのは興味深いです。この趣旨は何でしょうか？

弁　ひとことで表現するならば、コーポレートガバナンス、すなわち「企業統治」を強化することです。この強化による経営の透明性の向上こそが、期待されているところなのでしょう。これは結局、株主の利益を守ることにつながります。

税　考えてみれば、社外取締役は、顔色をうかがう必要がない人々ですからねぇ。すなわち、内部から出世してきた人たちでないため、「自分がいいたいこと（または内部で出世してきた取締役がいえないこと）を、比較的いいやすい」というわけですよね。

弁　それこそが会社法の期待するところです。もともと、日本の株式会社においては、取締役のほとんどが従業員身分から出世していく

わけです。そうなると、ある人が従業員身分を長年経験して出世していき、最後に取締役にようやくなったとしても、取締役会には先輩の取締役（特に代表取締役）がいますよね。ある取締役からみれば、自分を昇格させてくれた人たちが先輩の取締役たちです。

税　先輩の取締役たちがやっていること、やっていたことに異議を唱えることは難しいと推測されませんか？

弁　まさに、そう。社外取締役が必要とされるゆえんです。

税　社外取締役に就任する者は、どのようなところに留意すべきなのでしょうか。

弁　実はね、面白いブロウシュアがありましてね。金融庁、経済産業省、および東京証券取引所が、「社外取締役のことはじめ」というA4×2枚の資料を公表しているのです。

（ https://www.meti.go.jp/policy/economy/keiei_innovation/keizaihousei/pdf/kotohajime.pdf ）

税　今、それをみていますが、「取締役会の役割・責務を知る」「社外取締役としての自身に期待されている役割・機能を知る」などが記載されています。

弁　その下に、「社外取締役としての5つの心得を知る」という小見出しがありますね。

税　ええ。そこに、「最も重要な役割は、経営の監督」とありますね。「必要な場合には、社長・CEOの交代を主導することも含まれる」と明記されています。

弁　あまりに思いきった記載ですね。

税　ほかに、「社内のしがらみにとらわれず、会社の持続的成長に向けた経営戦略を考える」とされています。「社内の常識にとらわれない

第3章 会社法　　121

視点」「中長期的な視点」「ESGやSDGsを含めた持続可能性を意識した経営の重要性」等が挙げられています。

弁　ええ。そのほか、「業務執行から独立した立場から、経営陣に対して遠慮せずに発言・行動」という記載も興味深いです。

税　先ほど監査等委員会設置会社の割合がどんどん増えているというお話がありましたね。監査等委員会設置会社について簡潔にご説明いただけますか？

弁　特長は、執行と監督の分離および監督機能の充実です。業務執行を行わない社外取締役を複数置くことにより、取締役会の内部で業務執行と監督の分離を図るとともに、社外取締役を中心とする監査等委員会が、監査機能を担いつつ業務執行に対する監督機能を果たすことを予定した制度といえるでしょう。

税　監査等委員会設置会社においては、迅速な意思決定が可能とお伺いしたことがあるのですが、本当ですか？

弁　ええ。取締役の過半数が社外取締役である場合に限られますがね。監査等委員会設置会社では「重要な業務執行の決定」を特定の業務執行取締役に大幅に委任することができます。そのため、業務執行取締役主導での機動的な意思決定が可能になります（会社法第399条の13第5項）。

税　は？「取締役の過半数が社外取締役である場合」って、たった今、おっしゃいましたか？　先生。

弁　ええ。

税　監査等委員会設置会社は、過半数が社外取締役でなければならない以上、どんな場合でも「取締役の過半数が社外取締役である場合」に該当してしまうのではないのでしょうか。

弁　いえいえ。違いますよ。監査等委員会設置会社においては、取締役が何人もいて、うち、監査等委員である取締役と、それ以外の取

締役と2種類に分けられるのですよ。

税　え？　そうなんですか？

弁　はい。

税　ほぉ。なるほど。取締役が2種類いるのですね。で、「過半数の社外
取締役」が必要とされている制度上の義務はどちらについてですか？

弁　「過半数の社外取締役」というのは、監査等委員である取締役につ
いてのことです。それ以外の取締役を含むものでは必ずしもありま
せん。

税　あー。わかりました。そうすると、「過半数の社外取締役」という
のは監査等委員である取締役について必須だけれど、取締役全体を
みると、社外取締役が過半数かどうかは、それぞれの監査等委員会
設置会社において異なる、という意味ですね。

弁　さっすがぁ、先生。理解が早いですね！

税　ありがとうございます。また褒められちゃいました。

弁　取締役の過半数が社外取締役である場合には、「重要な業務執行
の決定」の大幅委任が許容されているわけです。

税　わかりました。2種類の取締役がいるとすると、選任方法も異なっ
ていますか？

弁　ええ。異なっていますよ。監査等委員会の構成員は、3名以上の
監査等委員たる取締役で構成されます。うち、過半数が社外取締役
であることが必須ということは述べましたね。株主総会では、監査
等委員である取締役を、それ以外の取締役と区別して選任するもの
とされています（会社法第329条第2項）。

税　わかりました。任期についてはどうなっていますか？

弁　監査等委員である取締役の任期は、身分保障の観点より原則とし
て選任後2年以内に終了する事業年度のうち最終のものに関する定
時株主総会の終結の時までとされています。これに対して、監査等

第3章　会社法　　123

委員以外の取締役の任期は、原則として選任後1年以内に終了する事業年度のうち最終のものに関する定時株主総会終結の時までとされています（会社法第332条第3項）。

税　兼職について特別な規制はありますか？

弁　ええ。業務執行と分離し、監督する立場に専念させるため、業務執行取締役・使用人・会計参与との兼任は禁止されています（会社法第331条第3項、第333条第3項第1号）。

税　いまだに一番多いのが、監査役会設置会社だとお伺いしました。監査役会設置会社には社外取締役の設置は不要ですか？

弁　監査役会設置会社では原則は不要ですが、例外的に、公開会社かつ大会社で、有価証券報告書を内閣総理大臣に提出しなければならない企業については、社外取締役の設置が義務付けられています（会社法第327条の2）。

税　先ほどおっしゃられていた、コーポレートガバナンスを強化することによる経営の透明性の向上ですね。

弁　コーポレートガバナンスといえば、2014年6月24日に政府が閣議決定させた「「日本再興戦略」改訂2014―未来への挑戦―」では、コーポレートガバナンスの強化を打ち出しています。

（https://www5.cao.go.jp/keizai-shimon/kaigi/minutes/2014/0624/shiryo_02_1.pdf）

税　「日本の稼ぐ力を取り戻す」と高らかにうたわれていますね。

弁　そして、これを受けて、東京証券取引所は、「コーポレートガバナンス・コード」を2015年に策定しています。これは2021年6月11日に改訂されています。

（ https://www.jpx.co.jp/news/1020/nlsgeu000005ln9r-att/
nlsgeu000005lne9.pdf ）

税　「コーポレートガバナンス・コード」はコーポレートガバナンス
の観点から株主の権利を守るための原則を掲げていますね。

弁　もっとも、当時のガバナンスの議論は、法人単位が基本でした。
これに対し、実際の経営は、企業グループ単位で行われています。
このため、グループ経営における実効的なガバナンスの在り方が日
本企業の課題となっていました。これについて、経済産業省は
2019年6月28日、「グループ・ガバナンス・システムに関する実務
指針（グループガイドライン）」を策定しています。

（ https://www.meti.go.jp/policy/economy/keiei_innovation/
keizaihousei/pdf/groupguideline.pdf ）

税　コーポレートガバナンスがしっかりしていれば、外国人投資家も
日本企業に注目するはずですよね。

弁　ええ。外国人投資家を中心とした、アクティビストと呼ばれる「物
言う株主」の存在感は、実際のところ増しています。コーポレート
ガバナンスとは、結局のところ、株主や取締役会が取締役を監視し、
取締役の不正や暴走を防ぐための仕組みです。これにより公正かつ
透明な経営を維持し、もって株主の利益を守ることが主眼です。

税　経済産業省が示すコーポレートガバナンスのガイドラインとして
は、先ほどの「グループ・ガバナンス・システムに関する実務指針
（グループガイドライン）」のほかに、何かあるのでしょうか？

弁　はい。経済産業省は、「グループ・ガバナンス・システムに関する
実務指針（グループガイドライン）」を含めて、少なくとも5つの指

第3章　会社法　125

針を出しています。

「コーポレート・ガバナンス・システムに関する実務指針（CGS
ガイドライン）」

「指名委員会・報酬委員会及び後継者計画の活用に関する指針」

「グループ・ガバナンス・システムに関する実務指針（グルー
プガイドライン）」

「事業再編実務指針」

「社外取締役の在り方に関する実務指針（社外取締役ガイドラ
イン）」

（ https://www.meti.go.jp/policy/economy/keiei_innovation/
keizaihousei/corporategovernance/guideline.html ）

㊹　先ほどみた「社外取締役のことはじめ」も掲げられていますね。

㊺　そうなんです。

㊹　もう、コーポレートガバナンスだらけ、ですね。

㊺　2023年12月11日には、ガバナンスサミットと呼ばれる会議まで
開かれました。経済産業省および日本経団連が主催し、金融庁と東
京証券取引所が後援をしています。

（ https://gsummit.jp/2023/archive.php ）

㊹　こんなビデオまで残っているのですね。

㊺　ええ。一大イベントでしたよ。

㊹　先生、コーポレートガバナンスって結局は何なんですかね？

㊺　先ほど、東京証券取引所の「コーポレートガバナンス・コード」
をみていただきましたが、その1頁に次のように書かれています。

> 本コードにおいて、「コーポレートガバナンス」とは、会社が、株主をはじめ顧客・従業員・地域社会等の立場を踏まえた上で、透明・公正かつ迅速・果断な意思決定を行うための仕組みを意味する。

税 んー。つまり、どういうことでしょうか？

弁 まぁ、簡単にいうと、株主の利益のために、会社が経営者を監視する仕組みです。

税 ほぉ。

弁 同じく2-3頁に以下の基本原則が掲げられています。

> 1. 株主の権利・平等性の確保
> 2. 株主以外のステークホルダーとの適切な協働
> 3. 適切な情報開示と透明性の確保
> 4. 取締役会等の責務
> 5. 株主との対話

税 内部統制とコーポレートガバナンスは異なる概念ですか？

弁 はい。異なります。内部統制とは、取締役および従業員全員が遵守しなくてはならない規則を定め、公正かつ透明性のある事業活動を行うための仕組みを指します。換言するなら、「経営者が、経営者自身や従業員や業務の適切性・効率性などを監督管理する制度」です。

税 としますと、監視する主体および監視される客体が異なるということですね。

弁 ええ。そのとおりですね。

第3章 会社法　127

Key points

⑴ 財務省の「税の種類に関する資料」で、2024年度予算の国税・地方税に関して円グラフで内訳を知ることができます。これによると、2024年度予算の118兆5,845億円(国税および地方税)のうち所得課税が51.1%を占めます。この内訳は以下のとおりです。

　　　26.7%が所得税、個人住民税、個人事業税
　　　24.4%が法人税、法人住民税、法人事業税
　また、消費課税は34.9%です。この内訳は以下のとおりです。
　　　20.1%が消費税
　　　5.4%が地方消費税
　　　1.7%が揮発油税
　　　1.0%が酒税
　　　その他の消費課税が6.7%

(https://www.mof.go.jp/tax_policy/summary/condition/a01.htm)

⑵ 監査役会設置会社、監査等委員会設置会社、指名委員会等設置会社の会社法上の特徴の違いをまとめます。

監査役会設置会社	監査等委員会設置会社	指名委員会等設置会社
監査役会を置く会社または監査役会を置かなければならない会社(第2条第10号)	監査等委員会を置く会社(第2条第11号の2) 監査役会設置会社と指名委員会等設置会社との中間的な設計	指名委員会、監査委員会、報酬委員会を置く会社(第2条第12号)
監査役会はすべての監査役で組織される(第390条第1項)	監査等委員会が取締役会の中に設置される 監査等委員会はすべての監査等委員で組織される(第399条の2第1項)	指名委員会、監査委員会、報酬委員会はそれぞれ3人以上の取締役から組織(第400条第1項) 取締役会の決議によって選任(第400条第2項)

監査役会は3人以上の監査役で構成される。過半数は社外監査役でなければならない（第335条第2項）	監査等委員は必ず取締役でなければならない（第399条の2第2項）監査等委員である取締役は3人以上。過半数は社外取締役でなければならない（第331条第6項）	それぞれの委員会において、過半数は社外取締役でなければならない（第400条第3項）
常勤の監査役を必ず選任する（第390条第3項）	監査等委員である取締役とそれ以外の取締役を区別して選任しなければならない（第329条第2項）	執行役を必ず選任する（第402条第1項）取締役会の決議によって選任（第402条第2項）
監査役会は、監査報告書作成、業務および財産の状況の調査の方法などを決定する（第390条第2項）	監査等委員会は、取締役の職務の執行を監査し、監査報告を作成する（第399条の2第3項第1号）会計監査人の選任解任不再任の議案の内容の決定（第399条の2第3項第2号）	監査等委員会は、取締役の職務の執行を監査し、監査報告を作成する（第399条の2第3項第1号）会計監査人の選任解任不再任の議案の内容の決定（第399条の2第3項第2号）
著しい損害を及ぼすおそれのある事実があることを発見したとき、取締役は、直ちに監査役会に報告（第357条第1項および第2項）監査役は、取締役が株主総会に提出しようとする議案・書類を調査する。法令定款違反または著しく不当な事項があると認めるときは、その調査の結果を株主総会に報告する（第384条）	取締役が不正行為をし、もしくは不正行為をするおそれがあると認めるとき、または法令定款に違反する事実もしくは著しく不当な事項があると認めるとき、監査等委員は取締役会に報告（第399条の4）取締役が株主総会に提出しようとする議案、書類について法令定款に違反しているまたは著しく不当な事項があると認めるとき、株主総会に報告（第399条の5）	重要な業務執行の決定を執行役に委任することができる（第416条第4項）執行役または取締役が不正行為をし、もしくは不正行為をするおそれがあると認めるとき、または法令定款に違反する事実もしくは著しく不当な事項があると認めるとき、監査委員は取締役会に報告（第406条）監査役を設置してはならない（第327条第4項）
	監査役を設置してはならない（第327条第4項）	監査役を設置してはならない（第327条第4項）
	会計監査人を設置しなければならない（第327条第5項）会計監査人は公認会計士または監査法人でなければならない（第337条第1項）	会計監査人を設置しなければならない（第327条第5項）会計監査人は公認会計士または監査法人でなければならない（第337条第1項）
		監査等委員会を設置してはならない（第327条第6項）
監査役の任期は4年（第336条第1項）	監査等委員である取締役の任期は2年。短縮なし（第332条第4項）他の取締役の任期は1年（第332条第1項および第3項）	任期は1年（第332条第1項および第6項）

第3章 会社法　129

公開会社かつ大会社のうち、有価証券報告書を内閣総理大臣に提出する会社は、社外取締役を設置しなければならない（第327条の2）		
監査役は適法性監査を行う 監査役は取締役会において一票を持たない	監査等委員会の監査委員である取締役は適法性監査および妥当性監査を行う 監査等委員会の監査委員である取締役は一票を持つ	監査委員会の監査委員である取締役は適法性監査および妥当性監査を行う 監査委員会の監査委員である取締役は一票を持つ

(3)　内部統制に関しては、金融庁が「財務報告に係る内部統制の評価及び
監査の基準」の中で、以下のとおり、4つの目的があると述べています。

（ https://www.fsa.go.jp/singi/singi_kigyou/kijun/20191206_
naibutousei_kansa.pdf ）

- 業務の有効性及び効率性
- 財務報告の信頼性
- 事業活動に関わる法令等の遵守
- 資産の保全

そして、以下の6つの基本的要素も書かれています。

- 統制環境　・リスクの評価と対応　・統制活動　・情報と伝達
- モニタリング　・IT（情報技術）への対応

(4)　会社法自体も、内部統制について定めを置いています。すなわち、
2015年5月に改正会社法が施行されていますが、その第362条第4
項第6号およびこれを受けた会社法施行規則第100条第1項の第1

号～第 5 号です。

会社法施行規則第100条第 1 項の第 1 号～第 5 号

1号　当該株式会社の取締役の職務執行に関する情報の保存および管理に対する体制

2号　当該株式会社の損失の危機に関する規定その他の体制

3号　当該株式会社の取締役の職務執行が効率的に行われることを確保するための体制

4号　当該株式会社の使用人の職務執行が法令および定款に適合することを確保するための体制

5号　次に掲げる体制その他の当該会社並びに親会社、子会社からなる企業集団における業務の適正を確保するための体制

イ　当該株式会社の子会社の取締役、執行役、業務を執行する社員、法第五百九十八条第一項の職務を行うべき者その他これらの者に相当する者 (ハ及びニにおいて「取締役等」という。) の職務の執行に係る事項の当該株式会社への報告に関する体制

ロ　当該株式会社の子会社の損失の危険の管理に関する規程その他の体制

ハ　当該株式会社の子会社の取締役等の職務の執行が効率的に行われることを確保するための体制

ニ　当該株式会社の子会社の取締役等及び使用人の職務の執行が法令及び定款に適合することを確保するための体制

　そして、大会社かつ取締役会設置会社では、内部統制の制度を設けることが強制されています (会社法第362条第 5 項)。

第3章　会社法　131

株式会社の取締役

Discussion

🏛 実務的にみて、株式会社の「取締役」と「従業員」とは連続性があると先ほどお伺いしました。では、法的にみて、両者はほぼ一緒なのでしょうか？

⚖ 法的にはまったく異なる存在です。

🏛 異なる点を教えてください。

⚖ まず、第1に選任に際しての欠格事由です。取締役については、法人が就任できないほかに、自然人でも、さまざまな法律に違反した過去があることを欠格事由としています（会社法第331条第1項）。

🏛 なるほど。従業員を雇おうとする場合、そのような欠格事由は原則としてありません。例外的に、警備員として雇用する場合に欠格事由を警備業法第3条が規定しているくらいです。

⚖ 先生、警備業法第3条は、警備業を営む者についての欠格事由の根拠条文です。

🏛 ああ、失礼しました。警備員についての欠格事由は、警備業法第3条を準用する警備業法第14条ということになりますかね。

⚖ そうそう、そのとおりですね。第2に、選任方法です。取締役は株主総会決議で選任されます（会社法第329条第1項）。

🏛 あぁ、そうですね。従業員は株主総会決議で選任されませんね。

⚖ 第3に、選任された後の名前の公表です。取締役については、登記に全員の名前が記されます（会社法第911条第3項第13号）。そして、

代表取締役になれば、個人住所まで登記に記載されてしまいます（会社法第911条第3項第14号）。

税　名前や個人住所が記載されたりするのはきついですね。

弁　それだけ責任のある立場ということですが、もとをただせば、やはり株式会社という存在が、完全に私益の追求だけではなくて、社会の公器として、公共的な存在であることの証ですね。そのような公共的な存在であるからこそ、名前や個人住所を記載させることを法が許容しているのでしょう。

税　従業員の名前や個人住所について、どこかの場で公に知らしめられなければならない旨の要請はありませんね。

弁　第4に、選任された後の任期です。取締役については原則は2年とされます（会社法第332条第1項本文）。例外的にもっと短い期間や長い期間の設定の可能性はありますが（会社法第332条第1項但書および第2項）。ですが、無期＝期限の定めがない場合というのは存在しません。

税　従業員の雇用の期間は、無期＝期限の定めがない場合が多いですね。有期の場合もありますが。有期の場合、原則は3年でしたっけ？

弁　そうでしたね。有期の場合の上限は原則3年です。60歳以上の人の場合など、一定の例外があり、その場合には5年です（労働基準法第14条）。

税　有期の場合、期間満了に伴い更新することはできますよね。

弁　そうです。契約を更新することは妨げられませんよ。

税　第5に、今おっしゃった契約なのですが、その法的性質です。取締役と株式会社との関係は委任ですよね。

弁　会社法第330条により、そうなりますね。それに対し、従業員との契約は雇用です。

税　第6に、法的性質から派生することですが、辞めさせるときのこ

第3章　会社法　133

とです。委任ということは、いつでも辞めさせることが可能、ということですかね？

弁　はい。民法第651条によりそうなります。実際、取締役を解任することは株主総会決議により可能です。理由を問いません（会社法第339条第1項）。

税　なるほど。でも、正当な理由がある場合を除いて、損害賠償の請求をされてしまいますよね（会社法第339条第2項）。

弁　ええ。それでも、解任をすること自体は妨げられませんよ。

税　あぁ。そうですね。それに対し、従業員を解雇することは、労働契約法第16条で阻まれているのが原則です。「客観的にみて合理的な理由があり社会通念上相当」なんて要件を満たすことは実務的にほぼ不可能です。

弁　第7に、辞めさせた場合、その事実の公表です。取締役を解任すると、この事実は商業登記に記載されます。具体的には、「xx年xx月xx日　解任」と記載されます。登記事項証明書は誰でも取得できますから、誰でもが「あぁ、この取締役は解任されたんだなぁ」とわかってしまうわけです。「解任」の事実を公にさらされてしまうような結果は、解任対象取締役の立場からかなり赤っ恥でしょう。

税　「客観的にみて合理的な理由があり社会通念上相当」の要件を仮に満たして従業員を解雇する場合、解雇の事実につき、ハローワークに提出する離職証明書に記すことはあっても、公にさらすということはありませんね。

弁　第8に、いかなる規則に服するかです。取締役は、定款の適用を受けます。使用人兼務役員である場合を除き、就業規則の適用を受けませんね。

税　そうでしたね。従業員には就業規則がもろに適用されます。

弁　第9に、報酬です。取締役については、定款に定めがないときには、

株主総会決議が必要です（会社法第361条第1項）。

税　従業員の給与や賞与については、株主総会決議は不要です。

弁　第10に、深夜に労働した場合ですね。取締役が午後10時以後または午前5時以前に受任事務を処理したとしても、特別な手当は支払われません。

税　従業員の場合、高度プロフェッショナルの労働者（労働基準法第41条の2）を除き、午後10時以後または午前5時以前に労務提供をしたら割増賃金が支払われます（労働基準法第37条第4項）。

弁　第11に、労働者災害補償保険です。取締役は労働者災害補償保険で保護されないのが原則です。ゆえに、取締役が職務執行中に職務に起因して病気・けがをしても保護されません。このため、保険会社が販売している取締役のための保険を購入する会社も多くあります。

税　従業員は、業務上または通期途上のけが・病気に関し、基本的に労働者災害補償保険で保護されます。

弁　第12に、雇用保険です。取締役は雇用保険の対象ではありません。このため、株主総会で解任されても、失業等給付はもらえません。

税　従業員は、一部の労働者を除き、雇用保険の対象です。原則は1年間を上限として、失業等給付をもらえる可能性があります。

弁　結構たくさんの違いをあぶり出すことができましたね。

Key points

(1)　すでにみたとおり、取締役と従業員には多くの違いがあります。一番大きな違いは、取締役は労働基準法および労働安全衛生法の保護客体にならず、労働者は保護客体になるということかもしれません。

法律上は、二者は完全に断絶した2つの概念です。もっとも、実務上は、連続性があります。これを示す典型例が「使用人兼務役員」です。従業員身分と取締役身分を併有する方々です。例えば、「取締役営業本部長」などです。日本企業の取締役制度の特徴は、「従業員が内部昇進という方法で出世していって、最後に取締役になること」です。この出世の過程で、完全には出世しきっていない、いわば「途中の段階にいる方々」が使用人兼務役員という存在です。片足は取締役の方に突っ込んでおられるのですが、もう片足は従業員の方に残っている、という存在です。

(2)　「従業員が内部昇進という方法で出世していって、最後に取締役になること」が日系の企業の特徴であるがゆえに、取締役に就任する際に自分を昇進させてくれた先輩取締役数人に数万円の商品券を配る等の慣習がみられる企業もあります（商品券を配らなかった昇進対象者は「任期満了時に更新されない」という大きな事実上の不利益を被ることがあります）。

(3)　労働者災害補償保険および雇用保険が取締役に適用されないため、多くの保険会社がこれらに相当する保険を販売しています。

(4)　代表取締役や代表執行役の住所については、氏名とともに登記簿謄本に記載され、登記事項証明書に記載されます（会社法第911条第3項第14号）。ところが、2024年10月1日から、これに対する例外がひっそりと施行されています。すなわち、商業登記規則の改正により「代表取締役等住所非表示措置」を会社が選択できるようになりました。一定の要件の下、代表取締役等の住所につき、市町村名までに、東京都内なら特別区までに登記事項証明書の記載をとどめるという制度です。個人情報保護の観点からの新しい制度です。

（ https://www.moj.go.jp/MINJI/minji06_00210.html ）

IV 株式会社の取締役に対して支払われる報酬

Discussion

㊎ 確かに、結構たくさんの違いをあぶり出すことができましたけれども先生、あのぉ、大切な違いがいまだ挙げられていませんよ。

㊁ は？ ほかにありましたっけね。

㊎ もちろんです。報酬に対する税金が違います。

㊁ あー。それは先生の専門分野ですね。お伺いできますか？

㊎ 従業員に支払う給与や賞与は、原則として、すべて損金算入が可能です。これに対し、取締役に支払う報酬や賞与は、原則としては、損金になりません。

㊁ 損金にならない、つまり、損金算入できないということはどういうことでしょうか？

㊎ 簡単にいうと、経費として計上できないということです。つまり、費用に入れられないということになります。

㊁ 収益から控除できる「費用」に入れられないので、利益が多く出てしまい、税金を多く持っていかれかねないという意味ですか？

㊎ 平たくいえばそうなります。正確に表現すると、「益金」から「損金」を控除した差が「所得」なわけですが、「損金」に入れられない項目があると、それだけ所得を増やしてしまうわけです。所得が増えてしまうと、より多くの税金を支払うこととなります。

㊁ ガッビィーン、って感じがしますね。

㊎ 先生、古いですねぇ。そんなフレーズ、今ではもう先生しか使い

ませんよ。

弁　す、すみません。

税　国税庁のウェブサイトに記載があるように、損金に入れることが許されるものとして、実は、法人税法第34条第1項が明確に定める例外が3つあります。

（ https://www.nta.go.jp/taxes/shiraberu/taxanswer/hojin/5211.htm ）

弁　ぜひ、教えてください。

税　1つ目の例外は、「定期同額給与」です。

弁　定期同額というからには、毎月一定の額を支払う場合の報酬ですよね。

税　はい。そのとおりですね。「一か月以下の一定の期間ごと」に支払われるもの、とされています。このため、基本的には毎月の報酬についてです。

弁　税務署への事前届出は必要ですか？

税　いえいえ。不要です。

弁　あー。それはありがたいですね。

税　2つ目は、「事前確定届出給与」と呼ばれるものです。

弁　これは、専門用語の漢字から推測しますに、「誰に、いつ、いくら支払う」という情報を事前に届け出るというものですかね。

税　そのとおりですね。株式交付、新株予約権交付の場合もありますが、これらは割愛し、金銭を支給する場合のみを考えますと、所定の時期に確定額の金銭を支給する旨の定めに基づいて支給するものです。これは、基本的に取締役への賞与のための制度です。

弁　あー。定期同額は毎月の報酬、これに対し事前確定届出給与は所定の時期に支払われる賞与、ということですね。所定の時期に確定

額を支給する旨の定めとは、すなわち、どんな定めになるのですか？

㊏ 「誰に、いつ、いくら支払う」という情報を定時株主総会で決議して事前に税務署に届け出る方法がそれになります。

㊇ えっ。そんなに厳しいのですか？　まず事前に賞与額を決めておくって、困難ですよね。利益に連動する賞与は該当しないということですか？

㊏ 該当しませんね。

㊇ 厳しいですね。その上、税務署に届け出るんですって、先生？　税務署に届け出るのはいつですか？

㊏ 原則は、株主総会決議から1か月を経過する日までに、事前確定の届出をすべし、とされています。

㊇ うわっ。厳しいですね。

㊏ もっと厳しいことがあります。事前確定の届出の金額および時期のとおりに支払わなければならないことです。額を増やしても減らしても、時期を違えても、全額が損金不算入とされます。

㊇ き、きびしぃー。

㊏ やむを得ないです。

㊇ 冷徹なコメント、ありがとうございます。ところで、事前確定届出給与についての、具体的な届出用紙はどのように入手するのでしょうか。

㊏ 以下の国税庁のウェブサイトをみていただけますでしょうか。

C1-23　事前確定届出給与に関する届出
（ https://www.nta.go.jp/taxes/tetsuzuki/shinsei/annai/hojin/annai/5104.htm ）

㊇ ありがとうございます。

税 3つ目めは、「業績連動給与」と呼ばれるものですね。法人税法第
34条第5項です。うち、同条第1項第3号を満たすものだけが、損金
算入されます。

弁 この条文には、「業績連動」という表記がありますが、その名のとお
り、業績に連動して報酬が発生するようにできる制度なのでしょうか。

税 はい。2017年度の税制改正までは、「利益変動給与」と呼ばれて
いました。ですが、2017年度の税制改正からは「業績連動給与」と
呼ばれています。

弁 その違いは？

税 算定に用いられる指標が、利益の状況を示す指標だけでなく、業
績連動指標に拡大されているということです。結果、売上高、ROA
（＝純資産利益率）営業利益率、株価、株式時価総額などの指標が算
定に用いられます。

弁 業績連動ということは…金額を事前に確定する必要はないという
ことですか？

税 ありません。

弁 やったぁー！　それなら、利益が出たときに取締役へ多くの賞与
を支払うことができますね。こういうのを待ち望んでいたんですよ、
私は。

税 あのね、先生。喜びすぎ。業績連動給与の制度は、基本的には、有
価証券報告書を提出しているような企業、すなわち、「上場企業」に
限られる制度なのです。

弁 は？

税 上場企業の場合は、監査法人が財務諸表監査を行って、利益の額が
正しいことを担保していますよね。このため、その利益に連動して役
員報酬が決定されていれば、役員報酬額は妥当であると判断できる
ということなのです。これを根拠に、業績連動給与という制度が認め

られています。

弁　とすると、中小企業や非上場企業の場合には使えないのですか？

税　んー。残念ですが、定期同額または事前確定届出給与のいずれかしか使えません。

弁　なんじゃ、そりゃぁ。ぬか喜びさせないでくださいよ。

税　す、すみません。

弁　もう。デリカシーないんですから、先生ったら。

税　重ねて、すみません。

弁　でも、勉強になりました。役員への支払が厳格に規制されていることがわかりますね。

税　そのような厳格な規制の趣旨は何なのか、おわかりでしょうか。

弁　もちろん、本質的な理由は、「お手盛り」的な支給を防ぐということでしょうね。すなわち、「たくさん利益が出たら自分の報酬や賞与を増やし、経費を増やすことにより自社が支払う税金を減らそう」と考える取締役が出てくることを防ぐためでしょう。

税　そのとおりでしょうね。ところで先生。退職所得について知りたくないですか？

弁　もちろん知りたいです。

税　話を簡単にすべく、「退職所得の受給に関する申告書」を受給者から提出してもらう場合を考えます。この場合、額面に税金がかかるのではなく、簡単にいうと、額面の半額に税金がかかります。

弁　ほぉ。それは、①これまでの勤続の功を労うため、②離職後の大切な生活資金になるお金だから、等の理由ですかね、きっと。

税　はい。そうです。額面の半額にかかるという部分について、より正確にいうならば、ある額を引いて、その後で半額にします、という表現になりましょうかね。

弁　半額にする前に、何らかの額を引き去るのですね。

第3章　会社法　　141

税　ええ。引かれる額のことを「退職所得控除額」といいます。

弁　とすると、半額にする前に、額面から「退職所得控除額」を控除するということですかね。

税　はい。

弁　「退職所得控除額」とは具体的にいくらですか？

税　勤続年数に依存します。勤続年数が20年以下なら、「40万円 × 勤続年数」です。

（ https://www.nta.go.jp/taxes/shiraberu/taxanswer/gensen/2732.htm ）

弁　ほぉ。かなり控除してもらえるのですね。

税　20年超の勤続年数なら、800万円 + 70万円 ×（勤続年数－20年）です。

弁　なるほど。その式の800万円というのは、20年に相当する「40万円 × 勤続年数」の値ですね。

税　ええ。それが20年までの分です。20年までの分に、20年を超えた勤続年数の分を「70万円 ×（勤続年数－20年）」として足すということです。

弁　「退職所得控除額」を額面から控除した後はどうなりますか？

税　その後はね、2で割ります。

弁　わかりました。2で割った商のことを「課税退職所得金額」と呼びますよね。

税　そのとおりです。課税退職所得金額に法定の税率を掛け算し、その後でさらに法定の控除額を引きます。

弁　法定の税率および法定の控除額についてはどうやって知ることができますか？

税　課税退職所得金額がいくらなのかによって、税率も控除額も変

わってきます。次のウェブサイトをみていただけますでしょうか。

(https://www.nta.go.jp/publication/pamph/koho/kurashi/html/02_3.htm)

弁 ありがとうございます。あぁ。これでやっと税額が算出できますね。

税 いえいえ。まだあります。その差に102.1%を乗じなければなりません。

弁 は？　102.1％って、半端な数字は一体何ですか？

税 102.1％＝100％＋2.1％です。2.1％というのは、「復興特別所得税」と呼ばれるものですよ。

弁 復興特別所得税とは何ですか？

税 2011年の東日本大震災から復興するために設けられた時限的な税金の制度です。2037年まで継続してかかってきます。

弁 なるほど。私たちの国は地震大国ですから、やむを得ないですね。

税 同感です。

弁 まぁ、これで税金の額が求まりました、ということですね。

税 そうなのですが、取締役について1つあるんですよ、留意点が。

弁 えっ？　先生にそういわれると、嫌な予感がします。

税 取締役としての勤続年数が5年以下の場合です。

弁 その場合にはどうなるのですか？

税 その場合は、2で割るという部分が不適用なのです。

弁 えっ？　とすると、おおむね「総額」が「課税退職所得金額」となるということですか？

税 はい。額面から「退職所得控除額」を控除することは可能です。ですが、その差額がそのまんま「課税退職所得金額」となります。すなわち、2分の1にしてもらえないのです。

弁 半額にしてもらえる特典を得られないということですか。それは

第3章 会社法　143

だいぶきついですね。

㋬　そうですね。税額がまったく変わってきますからね。

㋫　使用人兼務役員の場合、すなわち取締役人事本部長のように、従業員の身分と取締役の身分を併有している者の場合にはどうなるのですか？

㋬　従業員の身分に対する給与・賞与と、取締役の身分に対する報酬とを分け、前者には、取締役に対する報酬の規制をかけません。つまり、通常の従業員の給与・賞与と同様に、損金に算入されます。この結論は、先ほどみた国税庁のウェブサイトに「（注）　上記の給与からは、（1）退職給与で業績連動給与に該当しないもの、（2）左記（1）以外のもので使用人兼務役員に対して支給する使用人としての職務に対するものおよび（3）法人が事実を隠蔽し、または仮装して経理することによりその役員に対して支給するものは除かれます」と明記されていることから明らかです。

（https://www.nta.go.jp/taxes/shiraberu/taxanswer/hojin/5211.htm）

㋫　そうしますと、従業員身分と取締役身分を併有させてしまい、取締役への報酬として支払うべきものを従業員への給与・賞与として支払ってしまえば、法の規制を免れることができるという結論になりますか？

㋬　その点もすでに国税庁は考えています。実は「役員のうち使用人兼務役員になれない人」が公表・明記されているのです。

（https://www.nta.go.jp/taxes/shiraberu/taxanswer/hojin/5205.htm）

㋫　うわっ。これによると、代表取締役、副社長、専務、常務のほか、

144

指名委員会等設置会社の取締役などが、明示に除外されていますね。

税　そうなんですよねぇ。したがって、従業員身分を併有させられません。

弁　まいりましたね。

税　先生、まいるのはまだ早いですよ。まだ重要なのが残っています。

弁　もう、お腹がいっぱいです。勘弁してください。

税　いえいえ。そんな泣き言をおっしゃらないでください。やはりきちんと説明しておかなければならないほどの重要事項です。

弁　何でしょうか？

税　法人税法では、会社法上の役員以外の者でも「役員」に取り込んでいる場合があるのです。

弁　うわぁ。私はもう気が狂いそうです。

税　取締役など以外に、例えば、「①取締役または理事となっていない総裁、副総裁、会長、副会長、理事長、副理事長、組合長等、②合名会社、合資会社および合同会社の業務執行社員、③人格のない社団等の代表者または管理人、または④法定役員ではないが法人が定款等において役員として定めている者だけをいうのではなく、相談役、顧問などで、その法人内における地位、職務等からみて実質的に法人の経営に従事していると認められるものも含まれます」とされています。以下のウェブサイトをみていただけますでしょうか。

（ https://www.nta.go.jp/taxes/shiraberu/taxanswer/hojin/5200.htm ）

弁　なるほど。会社法上の役員以外に、概念を広げていますね。

税　同じ語であっても、法律によって定義が異なるというのは、よくあることではありませんか？

弁　まさに、ご指摘のとおりです。「労働者」という語の定義だって、

労働基準法第9条の「労働者」と労働組合法第3条の「労働者」では、異なりますからね。

税　それと同様に、会社法上の「役員」と法人税法上の「役員」では、定義が異なるということになります。

Key points

(1)　企業会計においては、儲けのことを「利益」と呼びます。「収益」から「費用」を引いたものが「利益」です。

　ところが、法人税法においては、儲けのことを「所得」と呼びます。「益金」から「損金」を引いたものが「所得」とされています。

　利益と所得とは大雑把にいえば一致しますが、細かくみると不一致です。課税対象の所得金額は、

　(a)　利益に、「企業会計上は費用となるが税務上は損金とされないもの」を足し、

　(b)　利益から、「企業会計上は費用とならないが税務上は損金とされるもの」を引いて、求めます。

うち、(a)が問題ですが、代表的な原則としては、以下があります。

(a-1)　法人税、地方法人税、延滞税
(a-2)　接待交際費
(a-3)　寄付金
(a-4)　役員報酬

これらについては以下を参照してください。

（a-1）：（ https://www.nta.go.jp/taxes/shiraberu/taxanswer/
hojin/5300.htm ）

（a-2）：（ https://www.nta.go.jp/taxes/shiraberu/taxanswer/
hojin/5265.htm ）

（a-3）：（ https://www.nta.go.jp/taxes/shiraberu/taxanswer/
hojin/5281.htm ）

⑵　常勤役員への報酬の具体的な値はどんな範囲かについては、労務
行政が出版している『労政時報』という雑誌が情報を与えてくれて
います。これの4069号に、「2023年役員報酬・賞与等の最新実態」と
いう記事が掲載されており、非常に細かい数字を提供してくれてい
ます。これによると、常勤役員報酬の平均額として以下が示されて
います。

会長	5,145万円
社長	5,586万円
副社長	4,547万円
専務取締役	3,337万円
常務取締役	2,560万円
兼務役員を除く取締役	2,117万円
従業員兼務取締役	1,837万円

株式会社の取締役に対して支払われる報酬についての最近の動き

Discussion

税　取締役への報酬について、一般的な金額はわかりました。役員報酬についての最近の動きって、何かあるのでしょうか。

弁　はい。経済産業省が「攻めの経営を促す役員報酬」という冊子をウェブサイトに掲げています。以下が最新版です。

（https://www.meti.go.jp/press/2022/03/20230331008/20230331008.pdf）

税　報酬の種類として、18-19頁に、以下のようなさまざまな魅力的な内容が掲げられていますね。

> 事前交付型の現物株式
> 事後交付型の現物株式
> 株式交付信託
> ストックオプション
> ファントム・ストック
> パフォーマンス・キャッシュ
> SAR（Stock Appreciation Right）

弁　優秀な経営者を、どの企業も欲しいですからね。いろいろな魅力

的な内容をもって、優秀な経営者を魅了することとなりましょう。

税　経済産業省が「攻めの経営を促す役員報酬」において、事前交付型の現物株式と事後交付型の現物株式には、リストリクテッド・ストックという語を充てています。先生もお聞きになられたことがありませんか？

弁　ええ、あります。

税　リストリクテッド・ストックとは、言葉のとおりストック（＝株式）なんだけど、リストリクト（＝譲渡が制限）されているものです。すなわち、役員や従業員に報酬として株式が無償で付与されるものの、一定期間はその株式の処分や売却が禁止される株式のことです。そして、「一定期間の勤務継続」という時の経過を条件に、制限が禁止されます。これにより、役員・従業員はその株式を自由に売却して金銭を得ることができるようになります。

弁　例えば、取締役に600株を発行するが、付与時から3年間、当該取締役は誰にも譲渡できず、丸3年、当該取締役として受任事務の処理を継続すると譲渡制限が解除される、というような感じですかね。

税　はい。ご理解のとおりです。一般に株式を付与されると、(a)議決権を獲得しますし、(b)毎年の配当にあずかることができます。(c)誰かに譲渡して差額を儲けることもできます。これらのうち(c)が制限されているものをいいます。このようなリストリクテッド・ストックについて、一定の要件を満たすものが法人税法で損金算入され始めたのが2016年度の税制改正です。

弁　ちんぷんかんぷんです。

税　先ほど、取締役に対する報酬は、原則は損金に算入できず、例外的な場合しか算入が許されないと申しあげたことを覚えておられますか？

弁　ええ。3つの場合だけ許されるとお伺いしています。

第3章　会社法　149

税 うち、「事前確定届出給与」というのを覚えておられますか。

弁 はい。

税 2016年度の税制改正でリストリクテッド・ストックが「事前確定届出給与」に該当する、というように変わったのですよ。

弁 ほぉ。そうなんですか。

税 リストリクテッド・ストックが「特定譲渡制限付株式」となる場合には、ね。

弁 ということは2016年の税制改正までは、事前確定届出給与に該当しなかったということですね。

税 はい。

弁 2016年の税制改正はいつから施行されたのですか？

税 2016年3月29日に成立して、2016年4月1日から施行されました。以後、リストリクテッド・ストックが「特定譲渡制限付株式」となる場合、損金算入が可能となっています。

弁 リストリクテッド・ストックが「特定譲渡制限付株式」となる場合とは、どのような場合ですか？

税 (1)譲渡制限期間が設けられていて、(2)会社が無償で株式を取得することとなる事由（＝役員から没収することができる事由）が定められていて、(3)役務の提供の対価として、個人に生じる債権の給付と引き換えに譲渡制限付株式が交付されることです。

弁 要件が厳しいですね。

税 うち、(1)(2)は、株式が譲渡制限付株式になるための要件です。そして、(3)は、譲渡制限付株式が特定譲渡制限付株式になるための要件です。

弁 条文上の根拠はどこをみればわかりますか？

税 2016年の税制改正当時の根拠条文ですが、(1)(2)については、旧法人税法施行令第111条の2第2項です。(3)については旧法人税法第

54条第1項です。

弁　(3)は、どういう意味でしょうか？

税　具体的には、金銭の報酬債権を役員に付与し、当該金銭債権につき、役員が現物出資することにより役員に株式を発行するということです。会社が取締役に対して3,000万円の報酬債権を付与し、当該取締役から報酬債権の3,000万円の現物出資を受けるのと引き換えに当該取締役に対して株式600株を交付するのです。

弁　「現物出資」って何のことですか？

税　「現物出資」を簡単にいうと「一定の期間の継続役務提供」です。会社に数年間在籍し続けるという意味です。

弁　わかりました。会社に数年間在籍し続けなくては(c)が解除されないとすると、優秀な人材を会社に引き止める効果が期待できそうです。

税　なお、(3)については、2024年現在、「役務の提供の対価として、個人に生じる債権の給付と引き換えに交付される株式」だけでなく、「実質的に当該役務の提供の対価と認められる譲渡制限付株式」も対象とするよう、拡大されています（法人税法第54条第1項第2号、所得税法施行令第84条第1項）。

弁　なるほど。特定譲渡制限付株式に値するものの範囲が拡大したのですね。

税　結果、現在では、現物出資型の譲渡制限付株式や無償発行型の譲渡制限付株式等が該当することになっています。先ほどご紹介した「攻めの経営を促す役員報酬」の59頁のQ23をみていただけますでしょうか？

弁　で、先生。あのぉ、事前確定届出給与として損金算入されるようになったと先ほどおっしゃっていたのは？

税　企業は、（付与日が属する事業年度に、ではなく）付与された役員が課税を受ける事業年度（＝権利確定日たる「譲渡制限が解除され

第3章 会社法　151

た日」が属する事業年度）に、一定の要件の下で、2016年税制改正
に基づき、損金算入が可能となりました。

弁　わかりました。

税　先生、「わかりました。」って、本当にわかっておられますか？
今は課税時期について話してるんですけど。

弁　（動揺しながら）え…。

税　もう、先生ったら!!!　わかってないのにわかったふりして！

弁　す、すみません。

税　理解するには、まず、所得税です。役員が報酬を受け取る場合、受
け取る時点で課税の対象となるのが所得税法の大原則です。

弁　なるほど。

税　しかし、リストリクテッド・ストックにおいては、先ほどご説明
したとおり(c)が制限されます。この事実を踏まえ、特定譲渡制限付
株式については所得税の課税期間がズレます。

弁　へーえ。

税　2024年現在でお話ししますが、特定譲渡制限付株式に係るその
役員等における所得税の課税時期については、譲渡制限解除日とさ
れています（所得税法施行令第84条第1項）。譲渡制限期間中はその
特定譲渡制限付株式の処分ができないこと等に鑑み、その特定譲渡
制限付株式の交付日ではありません。これについても「攻めの経営
を促す役員報酬」の64頁のQ35をみていただけますでしょうか。

弁　つまり、譲渡が妨げられる期間は所得税を課さないということで
すね。

税　はい。次に、法人税についてです。2017年度税制改正において、
その法人において、その役員等における所得税の課税時期として給
与等課税額が生ずることが確定した日にその役務提供を受けたもの
とされ、その役務提供に係る費用の額は、同日の属する事業年度に

おいて損金の額に算入することとされました（法人税法第54条第1項）。同じく「攻めの経営を促す役員報酬」の55頁のQ19および62頁のQ30をみていただけますでしょうか。

弁　ありがとうございます。

税　実は、2016年度の税制改正からさらに進みましてね。現在は、特定譲渡制限付株式以外のエクイティ型の報酬についても事前確定届出給与の対象とされています。

弁　ということは？

税　特定譲渡制限付株式に加え、他の手法による事前交付型リストリクテッド・ストックや、将来の一定の時期に金銭債権の現物出資や株式交付信託（業績連動がないもの）の手法を用いて確定数の株式を交付するもの（いわゆる、事後交付型リストリクテッド・ストック）による株式報酬も損金算入の対象に加えられました。これについても「攻めの経営を促す役員報酬」の53頁のQ17をみていただけますでしょうか。

弁　役員報酬のうち損金算入できるものとして、先ほどから「事前確定届出給与」についてお伺いしてきましたが、「業績連動給与」についてはどうでしょうか？

税　2024年現在、業績連動型の株式付与（いわゆる「パフォーマンス・シェア」）のほか、業績連動型の新株予約権、業績連動型の株式交付信託などが含まれるようになっています。同じく「攻めの経営を促す役員報酬」の98～99頁をみていただけますでしょうか。

弁　これをみると、損金算入される範囲がどんどん広がってきていますね。

税　でも、先生。日本経団連は、まだまだ不十分だといっていますよ。

弁　ほぉ。そうなんですか。

税　ええ。役員報酬を損金算入することについて、法人税法がためらっ

第3章 会社法 　153

ている本質的な理由を覚えておられますか？

[弁]　先ほど話に出ましたように、「お手盛り」的な支給を防ぐということでしょう？

[税]　そうです。ところが、上場会社にあっては、コーポレートガバナンスの改革が進められていますでしょ。

[弁]　ええ。先ほど一緒に確認しましたね。

[税]　だから、「お手盛り」的な支給の懸念はない、と日本経団連は主張するのですよ。

[弁]　は？

[税]　コーポレートガバナンスの面から、取締役への報酬について、「お手盛り」的な支給をはかることは非常に難しい適正性や透明性が確保されている、と2024年1月16日付で主張しています。

[弁]　ほぉ。日本経団連のその主張の根拠は何ですか？

[税]　コーポレートガバナンス・コードにおいて、取締役への報酬については、決定過程が客観性および透明性を持っています。社外取締役の選任も必須です。有価証券報告書においては、報酬が1億円以上の取締役に関する個別報酬額の開示も必須です。

[弁]　なるほど。

[税]　以下、その主張を*Key points*でみてみましょう。

Key points

(1)　役員には労働基準法第24条第１項の通貨払いの原則が適用されません。このため役員報酬としては、金銭報酬のほか、株式報酬が許されることになります。株式報酬では、株価に連動して報酬額が変

動し、かつ株式に譲渡制限が設けられるため、中長期にわたり会社の業績（＝株価）を上昇させようと役員が行動することが期待されます。このように「会社の業績を上昇させるインセンティブ」として適切と考えられているのが株式報酬です。

⑵　株式会社豊田自動織機が2024年4月26日に「譲渡制限付株式報酬制度の導入、及び取締役報酬額の改定に関するお知らせ」を発表しました。

（https://www.toyota-shokki.co.jp/news/2024/04/26/008651/index.html）

　　これには以下のような譲渡制限付株式報酬制度の導入が記載されています。

対象者	当社の取締役（社外取締役等業務執行を伴わない取締役は除く）
株式報酬枠	対象取締役に対して合計で年額2億円以内
各取締役に対する株式報酬額	会社業績等を踏まえて毎年設定
割り当てる株式の種類および割り当ての方法	普通株式（割当契約において譲渡制限を付したもの）を発行または処分
割り当てる株式の総数	対象取締役に対して合計で年6万株以内。ただし、当社の発行済株式総数が、株式の併合または分割（株式無償割当てを含む）によって増減した場合は、当該上限数はその比率に応じて調整される
払込金額	各取締役会決議の日の前営業日における東京証券取引所における当社の普通株式の終値を基礎として、対象取締役に特に有利とならない金額で当社取締役会が決定
譲渡制限期間	割当日より3年から30年の間で取締役会が予め定める期間
譲渡制限解除条件	譲渡制限期間の満了をもって制限を解除。ただし、任期満了、死亡その他正当な理由により退任した場合、譲渡制限を解除
当社による無償取得	譲渡制限期間中に、対象取締役が法令違反その他当社取締役会が定める事由に該当する場合、割当株式のすべて、もしくは一部を当社が無償取得することができる

第3章　会社法　155

各取締役に対する支給時期および配分	役員人事・報酬委員会における審議を踏まえ、取締役会にて決定
組織再編時の調整	当社が消滅会社となる合併、完全子会社となる組織再編等の場合、譲渡制限を解除する

⑶　「リストリクテッド・ストック」は特定譲渡制限付株式に該当する場合に「事前確定届出給与」として損金算入されますが、「業績連動給与」に該当し、損金算入されるものとして「パフォーマンス・シェア」があります。中長期の業績目標の達成度合に応じて一定の時期に株式を交付するものです（2024年の時点では、単年度の業績目標の達成だけでなく、中長期の業績目標の達成に連動させることが可能です。また、「業績の指標」として「利益を基礎とする指標」だけでなく「株価を基礎とする指標」や「売上を基礎とする指標」も認められています）。パフォーマンス・シェアは業績目標の達成に対するインセンティブを高めることが期待できる制度です。ただし、株式を保有する時点までは株主としての権利（*Discussion*で述べた⒜⒝⒞）を有しませんので、株主目線での経営になりにくいかもしれません。

⑷　日本経団連が、「役員・従業員へのインセンティブ報酬制度の活用拡大に向けた提言」を2024年1月16日付で公表しています。役員および従業員に対するインセンティブ報酬制度の在り方について、金融商品取引法、会社法、税法等を横断する包括的な提言を行う内容です。

（https://www.keidanren.or.jp/policy/2024/002_honbun.html）

　　これによれば、「法制度やソフトローの整備が進んだ結果、株式等によるインセンティブ報酬の導入企業が増加しているが、更なる普

及を図るためには、各報酬制度について一層の改善が必要である」とされています。

(5) 日本の人口は激減傾向です。このため、国内市場は縮小しています。ゆえに、日本企業の世界的展開が必須とされるでしょう。世界的展開の中で競争が増していく場合、企業は競争力を付けなければなりません。この競争力は、優秀な人を取締役として招へいする局面においても同じです。日本経団連の、「役員・従業員へのインセンティブ報酬制度の活用拡大に向けた提言」によれば、日本企業の役員報酬を海外のそれと比べると「基本報酬（固定額）の割合が多く、業績が反映されるインセンティブ報酬の割合が低い傾向」にあります。この状態のままでは、企業は、現状維持を目指した守りの経営を目指してしまいがちです。そこで「攻めの経営」に転換する手段として、株式報酬を導入し、インセンティブが反映される仕組みを作ることで、将来の業績拡大を目指して投資が加速するなどが期待できる、と考えられます。

第4章　賃金

Ⅰ　リストリクテッド・ストック (RS) とリストリクテッド・ストック・ユニット (RSU)
Ⅱ　賃金に関する5原則
Ⅲ　源泉徴収
Ⅳ　賃金額の決まり方および解雇の困難性
Ⅴ　賃上げ税制および最低賃金法
Ⅵ　賃金減額

リストリクテッド・ストック（RS）とリストリクテッド・ストック・ユニット（RSU）

Discussion

弁　経済産業省の「攻めの経営を促す役員報酬」について、先ほど、先生から教わりました。そして、その中にリストリクテッド・ストック＝Restricted Stock（RS）に関する記載があることも教わりました。似たようなものとして、リストリクテッド・ストック・ユニット＝Restricted Stock Unit（RSU）がありますよね。

税　ええ。RSは「譲渡制限付株式」です。これに対しRSUは「譲渡制限付株式ユニット」です。RSUは、すでにみた経済産業省の「攻めの経営を促す役員報酬」の中では、「事後交付型リストリクテッド・ストック」という語で出てきています（79頁以後）。

弁　RSUとRSとの違いは何でしょうか。今ひとつわからないのですが。

税　RSは、事前交付型です。これに対して、RSUというのは、事後交付型です。

弁　ほぉ。「事前」と「事後」の違いですか？

税　はい。RSは、事前に自社株式が割り当てられる譲渡制限付株式です。事前付与ですが、会社が定める条件（＝会社に数年間在籍し続けること）が成就するまでは、譲渡ができない株式です。

弁　なるほどぉ。譲渡制限を解除するには一定期間の継続役務提供が必要となるのでしたね。

税　ええ。これに対して、RSUは、事後付与です。とりあえずは「ユニット」（＝単位）という名前のポイントが付与され、一定の条件を満た

し権利確定した後に株式付与が確定するという制度です。

[弁] RSUとRSとの共通点は何ですか？

[税] 設定される条件について、単に「継続勤務」を条件とすることです。業績達成を条件とするものではありません。経済産業省の「攻めの経営を促す役員報酬」の18頁の図をみていただけますでしょうか。

[弁] 業績達成を条件として設定する場合は？

[税] その場合には、一定の業績達成を条件として株式を発行する事後交付型（パフォーマンス・シェア＝「PS」）の制度と呼ばれます。第3章ⅤのKey pointsで概説したとおりです。

[弁] 共通点は理解しました。相違点は先ほどおっしゃった点ですね？

[税] ええ。事前に「特定譲渡制限株式」を交付し、勤務条件を満たすことで譲渡制限を解除する事前交付型が、事前交付型リストリクテッド・ストック＝「RS」です。勤務条件を満たす前に、議決権および配当受領権が発生します。これに対し、一定の勤続条件を満たした場合に株式を交付する事後交付型がリストリクテッド・ストック・ユニット＝「RSU」です。

[弁] ちょっと難しいです。

[税] 簡単にいうと、RSUは、とりあえずは、株式付与ではなく権利付与です。自社株を数年にわたり複数回に分けてもらえる権利を付与される制度です。

[弁] ほぉ。

[税] 時期的に3段階の構造です。

[弁] 時期的に3段階というと？

[税] grant、vest、およびsellです。

[弁] それぞれ別々の時期なのですね。

[税] はい。第1に、一定の時点にRSUが割当付与（grant）されます。そして、その後に譲渡制限解除かつ権利確定（vest）されます。そして

最後に、売却（sell）されます。これらの3段階の流れになっています。

弁　わかりました。

税　RSUの課税についてみてみましょう。例えば役員が選任される時点において、「就任時より5年にわたり200株の自社株が割当付与される」権利をもらえる（grant）約束をしたとしてみましょうか。そして、その具体的内容が、1年目に20株、2年目に30株、3年目に40株、4年目に50株、5年目に60株だとします。

弁　その場合、自社株200株は、5年間当社に在籍し続けるという条件を満たすことにより初めて役員のものとされますよね（vest）。

税　はい。

弁　すなわち、grantの時点では、株式は役員のものではないのですよね。つまり、grantの時点ではまだ株式を取得できないのですよね。

税　そのとおりです。grantの時点ではまだ役員のものではありません。つまり、grantの時点では、株式を取得できておらず単に割り当てられただけ（＝ポイント付与のようなもの）です。

弁　つまり、grantの時点では役員はその株式を売却等することはできない、という意味ですね。

税　そのとおりです。まだ具体的に利益も発生していないため、課税されることがありません。

弁　5年間、当該会社に在籍し続けるという条件を満たした時点で、役員のものになるのですか？

税　はい。条件を満たす時点で初めて取得できます。それをvest（譲渡制限解除かつ権利確定）と呼びますが、5年間は在籍しなければvestされない＝5年間は譲渡制限が付いている、ということになります。

弁　とすると、5年間在籍し、役員個人が頑張って、その結果、企業の業績が上がり、株価が上がると必然的に自分の個人的利益にも跳ね返るということですね。

税 はい。そのとおりですね。一定期間（上の例では5年間）企業で勤務すると、RSUの譲渡制限が解除されます。譲渡制限が解除された時点＝vestの株式の時価に対して、給与所得として課税されます。

弁 譲渡制限が解除される都度、解除された部分が課税対象となるわけですね。

税 はい。

弁 株を市場に売却（sell）し、売却金額と取得金額の差＝売却益が出たらどうなりますか？

税 その時点で税金が発生します。所得の分類としては「譲渡所得」に該当します。これは、通常の株売買の場合と同じです。

弁 日本の人口は本当に減少していますよね。このため、国内市場は縮小しています。したがいまして、企業の世界的展開は必須です。世界的展開の中で競争が増していく場合、企業は競争力を付けなければなりません。

税 ええ。日本企業の役員報酬を海外のそれと比べると「基本報酬（固定額）の割合が多く、業績が反映されるインセンティブ報酬の割合が低い傾向」にあります。経済産業省の「攻めの経営を促す役員報酬」の23頁をみていただけますでしょうか。

弁 インセンティブ報酬の割合が低いと、企業は現状維持を目指した守りの経営を行ってしまいがちですよねぇ。

税 そうですねぇ。そこで「攻めの経営」に転換する手段として、株式報酬を導入し、インセンティブが反映される仕組みを作ることで、将来の業績拡大を目指して投資が加速するなどの期待ができるわけなのです。

弁 ありがとうございます。対象者が役員ならばよいのですが、対象者が労働者の場合、労働基準法との関係が問題となりそうです。

税 どういうことでしょうか？

弁 賃金については、労働基準法第24条でいくつかの原則が明記さ

第4章 賃金　163

れています。以下のとおりの5原則です。

> • 通貨払いの原則
> • 直接払いの原則
> • 全額払いの原則
> • 毎月1回以上払いの原則
> • 一定の期日払いの原則

㊔　賃金支払いの5原則のうち、気になると先生がおっしゃるのはどれですか？

㊇　通貨払いの原則への抵触が気になります。

㊔　労働基準法第24条第1項を今、みています。これによれば、賃金は通貨で支払わなければならない、とされています。つまり日本円のことですよね。

㊇　そうそう。そして「賃金」とは、労働の対償として企業が労働者に支払うすべてのものをいいます（労働基準法第11条）。

㊔　そうなると、労働者に対するRSUは、通貨払いの原則に反して違法なのでしょうか？

㊇　合法にできるものなのか、これから一緒に検討してみましょう。

㊔　わくわくしますね！　お願いします。

㊇　まず、通貨払いの原則には、例外がいくつかあります。その典型は、労働基準法第24条第1項に定められているように、「労働協約」があるときです。

㊔　とすると、「労働協約」が締結されたら合法ですよね。

㊇　はい。そうなんです。

㊔　労働者と使用者が合意をするということですよね？

㊇　いいえ。今、先生がおっしゃったのは「労働契約」です。「労働協約」

とは違います。「労働協約」とは、労働組合と企業との約束のことです。

税　あー。「労働協約」というのは「労働契約」のことではないんですね。

弁　2つは別の概念です。「労働協約」というのは、集団的な合意、すなわち労働組合と企業の合意です。これに対し「労働契約」というのは、個別的な合意、すなわち個々人たる労働者と企業の合意です。

税　ありがとうございます。

弁　全額払いの原則に対する例外は、「労働契約」のあるとき、ではなく「労働協約」のあるとき、です。

税　としますと、労働組合がないとそもそも締結できません、ということになりますか？

弁　そうなんです。

税　んー。困りましたね。

弁　また、仮に締結したとしても、「労働協約」というのは、原則として労働組合の組合員だけにしか効力が及びません。RSUの対象になる労働者は、通常、非常に上の方の立場にいる労働者です。このため、労働組合の組合員となっていることは、実務的にはほぼないのではないかと思われます。

税　確かに、労働組合の組合員の方々の多くは、実際のところ、「非常に上の方の立場にいる労働者」ではないですものね。

弁　したがいまして、「労働協約」を締結することによる例外の道は、いけそうにありませんね。

税　すると、手段としては真摯な同意を得ることですかね。

弁　確かにそれは1つの方法です。もっとも労働基準法は強行法規です。

税　強行法規って、同意があればOKということにはならない法律のことですよね。同意があろうが、法律が優先する、というやつでしょ。

弁　そうそう。なので、「同意を得れば合法なのか」については不分明です。

第4章　賃金　165

税　困りました。

弁　もう1つの方法としてあり得るのは、「賃金」ではないという構成です。

税　ん？　どういう構成ですか？

弁　賃金に該当するから、通貨払いの原則は適用されるわけです。とすると、通貨払いの原則を切り抜けるためには、賃金に該当しないと構成すればよいわけですね。

税　ほぉ、なるほど。論理的には、確かにそうですね。でも、「賃金」でないとすると、一体何なのですかね。

弁　「賃金」ではなく「福利厚生給付」だという建付けです。

税　「福利厚生給付」って何ですか？

弁　労働の対償としてではなくて、労働者への福利厚生のために支給する利益または費用をいいます。

税　どんな例がありますか？

弁　男女雇用機会均等法第6条第2号および男女雇用機会均等法施行規則第1条に以下が掲げられています。

> ・生活資金・教育資金などの資金貸付け
> ・労働者の福利の増進のための定期的な金銭給付
> ・労働者の資産形成のための金銭給付
> ・住宅の貸与

税　RSUを福利厚生給付だとすると、それはどういう意味になるのでしょうか？

弁　あくまでも、賃金は全額を支払うが、それ以外のものだという建前です。つまりそれは、賃金を減らさず、賃金にプラスして株式を付与するという前提です。

税 あれ？　今、先生がおっしゃったような内容について、どこかで
みたような気がします…。

弁 え？　そうなんですか？

税 えっとぉ。どこでしたかねぇ。あ、思い出しました。確か…。

弁 確か？

税 先ほどから話題に出ている経済産業省の「攻めの経営を促す役員
報酬」ですよ。確か、関連記述があったのではないでしょうか？

弁 おー。では、一緒に探してみましょう。えっとぉ。あー。これです
かね。100 〜 101頁の？

税 ちょっとお待ちください。100 〜 101頁をみてみます…。そう
そう。これですよ。思い出しました。

弁 一定の要件（以下のa. 〜 c.のすべて）を満たす場合には、労働基
準法第11条の「賃金」には該当せず、同法第24条の賃金の「通貨払
いの原則」にも抵触しないものと整理できるとされていますねぇ。

税 はい。そして、a. 〜 c.を具体的にみると次のとおり書かれています。

---

a. 通貨による賃金等（退職金などの支給が期待されている貨幣賃
金を含む。以下同じ。）を減額することなく付加的に付与される
ものであること。

b. 労働契約や就業規則において賃金等として支給されるものと
されていないこと。

c. 通貨による賃金等の額を合算した水準と、スキーム導入時点の
株価を比較して、労働の対償全体の中で、前者が労働者が受け
る利益の主たるものであること。

弁 そうですね。

税 しかも、「従来から金銭で支払っている給料の代替として付与す

第4章　賃金　167

ることはできず、上乗せに伴う費用がかかる点には留意が必要です」
と明記されています。

弁 本来的に支払われるべき賃金に代えるものとしてRSUを付与し
賃金を減額することになると、RSUは正に賃金そのものになって
しまうからです。その場合、賃金を通貨以外で支払うことになるた
め通貨払いの原則に違反します。そればかりか、全額払いの原則に
違反することも明かです。

税 経済産業省としては、a. 〜 c.を満たすなら、「労働の対償」では
ないと解釈するということですね。まぁ、「本来的に支払われるべき
賃金に代えるもの」ではないという解釈は、実体をみるとかなり厳
しいとも思いますが、この解釈を最高裁判所が認めてほしいと願う
ところです。

弁 たぶん、争われる可能性は少ないでしょうね。だって、争う姿勢
をみせたら、会社を辞めた上で事実上なかなか再就職が厳しいと感
じますから。

税 あー。

弁 対象が役員ではなく労働者の場合、労働基準法第24条違反のほ
か、労働基準法第16条違反の可能性もあり得ます。

税 労働基準法第16条ですって？　それは何ですか？

弁 「損害賠償予定の禁止」です。

税 聞いたこともありません。先生、教えてください。それは何ですか？

弁 雇用契約の期間の途中で労働者が転職する場合には一定額の違約
金を支払う約束や、労働者の契約違反や不法行為につき損害賠償額
を予定する約束が典型例です。これらはしてはいけないと明文で定
められています。

税 へぇ。そうだったんですねぇ。

弁 ええ。例えば、海外大学院留学に関わる費用を会社が負担してあ

げる代わりに、「費用を返さなければならない。但し、一定期間勤務する場合にはその返還を免除する」という約束を金銭消費貸借契約の形式で締結するのです。

税　趣旨は、大学院修了の資格を取得させてあげたのに直ちに辞められては困るため、足止めのために、ですか？

弁　もちろん、そのとおりです。

税　一定期間勤務しない場合には返還義務を負うことになりますね。

弁　ええ。それが違約金の定めとして労働基準法第16条に違反しないのかが問題となるわけです。

税　裁判所はどのようにいっていますか？

弁　2類型に分けています。1つ目は、本来ならば本人が費用を負担すべき自主的な大学院留学について会社が費用を貸与する場合（ただし、一定期間の勤務が終わればその返還債務を免除する場合）です。

税　ほぉ。もう1つは？

弁　もう1つは、会社は自企業における教育訓練や能力開発の一環として業務命令で大学院留学をさせ、実質上、大学院の修了後の能力を自企業に確保するため一定期間の勤務を約束させる場合です。

税　2つは確かに異なりますね。で、裁判所の判断はどのようなものですか？

弁　前者は、本来は本人が負担すべき費用なので、単なる金銭消費貸借として、労働基準法第16条の問題は出てこないというのです。最近の裁判例として、「みずほ証券事件」東京地方裁判所2021年2月10日判決（労働判例1246号82頁）があります。

税　わかりました。後者は？

弁　後者は、本来は、本人が負担すべきでない費用を返還させることになります。これは、違約金として機能します。ゆえに、労働基準法第16条に違反する、というのです。最近の裁判例として、「独立行

第4章 賃金　169

政法人　製品評価技術基盤機構事件」東京地方裁判所2021年12月
2日判決（労働経済判例速報2487号3頁）があります。

税　へぇ。ところで、RSUについて、労働基準法第16条に照らし問題
となり得ることは何でしょうか？

弁　制度の設計において、「自己都合退職や一定の義務違反等があっ
た際に権利が失効する」という文言が入ります。このような条項が
損害賠償予定の禁止に違反しないかという問題です。

税　なるほどぉ。

弁　実は、損害賠償予定の禁止への抵触は、RSUよりむしろ、RSに
おいて顕著です。

税　どういう意味でしょうか？

弁　株式割当契約の中に「譲渡制限期間における自己都合退職や一定
の義務違反等があった際に譲渡制限付株式を無償取得する」という
条項を必ず入れます。対象者が労働者の場合にこのような条項が損
害賠償予定の禁止に違反しないかという問題です。

税　無償取得するのはあくまで譲渡制限付株式ですよね。つまり、金
銭による違約金や損害賠償を定めているわけではないという文理解
釈が可能ではありませんか？

弁　ですが、「譲渡制限期間における自己都合退職や一定の義務違反
等があった際に譲渡制限付株式を無償取得する」というRSの条項
は、実際のところ、労働者の離職を阻むことになりますよね。

税　まぁ、事実上はそうでしょうねぇ。労働者に対する関係では、権利
を失うという事実は、労働基準法第16条に照らし解決が厄介かもし
れませんねぇ。

弁　ところで、第3章で、日本経団連の「役員・従業員へのインセン
ティブ報酬制度の活用拡大に向けた提言」（2024年1月16日）をみ
ました。

税　ええ。

弁　これには、「役員向け株式報酬と比べて、従業員向けの株式報酬を
　導入した社数は少ないのが実情である」と記されています。

税　その理由として日本経団連は以下を掲げていますね。

(a)　役員のインセンティブ報酬比率が高まらなかったことが、従
　業員報酬にも影響を与えており、従業員向けの株式報酬の導入
　が進まない。

(b)　従業員自身が、自社の株価に対する直接的な影響力をほとん
　ど有していないため、株式報酬が業績向上に向けたインセン
　ティブとして機能しにくい。

(c)　RSを利用する場合、個別の従業員に専用の口座を開設する必
　要があり、導入には手間がかかる。

(d)　インサイダー取引規制の関係で、株式報酬の権利が確定した
　直後に現金化することが保証されないため、従業員が生活資金
　として現金報酬を希望することがある。

(e)　従業員に交付する株式が労働基準法上の「賃金」(同法第11条)
　に該当する場合、「賃金の通貨払の原則」(同法第24条第1項)
　に抵触する。一定の要件を満たす場合は、賃金ではなく福利厚
　生として合法的に付与できると解されるが、その判断基準は必
　ずしも明確でない。

弁　ええ。私も今、みています。

税　でも、先生、あのぉ、労働基準法第16条について触れられていま
　せん。

弁　んー。どうもそのようですね。対象が役員ではなく労働者の場合、
　きちんと議論しなければならない論点だと思います。

第4章　賃金　　171

Key Points

(1) **リストリクテッド・ストック**

2人のDiscussionでみた、「役員・従業員へのインセンティブ報酬制度の活用拡大に向けた提言」(2024年1月16日)によれば、2018年ごろよりリストリクテッド・ストックの採用が急増していますが、その理由は、他の報酬制度の類型と比べて仕組みが単純であるから、と日本経団連は述べています。

そして、デロイトトーマツおよび三井住友信託銀行が2023年11月20日に発表した、役員報酬調査結果「役員報酬サーベイ(2023年度版)」によると、役員報酬については、株式関連報酬の中で最も採用されている種類は、リストリクテッド・ストックであるという結果が出ています。

(https://www2.deloitte.com/jp/ja/pages/about-deloitte/articles/news-releases/nr20231120-2.html)

(2) **リストリクテッド・ストック・ユニット**

「役員・従業員へのインセンティブ報酬制度の活用拡大に向けた提言」(2024年1月16日)には、RSUについて以下の記載をしています。

> 大企業を中心に、RSUを導入する企業もみられる。RSUは、業績連動条件を設定してPSUにすることや、一部を現金支給とすることなど、前述の株式交付信託と同様に柔軟な制度設計が可能である。すでに現物株式を交付してしまっているRSと異なり、条件を達成せず権利が確定しない場合でも、株式を取り戻す必要がないことが利点である。

⑶　損害賠償の予定（労働基準法第16条）

　自己都合で退職する場合に減額をする退職金規程は非常に多くあります。また、同業他社に就職する場合に減額または不支給とする退職金規程も少なくありません。これらの減額不支給条項については、労働基準法第16条の問題とはされていません。

　これと同じように、RSおよびRSUの没収条項（一定期間の勤務をしなかった場合）も、考えられるのかもしれません。すなわち、いったん支給が発生したものの返還を求めるものではないという立論です。もっとも、この立論は、RSUでは理解しやすいでしょうが、RSではすでに株式を事前に付与しているので、それをもぎ取ることになるわけですから、受け入れられるか微妙なところです。

　労働基準法第16条の重要点は、実際に損害賠償を請求する時点で既遂の犯罪となるのではなく、約束をした時点で既遂の犯罪となることです。このため、萎縮的効果が大きく、やはり立法的解決または司法判断が望まれるところです。

　ちなみに留学費用の返還ですが、国家公務員の場合、国家公務員の留学費用の償還に関する法律により、5年以内に自主的に退職した公務員に対し留学費用の償還義務を課しています（同法第3条第1項第2号）。

⑷　内部者取引

　「役員・従業員へのインセンティブ報酬制度の活用拡大に向けた提言」（2024年1月16日）において、日本経団連は、内部者取引について、以下のように要望を出しています。

　　上場会社等の会社関係者が当該会社の未公表の重要事実を知ったうえで、当該会社の有価証券の売買等を行うことは、原則として、インサイダー取引として禁止されている。株式報酬でインサ

イダー取引規制が問題になるのは、以下の3つの場面である。

(1) 株式報酬の付与が重要事実に該当する場合、その公表まで会社が自己株式の取得等を行えない。

(2) 会社が未公表の重要事実を有する場合、当該会社が報酬としての自己株式の処分を行えない。

(3) 役員・従業員が会社の未公表の重要事実を有する場合、当該役員・従業員が報酬として受け取った当該会社の株式を売却できない。

中長期的な企業価値向上に向けて、リスクを伴う大型投資や事業ポートフォリオの見直し等が求められるなか、上場会社では常時M&A等のコーポレートアクションを検討し、実行している。しかし、上述の通り、株式報酬の付与という重要事実がコーポレートアクション（自己株式の取得等）の制約となること（前述(1)）も、逆に、他のコーポレートアクションが重要事実として株式の交付・売却の制約となること（前述(2)・(3)）も少なくない。

そもそもインサイダー取引規制は、会社関係者等と一般の投資者との情報の非対称性に起因する不公平を是正して、投資者保護を図るものである。その規制により、上場会社のコーポレートアクションが過剰な制約を受けるならば、かえって株主全体の利益が損なわれるおそれがある。また、役員や一部の従業員がほぼ常に株式の売却等を制限されるのであれば、投資者としての権利が過度に制限されることとなり、妥当ではない。

株式報酬制度の活用拡大に向けて、前述(1)〜(3)のいずれについても、インサイダー取引規制の一定の例外を認めるべきである。

II 賃金に関する5原則

Discussion

㋿ 先ほどのお話の中で賃金に関する5原則をお伺いしたのですが、うち、通貨払いの原則というのはどのようなものですか？

弁 日本の貨幣および日本銀行券で支払えということです。換言すれば、日本円で支払ってね、ということです。

㋿ とすると、外資系企業において、ドルやユーロで支払うというのはダメなわけですね。

弁 ダメです。労働者に対してそのような支払方法は認められていません。

㋿ 通貨払いの原則には例外がありますか？

弁 はい。労働協約に別段の定めがある場合および厚生労働省令で定める場合です（労働基準法第24条第1項但書）。

㋿ そういえば、労働協約に別段の定めがある場合というのは先ほど勉強しましたね。

弁 そう。労働契約と労働協約が異なるというところ、ご留意くださいね。

㋿ 厚生労働省令で定める場合とはいったいどのような場合でしょうか？

弁 労働基準法施行規則第7条の2は、銀行その他の金融機関への振込みや2023年4月から解禁された給与デジタル支払などを定めます。

㋿ 給与デジタル支払とは、Suica、PASMO、WAON、nanacoな

どですかね。

弁　いえ。そのような前払式（プリペイド式）のデジタルマネーは、残念ながら解禁されていません。2023年4月より解禁されたのは、PayPay、LINE Pay、楽天ペイ、メルペイなどの資金移動業によって行われるデジタルマネーのみです（労働基準法施行規則第7条の2第3号）。

税　へぇ。わかりました。

弁　資金移動業者のうち、厚生労働大臣に指定申請を行い、厚生労働省の審査を経て指定を受けた業者のデジタルマネーだけです。2024年8月9日現在、PayPayだけが指定を受けています。以下の厚生労働省のウェブサイトをご覧いただけますでしょうか？

（ https://www.mhlw.go.jp/stf/seisakunitsuite/bunya/koyou_roudou/roudoukijun/zigyonushi/shienjigyou/03_00028.html ）

税　これをみると、PayPayのほかにも指定申請している資金移動業者がありますね。

弁　税理士のお立場からみて、給与デジタル支払が労働者側に与える利点は何でしょうか。

税　毎月、PayPayでいろいろなものの支払や送金をしている労働者にとっては、給与が直接にPayPayに振り込まれると便利ですよね。銀行口座から現金を引き出す手間や手数料もかからないですし。

弁　では、給与デジタル支払が企業側に与える利点は何でしょうか。

税　振込手数料が安いということでしょうかね。

弁　わかりました。でも、企業に与えかねない欠点もあり得るような気がします。簡単に想像できることですが、例えば、事務手続が煩雑になることではないでしょうか。銀行口座振込を好む労働者とデ

ジタル払いを好む労働者の2種類が出てきますから。

税　それはあるでしょうねぇ。次に、直接払いの原則とはどういうものでしょうか。

弁　直接払いの原則とは、労働者本人だけに支払いなさいということです。

税　趣旨は何でしょうか？

弁　中間搾取の禁止です。

税　賃金債権が第三者に譲渡された場合にはどうなるのでしょうか？

弁　その場合にも、譲受人に支払ってはいけません。労働者本人に支払わなければなりません。

税　賃金が国税徴収法や民事執行法により差し押さえられてしまった場合は？

弁　その場合は例外です。行政官庁や差押債権者に支払っても直接払いの原則に違反しないものとされています。

税　あぁ。勉強になります。

弁　ただ、全額を差し押さえられるわけではないのです。実はね、差押限度額が決まっています（国税徴収法第76条および民事執行法第152条）。

税　ありがとうございます。進んで、全額払いの原則とは何でしょうか？

弁　何も控除せず全額を支払いなさいというものです。一部の支払を留保して労働者の足止めを図ることを防止する趣旨です。

税　例外はありますか？

弁　ええ。法令に別段の定めがある場合および労使協定のある場合です。

税　法令に別段の定めがある場合とはどのような場合ですか？

弁　例えば、雇用保険料の控除（労働保険料徴収法第32条）、健康保険料の控除（健康保険法第167条）、厚生年金保険料の控除（厚生年金保険法第84条）などです。

第4章　賃金　177

税　続いて、労使協定のある場合とはどのような場合でしょうか？

弁　労使協定とは、過半数労働組合または労働者過半数代表と企業との書面の約束です。俗に「24（ニーヨン）協定」と呼ばれます。24協定を締結することにより、控除をすることが可能な場合があるのです。

税　それは楽ですね。24協定を締結しておきさえすればいいのであればね。

弁　もっとも、24協定に定めさえすれば何でもかんでも控除できるわけではありません。労働省時代の通達（1952年9月20日基発675号および1999年3月31日基発168号）によれば、購入代金、社宅・寮その他の福利厚生施設の費用、社内預金、組合費等、事理明白なものについてのみ、控除可能とされています。

税　わかりました。事理明白でないものは24協定があっても控除不可なのですね。

弁　はい。これらの通達は、24協定によれば、控除対象の具体的項目および各項目別に控除を行う賃金支払日を記載するような指導をしています。

税　24協定を使い、典型的にはどのようなものを控除するのでしょうか？

弁　一番よくみられるのは、労働組合の組合費ですね。いわゆる「チェックオフ」です。

税　これらの例外に当たる場合を除き、全額を支払わざるを得ない（＝控除ができない）ということになるわけですね。

弁　はい。

税　あの、「控除」することはダメであっても「相殺」することはできるのでしょうか？

弁　企業が労働者に対して持つ債権と労働者の賃金債権を相殺することですか？

税　ええ。それは認められますか？

弁　それを認めてしまったら、控除を禁じる意味がなくなってしまいます。このため相殺も労働基準法第24条第1項で禁止されています。

税　では、一方的にする相殺ではなく、労働者の自由意思に基づく同意を得て相殺を行う場合も同じですか？

弁　その場合は例外です。労働者の自由意思が担保されているのであれば、相殺することはOK（24協定が締結されていなくても）というのが裁判所の立場です。ですが、労働者の自由意思が担保されていることを立証するのは難しいかもしれませんよ。

税　どうしてですか？

弁　だって、企業が情報提供を不十分にしかしなくて、または企業が有形無形の圧力をかけて、同意を事実上強要するおそれだってありますからね。

税　わかりました。労働基準法第24条第2項の毎月1回以上払いの原則および一定の期日払いの原則について教えてください。

弁　これら2つは、しばしばまとめて呼ばれます。「毎月1回以上一定期日払いの原則」と。要するに、毎月一定期日の支払を保証することにより、間隔が開きすぎることなく安定した賃金の受取りを確保し、もって、生活の安定を図ることを趣旨としています。

税　わかりました。この原則はすべての賃金に適用されるのでしょうか？

弁　いいえ。臨時に支払われる賃金（退職金、結婚手当など）、および賞与その他には不適用です（労働基準法第24条第2項但書）。

Key points

(1) 「毎月1回以上一定期日払いの原則」の趣旨は、間隔が開きすぎることなく安定した賃金の受取りを確保し、もって、生活の安定を図ることです。このため、「毎月第3金曜日」というような定めではダメです。暦日では7日も変動する可能性があるからです。

(2) 労働者に対して、給与や賞与を日本円以外の通貨で支払うことは労働基準法第24条第1項に違反します。では、取締役に対してはどうでしょうか。取締役は労働者ではないので、労働基準法が適用されません。したがいましてドル支払いでも適法です。そして法人税法の関係ですが、ドルで毎月一定額ならば、定期同額給与です。為替の関係で、円換算により変動するとしてもです。

(https://www.nta.go.jp/law/shitsugi/hojin/11/21.htm)

III 源泉徴収

Discussion

税　先ほど、賃金に関する5原則の中で、「全額払いの原則」というのがあると、お伺いしたのですが。

弁　ええ。

税　全額を支払わなければならないというこの原則に対する最大の例外は何かおわかりでしょうか？

弁　えっとぉ。それは、所得税の源泉徴収ですかねぇ。

税　大正解です。

弁　ヤッター!!!!

税　でも、先ほどの説明で、先生は見事に欠落させていましたよ。

弁　す、すみません。ぼーっとしていました。

税　日本では、企業が給与や賞与あるいは退職金を労働者に支払う際に、全額を支払うのではなく、税金分をあらかじめ差し引いて残額だけを支払うという制度が確立されています。これが源泉徴収ですね。

弁　税金の負担者と納付者が不一致ということですか？

税　はい。所得税を負担する義務者は労働者本人ですが、国に対して納める義務者は企業です。日本税理士会連合会が2020年12月7日に公表した「源泉徴収制度のあり方について―令和元年度諮問に対する答申―」によれば、「源泉徴収制度は、特定の所得について、その所得の支払の際に支払者が所得税を徴収して国に納付する仕組みであり、源泉徴収義務者自身が負担すべき税とは直接関係のない第

三者の所得税を徴収し、その納税義務を負う制度である」と定義されています。1頁をみていただけますでしょうか。

（ https://www.nichizeiren.or.jp/wp-content/uploads/doc/nichizeiren/business/taxcouncil/toushin_R1.pdf ）

弁　条文上の根拠はあるのでしょうか？

税　所得税法第183条および第199条です。

弁　源泉徴収の制度趣旨は何でしょうか？

税　日本税理士会連合会によれば、「同制度は、国税の徴収を確実なものとし、滞納を防止するとともに、徴税手続の簡素化と徴税コストの削減に寄与している。また、国税収入の時期を平準化するというメリットがある」ということです。

弁　わかりました。従業員側のメリットは何でしょうか？

税　「他方で、給与所得者の多くは、年末調整が行われることによって、所得税の申告や納付の手続が不要になる」と日本税理士会連合会は述べています。

弁　確かにそうなんでしょうね。でも、権力に不信感を抱く人々からみると、裏がありそうに思われますよ。

税　裏とは何でしょうか？

弁　仮に従業員一人ひとりに確定申告をさせると、「企業からいったんもらったものの一部を、後になって国に奪い取られる」ことになるから、ではないかと思っています。

税　そうなりますが、それの何が悪いのでしょうか？

弁　だって、先生。奪い取られるということのため、国民が税意識に目覚めてしまい、国（公務員）に対して一層厳しい目が国民から注がれることになりませんか？

税 あー。まぁ、それはどうなんでしょうかね。税理士としては何とも コメントが難しいところです。

弁 私たち国民の多くは、税金は、正規の額を適切に支払わなければ ならないとわかっていますよ。日本国憲法にだって第30条で納税 の義務が記されていますからね。国民の多くは納税をするのが嫌な のではなくて、「納税した税金が、不当に使われている」としか思え ない国会議員たちの行動に怒っているのではないでしょうかねぇ。

税 あー。国会議員たちによるいろいろな事件が昔から取り沙汰され ていますからね。

弁 国会議員たちの報酬だって全部が税金ですよね。国会議員たちが 襟を正して、きちんとした行動をし、私たちが「税金をきちんとし た目的に使ってくださっている」と思えるのなら、文句は大きく減 りますよ。

税 わかりますよ、お怒りは。

弁 企業は、「国に対して納める義務者」として源泉徴収の過程で、そ のお金の性質に応じて、適切な額を差し引いて、国に納める義務が ありますよね。それを企業が怠り、税務調査の際に露見したら、ど うなるのですか?

税 企業が（労働者・役員が、ではなくて）、税務署からやられかねな いという結論です。

弁 ということは、例えばあるお金を労働者に支払う際に、その性質 につき、賞与と退職手当を間違えてしまった場合、「この金額は本来、 賞与なのに、退職所得として貴社は源泉徴収してますよ。つまり、 少ない額しか国に納めていません。なので、追加で差額を納付して ください」と税務署から企業がいわれてしまうということですか?

税 はい。労働者・役員が、ではなくて、企業が。

弁 うわぁ。

第4章 賃金　183

税　その場合、差額だけではなく、ペナルティを「企業が」受けます。具体的には、少なくとも、不納付加算税および延滞税が企業にかかります。

弁　日本の源泉徴収制度は、「お金の性質の解釈（例えば「賞与」なのか「退職所得」なのか）についての企業の誤りを、企業に帰責させる」制度になっているために、「企業が解釈を誤ってしまい、少ない額の源泉徴収をしてしまうと、企業に責任をとらせる」という、企業としては非常にリスクの高い制度にもともとなっているということですね。

税　ええ。「税務署の考えはおかしい」と思う企業が、税務署と一戦交える覚悟をすることは理論上可能ですが、このような場合は実務的にあまりありません。このため、差額その他のペナルティを国に納付します。

弁　そうすると、理論上は差額分を辞めた労働者から企業が取り戻そうと試みることになりますね。

税　ええ。理論上はね。ですが、辞めた労働者が事実上ばっくれてしまうことが少なくなく、この場合、どうしても取り戻したいのなら労働者相手にわざわざ訴訟を起こさざるを得ません。

弁　実務上は、わざわざ訴訟を起こしてまで労働者から取り戻すのは手間と時間に照らし、さすがに大変だと考える企業がほとんどでしょう。とすると、かなりの場合、企業が差額分を負担することもあるということですね。

税　はい。なお、ペナルティ部分の不納付加算税および延滞税は、企業が本来負担すべき企業へのペナルティなので、もともと労働者・役員から取り戻せないはずです。

弁　先ほどご紹介いただいた、日本税理士会連合会の「源泉徴収制度のあり方について─令和元年度諮問に対する答申─」をみていますが、3〜7頁で、問題点を挙げていますね。源泉徴収制度において、

税制の複雑化を背景にすると企業の負担が非常に大変であるばかりか、過度の法的責任が課せられている、と述べられています。

税 特に、5頁には以下の記載がありますね。

> このため、給与、報酬・料金その他いずれの所得であっても、源泉徴収が適正に行われていることを前提としており、源泉徴収税額が過大又は過少である場合に、納税者の確定申告においてその誤りを是正することはできないこととされている。
>
> しかしながら、源泉徴収税額に過誤がある場合に、いったん源泉徴収義務者と国との間で精算を行い、さらに源泉徴収義務者と納税者との間でその過不足分を精算することは、手続的には極めて煩瑣である。したがって、源泉徴収税額は確定申告税額の前取りであることを明確にした上で、納税者の行う確定申告において源泉徴収税額の過誤を是正できる制度とすることが望ましい。

弁 先生、ところで、所得税の源泉徴収というのは、国税に関する制度ですよね。地方税については同様な制度があるのでしょうか？

税 ええ。源泉徴収の制度が同様にあります。ですが、地方税、すなわち住民税においては、それを「源泉徴収」とは呼ばずに「特別徴収」と呼んでいます。

弁 おぉ。別の名称なのですね。

税 地方税たる住民税については、普通徴収および特別徴収の2つの方法があります。地方公共団体宛に従業員が自ら納付する方法が普通徴収です。これに対し、源泉徴収を企業が行う方法が特別徴収です。

弁 企業は、あるいは、従業員は、どちらかを任意に選択できるのでしょうか。

第4章 賃金　185

税　いえ。原則として、企業が特別徴収をすることになっています。根拠規定は地方税法第321条の3および第321条の4です。

弁　従業員が会社に普通徴収を希望しても、普通徴収の選択はできないのですね。

税　原則としてできません。

弁　毎月の特別徴収をした税金は、どのように納められますか？

税　原則として翌月の10日までに区市町村へ納入しなくてはなりません（地方税法第321条の5）。

弁　地方税たる住民税は、後払いなのですよね。

税　ええ。特別徴収制度では、前年度の住民税について、当年の6月から翌年の5月までの12個の月に割り付けて、徴収されます。

弁　納付はどうなりますか？

税　原則としては、特別徴収した分を翌月10日までに納付されなければなりません。例外は、10人未満の企業において年に2回の納付の特例を申請している場合です。

Key points

(1)　住民税には、「道府県民税および都民税（都道府県に納付する税金）」と「市町村民税および特別区民税（市区町村に納付する税金）」の2つの税金があります。そして、住民税の税額は以下の2つ（均等割と所得割）から成り立ちます。住民税は、均等割と所得割の合計額となり、その年の1月1日時点に住所のある市区町村で課税される仕組みです。

　　均等割：一定の所得がある住民に対し、均等に課される税金です。

　　　　前年の所得などの影響を受けません。

　　所得割：前年の所得金額に応じて算出される税金です。税額は前
　　　　　　年の1月1日～12月31日までの所得を基に算出されます。

⑵　源泉徴収は、賃金の全額払いの原則における重大な例外です。他
　の重大な例外として最高裁判所は、調整的相殺を認めています（「福
　島県教組事件」最高裁判所第一小法廷1969年12月18日判決（民集23
　巻12号2495頁）および「群馬県教組事件」最高裁判所第二小法廷
　1970年10月30日判決（民集24巻11号1693頁））。ある賃金計算期間に
　過払いが生じてしまった場合に、その後の期間の賃金から控除して
　調整することです。時期、方法、金額などからみて労働者の経済生
　活の安定を脅かすおそれのない場合、調整して控除することが許容
　されるのです。

第4章　賃金　　187

Ⅳ 賃金額の決まり方および解雇の困難性

Discussion

弁　企業において、従業員のお給料の額はどのように決まるのでしょうね。

税　それはいろいろな要素によるでしょう。

弁　決めるための軸、というか、基本的な考え方、みたいなものはありますかね。

税　ええ、ありますよ。1つの軸は、必要経費方式か、利益分配方式（成果報酬方式）かです。

弁　利益分配方式（成果報酬方式）とは何でしょうか？

税　自分の成果として会社にもたらされた利益に応じて、給与額を決める考え方です。要するに、自分が稼ぎ出す分に依存するというものです。

弁　どんな企業が採用していますか？

税　外資系企業の多くが、基本的な土台として採用している考え方です。

弁　わかりました。家族構成や、どこに住んでいるかなどの属人的な要素は利益分配方式（成果報酬方式）において考慮されないのですか？

税　そのような属人的な要素を度外視します。また、努力や投下した労働時間の長さなど、そういう要素も度外視します。成果、すなわち企業の利益に貢献した分を分配するという方式です。

弁　指標としてわかりやすいですね。

税　外資系企業のようにジョブ型をとる場合、なじみやすいでしょう

ね。従業員のモチベーションを向上させたり、優秀な人材を確保できたりという利点が考えられます。でも、成果が上げにくい従業員にとっては悲惨な結果になるかもしれません。

弁　必要経費方式とは何でしょうか？

税　従業員一人ひとりが生活していくために必要なものがありますよね。食事、住宅、衣服、子どもの教育、などなどです。これらに、大体いくらくらいかかるのかを考えて、これに相当する額を支払うという考え方です。必要経費を1つずつ足し上げていくというイメージですね。

弁　なるほど。理にかなっていますね。生活に困るようでは確かに、仕事を頑張ることは難しいかもしれませんからね。

税　ええ。そうですね。必要経費方式の肝は、成果と無関係ということです。上げる成果が素晴らしくても、あるいはダメでも、基本的に額は変わらないというものです。

弁　あー。成果と無関係に従業員が生きていくのに困らないようなものを支払うという考え方ですね。

税　そうですね。典型的なのは、家族手当とか住居手当です。これらは、成果とまったく無関係なことは明らかですよね。

弁　確かに無関係です。でも、先生。成果に無関係ということは、ですよ。

税　はい。何でしょうか。

弁　成果と無関係、という説明を聞くと、理にかなっていない部分もありますね。だって、仮に頑張って2倍の成果を出しても給料が2倍になるわけではないのですよね。

税　そう。基本的に額は同じであってほとんど変わりません。

弁　そうすると、頑張っても頑張り損ですかね。

税　いえいえ。出世競争において早く出世ができるという利点は、やはりありますよ。ほかには、数ある仕事のうち面白い仕事、やりがいのある仕事を会社が任せてくれる、という利点もね。

第4章　賃金　　189

弁　わかりました。

税　必要経費方式において金額は生活保障給的な色彩を帯びます。年齢、勤続年数、家族構成などの、従業員の属性によって決まる「属人的なもの」なわけです。昔の日系企業の多くが、基本的な土台として採用していた考え方です。メンバーシップ型においてなじみやすいでしょうね。

弁　ありがとうございます。

税　働かない中高年の従業員が高い給料をもらっているといわれることがあります。その理由の1つは、必要経費方式だからですね。

弁　どういうことでしょうか？

税　働かない中高年の従業員であっても、中高年である以上は、新卒の従業員よりは広いところに住んでいるでしょうし、子どもの教育費にもお金がかかるでしょう。ほかにも生きていくために必要な費用として、さまざまなお金がかかるわけです。生活費が高いため、給料が高いということこそ、必要経費方式の帰結になります。

弁　よくわかりました。

税　もちろん、別の理由もあります。Edward P. Lazearの理論によれば、若いころは、生産性を下回る賃金を受け取っているが（アンダーペイメント）、逆に中高年になると生産性を上回る賃金を受け取る（オーヴァーペイメント）、という仕組みです。

弁　そうすると、若いころにもらえなかった分を、中高年になってからもらっているという説明ですね。

税　ええ。

弁　若いころにアンダーペイメントを受け入れるのはなぜでしょうかね。

税　それは、日本の企業の多くで、「その企業にとって特殊な知識」としてたくさんのものが必須だからではないでしょうか？

弁　どういう意味ですか？

税　知識には、2種類ありますよね。どの企業に行っても使える、汎用性がある知識もあります。ところが、その企業でしか使えない、その企業にとって特殊な知識もあります。

弁　そうですね。

税　大卒ですぐに就職する場合、「その企業にとって特殊な知識」について、集中的に教育訓練されます。いわば、企業からすると積極的に投資する期間であり、従業員からすると修行の期間です。

弁　そうしますと、投資・修行の代償として若いころに生産性より低い賃金を受け取るということでしょうかね。

税　はい。この点については、2020年10月号「日本労働研究雑誌」4頁の小野浩氏（一橋大学院教授）の論文「社会・経済の環境変化が賃金に与える影響について」をみていただけますでしょうか。

（ https://www.jil.go.jp/institute/zassi/backnumber/2020/10/pdf/004-018.pdf ）

弁　でも、先生。1つ問題がありそうですよ。

税　何でしょうか？

弁　生きていくのに困らないような額をきちんと支払う、という前提であればよいのですが、今、企業は、生きていくのに困らないような額をきちんと支払っているのでしょうか？

税　え？

弁　生活に必要なお金を「経費」として企業が支払うのなら、経済的に結婚・子どもを諦める正社員なんて、いるはずがないですけれど。実際には多いですよね。

税　なるほど。生活に必要なお金を「経費」として企業が支払っていないということでしょうかね。

弁　んー。そうかもしれません。企業の方も、それだけ支払うことが難しいかもしれませんからね。だからこそ、副業・兼業の解禁を進める方向への要請が安倍政権のころから企業に対し出てきているわけです。

税　現在の政府の立場はどのようなものでしょうか？

弁　厚生労働省も積極的に副業・兼業を推し進めるよう、企業に要請しているといってよいでしょう。

税　企業において、従業員のお給料の額がどのように決まるのかに関して、第一の軸、すなわち、必要経費方式か、利益分配方式（成果報酬方式）かについてお話ししましたが、第二の軸として、職務遂行能力給か、職務給かという点があります。

弁　解説をお願いします。

税　職務給というのはジョブ型（職務主義）の下で採用されているというのはお聞きになられたことがありますか？

弁　もちろんですよ。

税　では、ジョブ型というのは、一体どのようなものなのかおわかりでしょうか。

弁　よくいわれているのは、仕事に人を割り当てる、という説明です。

税　ええ。ですから、その意味をお伺いしているのですが。

弁　えっとぉ。ポストが先にあり、そのポストに応じて給与が決まる、という点ですね。職務が先に決まっていて、その職務にぴったり合う人材をあてがうということだと聞きます。

税　そうですね。それはそうなんですけれどね。

弁　ん？

税　「ポストが先にあり、そのポストに応じて給与が決まる」という点について、先生は本質をおわかりなのでしょうかね。

弁　本質？

税　そう。例えば、たまたま経理に3人分の空きポストがあるとしま

す。3つのポストで同じ仕事をするとします。それらにあてがう人材として、仮に、Aさん、Bさん、Cさんがいるとします。

弁　はい。

税　Aさんは簿記2級、Bさんは税理士、Cさんは弁護士です。さて、ジョブ型を前提として、これら3人を3つのポストにあてがうことを前提に、給与の高い順に3人を並べてください。

弁　えっとぉ。経理ですから、簿記を持っている方が有利ですよね。でも、税理士だとさらに専門的です。弁護士は、経理のことを知っているとは限りません。ですから、Cさんが経理に関する何らかの資格を有する場合を除き、Cさんが一番低くて、Bさんが一番高くて、Aさんは2人の中間でしょう。ですから、Bさん、Aさん、Cさん、という順序のはずです。

税　Cさんが経理に関する何らかの資格を有しているときはどうですか？

弁　そのときはCさん、Bさん、Aさんの順序ではありませんか？

税　ジョブ型を前提とした場合、先生の今の回答は、2つとも大外れです。

弁　は？　んなアホな。

税　ジョブ型を前提とするということは、それぞれのジョブに…もっとわかりやすくいうと、それぞれのポジションに椅子が置かれ、その椅子に値札が付いているようなものなのです。

弁　ほぉ。

税　それぞれの椅子に下げられている値札に書かれてある額は、それぞれのポジションの価値それ自体に依存するわけです。

弁　はい。

税　同じ仕事をする同じポジションが3つあるなら、それらは同じ価値ですよね。ゆえにそれらの椅子には同じ額の値札が下がっている

第4章　賃金　　193

はずです。

弁 あー。とすると、Aさん、Bさん、Cさん、全員同額ということですか?

税 ええ、そのとおり。同額です。仕事の内容が給与を決めるジョブ型を前提とする場合、同じ仕事であれば同額の給与です。

弁 とすると、それぞれの属性には関係ないのですね。

税 関係ありません。

弁 衝撃です。先生、ホンマでっか?

税 同じポジションにいる以上、ポジションの価値は同じで、同じ額の値札がそれらのポジションの椅子には下がっている、というのが職務給の本質なのです。外資系企業で使われるものです。

弁 ありがとうございます。とすると、仮に潜在的能力が高くても低くても、仮にいくら年齢が高くても低くても、ポジションが同じなら、同じ額の値札の椅子に座るので、給料は同じということでしょうか。

税 そのとおりですね。

弁 だから、歳上の部下などごろごろいる、というわけですね。

税 はい。年齢は基本的には関係ありません。ヒラのポジションにいればヒラの給与額が支払われます。アソシエイトのポジションにいればアソシエイトの給与額が支払われます。マネージャーのポジションにいればマネージャーの給与額が支払われます。

弁 それぞれのポジションの椅子に値札が下がってるなんて、あまりに簡潔すぎますね。

税 そして、同様に重要なことは、ポストの数につき、最初から決まっていて定員があるということです。

弁 ということは、人の数に合わせてポストの数は増減しないということですか?

税　そうです。増減しません。ポストの数に合わせて人の数を増減します。

弁　わかりました。

税　その椅子に座ることを前提に採用しているので、他のポストに配置転換することは基本的に予定されていません。

弁　へぇ。そうなんですね。職務給をとることの最大の利点は何なのでしょうか？

税　人件費の総額が増額されないということでしょうかね。

弁　どういう趣旨でしょうか？

税　売上高、顧客数などの要素からポストの数が決まってしまうのです。そして、それぞれのポストには値札が付いているわけです。そうすると、定員という要素と値札に記載された額という要素の2つが決まるため、給与の総額は当然にほぼ一定になりますよね。

弁　なるほどねぇ。わかりました。えっとぉ。以上のジョブ型・職務給に対し、職務遂行能力給とはどのような考え方でしょうか。

税　日系企業の多くは、企業就職型＝メンバーシップ型であることを知っていますか？

弁　聞いたことはあります。それはどういう意味なんでしょうか？

税　企業に入社して社員になるということは、企業という排他的クラブのメンバーになることです。

弁　え？　企業に入社して社員になるということは、社員が労務を提供して企業が賃金を支払う内容の契約関係ではないのですか？　労働契約法第6条にはっきりそう書いてありますけれど…。

税　法的には先生のおっしゃるとおりです。

弁　企業による募集が労働契約申込の誘引であり、応募または受験は労働契約申込であり、採用内定通知の発信が労働契約の承諾である、という考え方が、最高裁の述べる大原則です（「大日本印刷事件」最

第4章　賃金　　195

高裁判所第二小法廷1979年7月20日判決（民集33巻5号582頁）および「電電公社近畿電通局事件」最高裁判所第二小法廷1980年5月30日判決（民集34巻3号508頁））。

税　あー。そうなんですねぇ。それらの最高裁判決については存じあげませんでした。

弁　法的には今、述べたとおりなんですが。

税　でも、実務的には、違います。

弁　え？　先生、まじ？

税　企業というのは、実務的には一種の排他的クラブと位置付けられるんですよね。したがって、入社というのは、その排他的クラブに加入するということです。

弁　へぇ。

税　従業員側から、「企業という排他的クラブの一員となり、他のメンバーと一緒になって企業に尽くします」という申し込みがあります。これに応えて、企業は「では、当排他的クラブの一員となって尽くしてくださいね」と、メンバーとしての地位を設定する旨の承諾をしていると考えられます。

弁　なるほどぉ。

税　このような、排他的クラブたる日系企業においては、強力な人事権の下、どこの部署に配属され、どんな仕事をさせられるかわかりません。それは、排他的クラブの方が決定権を持つことです。

弁　実務的にはそうなんですよね、確かに。

税　でも、その代わり、「とんでもないことをしない限り、定年まで在籍し続けていいよ」という暗黙の約束があります。

弁　法的にみたときですが、確かに、解雇をすることは非常に困難です。「解雇権濫用法理」と呼ばれます。解雇権濫用法理を明示する労働契約法第16条は、客観的に合理的理由を欠き社会通念上相当で

あると認められない場合、解雇はできないと定めています。

㊙ 解雇権濫用法理を明示する労働契約法第16条ですが、言葉遣いが難しいですね。要するにどういうことでしょうか?

㢢 平たくいえば、「雇用契約というのはもともと長期的かつ継続的なものなんだから、一方的にぶった切る解雇なんて、ほぼ絶対に認めないよ」という趣旨です。これはつまり、よほどのことがない限り定年まで在籍し続けていいよということです。

㊙ それはすなわち、「定年まで君と君の家族の面倒をみてあげるよ」ということと、まさに同義ですよね?

㢢 はい。先生のご説明によると、その代わり、強力な人事権に従え、ということですね。

㊙ ええ。そして、排他的クラブたる日系企業に在籍し続けるということは、年々、少しずつ、個人の能力(それを「職務遂行能力」と呼びます)が上昇するということを意味します。この前提で、日系企業の多くは「職務遂行能力等級」を敷いています。

㢢 職務遂行能力給というのは、個人に職務遂行能力等級が付されることを前提にしますか?

㊙ はい。この職務遂行能力等級に応じて給与額が決まります。職務遂行能力等級には定員がありません。ポストの数にも定員がありません。

㢢 わかりました。だからこそ、排他的クラブたる日系企業では、1つのポストにいろいろな等級の人たちが混在するのですね。

㊙ ええ。例えば、「主任」というポストには、「職務遂行能力等級」2等級、3等級、4等級が、「係長」というポストには、「職務遂行能力等級」4等級、5等級が、という具合に。

㢢 わかりました。職務遂行能力等級には定員がないんですね。

㊙ 先ほど述べたように、ありません。また、ポスト、すなわちポジションの数にも定員がありません。ですから、もし昇進できる能力を獲

第4章 賃金 197

得したときにポストが埋まっていたとしても等級は上がります。

弁　職務遂行能力給というのはいつごろから定着してきたのですか？

税　現在の日本経団連の前身団体の1つである「日本経営者団体連盟」が、1969年に、職務遂行能力に応じて従業員を格付けして、これに基づいて処遇を決める職務遂行能力資格制度の導入を「能力主義管理…その理論と実践」で提言しています。

弁　これまで「職務遂行能力給」か、「職務給」か、という軸の説明を先生よりお伺いしましたが、解雇困難性について、一層深く理解できたように感じます。

税　ん？

弁　先生の説明によると、まず、ジョブ型（職務給）の下では、人の数に合わせてポストの数は増減せずに、むしろポストの数に合わせて人の数を増減するということでしたね。とすると、ポストがなくなると解雇ができますし、ポストにふさわしくないパフォーマンス不良の人は解雇できます、という結論がみえてきます。

税　なるほどぉ。ジョブ型（職務給）の会社としてはその仕事をこなしてさえもらえればよいという薄い結び付きの前提ですからねぇ。

弁　もし、昇進できる能力を獲得したけどポストが埋まっていたという場合には、出世できないので、ずっと同じポストにいるか転職することとなりますねぇ。

税　あー。そうですね。

弁　それに対し、企業就職メンバーシップ型（職務遂行能力主義、職務遂行能力給）の会社では、個人の職務遂行能力が上昇する前提で、その能力に見合う職務をあてがうということですよね。

税　ええ。

弁　職務遂行能力等級で給与が決まり、職務遂行能力等級には定員がなく、ポストの数にも定員がないということであれば、強い人事権

を持つ日系企業において、原則は配置転換が企業の自由裁量なのですから、有している強い人事権を使って、パフォーマンス不良の従業員について解雇せずに配置転換で動かしなさいといわれる、ということですよ。

㊣ なるほどぉ。だから、解雇が阻まれるということですね。私も今、気付きました。

㊡ 職務遂行能力主義の企業では、総人件費はどうなるのでしょうか。

㊣ 等級ランクごとの定員はありません。これが職務給の場合と異なるところです。定員がないため、相応の経験を積んで職務遂行能力を上昇させてしまう労働者は、昇給してしまいます。従い、総人件費は上昇します。

㊡ 以下、*Key points*でまとめてみましょう。

Key Points

上記の2人のやり取りをまとめると以下のとおりです。

(1)　企業就職メンバーシップ型（職務遂行能力主義、職務遂行能力給）

個人の能力が上昇する前提で、個人の能力に合う職務をあてがいます。職務遂行能力というのは、勤続によって蓄積されていく保有能力であることが前提です。このため、「いったん蓄積された職務遂行能力が下がる」という事態は本来的に、想定されていません。職務遂行能力の等級で給与が決まります。職務遂行能力の等級には定員がありません。ポストの数にも定員がありません。強い人事権を持つため、原則的に、配置転換は会社の自由です。強い人事権を持っているのだか

第4章　賃金　199

ら、パフォーマンス不良の人も解雇せずに動かしなさいといわれます。上に昇進できる能力を獲得したときにポストが埋まっていたとしても等級は上になります。従業員が育って、ある職務遂行能力を獲得してしまうと、次の職務遂行能力等級に上がってしまいます。このため、総人件費が増える可能性があります。

(2) ジョブ型（職務主義、職務給）

職務にぴったり合う人材をあてがいます。ポスト限定採用です。いうなればそれぞれのポストに値札がかかっていて、その額に応じて給与が決まります。同一のポストである以上は同一の賃金です。ポストの数は末端のポストに至るまで最初から決まっていて定員があります（人の数に合わせてポストの数は増減しません。ポストの数に合わせて人の数を増減します。このため、総人件費を企業が掌握できます）。強い人事権を企業は持たず、結果、従業員の同意がないと他のポストに動かすことはできません。ポストがなくなると解雇ができます。ポストにふさわしくないパフォーマンス不良の人は解雇できます。会社としては「その仕事をこなしてさえもらえればよい」という薄い結び付きの前提です。年齢は関係ありません。あるポジションで採用する際、「将来、昇進できる人材を求職者に求めよう」という発想は希薄です。もし上に昇進できる能力を獲得したけどポストが埋まっていたら、出世できないので転職することとなります。

実務的にみると多くの企業は、両方を混ぜた制度をとっていることがほとんどです。例えば、管理職以上についてはジョブ型を基本とし定員を設けますが、管理職未満の一般従業員に関しては定員を設けず職務遂行能力等級を用いるなどです。

賃上げ税制および最低賃金法

Discussion

弁　政府は、賃上げに取り組む企業を応援するといっていますね。

税　ええ。岸田文雄前首相の肝いりです。2021年12月10日に自由民主党および公明党が連名で出した「令和4年度税制改正大綱」に盛り込まれました。

（https://storage2.jimin.jp/pdf/news/policy/202382_1.pdf）

弁　簡単にいうとどういうものなのですか？

税　簡単にいうと「法人税等の負担が軽減されるもの」です。

弁　先生…。ちょっと簡単すぎて、わかりにくいんですけど。

税　すみません。「従業員の給与総額（ボーナスを含みます）を一定率以上増やすことなどをした企業を対象にして、給与総額の増加率に応じて給与総額の増加分の一定割合を税額控除として使うことができ、それにより法人税等の負担が軽減されるもの」です。

弁　給与総額の増加分の一定割合に相当する金額について、そっくりそのまま法人税等の納付額が減る仕組みとなっている、ということですか？

税　ええ、簡単にいうとそうですね。まず、2021年4月1日から2022年3月31日までの期間に事業年度が開始する場合ですが、中小企業において、雇用者給与等支給額が前年度に比べて1.5％以上の増加

をみたなら、控除対象雇用者給与等支給増加額の15％を法人税額または所得税額から控除しようというものでした。雇用者給与等支給額が前年度に比べて2.5％以上の増加をみたなら、教育訓練費が前年度と比べて10％以上の増加などの要件を満たすことを前提に、税額控除率を10％上乗せする、という上乗せ要件も付いていました。

弁　ありがとうございます。

税　次に、2022年4月1日から2024年3月31日までの期間に事業年度が開始する場合ですが、中小企業において、雇用者給与等支給額が前年度に比べて1.5％以上の増加をみたなら、控除対象雇用者給与等支給増加額の15％を法人税額または所得税額から控除しようという点は変わっていませんでした。変わったのは、雇用者給与等支給額が前年度に比べて2.5％以上の増加をみたなら、税額控除率を15％上乗せし、教育訓練費が前年度と比べて10％以上の増加をみたなら、税額控除率を10％上乗せする、という上乗せ要件です。

（ https://www.chusho.meti.go.jp/zaimu/zeisei/syotokukakudai/ chinnagesokushin04gudebook.pdf ）

弁　上乗せ要件が緩和されていますね。

税　ええ。そして、大企業について、詳細は割愛しますが、2022年4月1日から2024年3月31日までの期間に事業年度が開始する場合ですが、以下のとおりでした。

（https://www.meti.go.jp/policy/economy/jinzai/ syotokukakudaisokushin/pdf/chinagesokushinzeisei_ gb_20230418multi.pdf）

弁 ありがとうございます。

税 さて、現在、すなわち、2024年4月1日から2027年3月31日までの期間に事業年度が開始する場合ですが、次のパンフレットにあるような特典を与えています。

●全企業向けのものとして、

継続雇用者の給与等支給額が前年比で

　＋3％　　税額控除率10％

　＋4％　　税額控除率15％

　＋5％　　税額控除率20％

　＋7％　　税額控除率25％

上乗せ要件として教育訓練費が前年比＋10%なら税額控除率を5%上乗せ

更なる上乗せ要件としてプラチナくるみんまたはプラチナえるぼしを取得しているなら税額控除率を5％上乗せ

●新設された中「堅」企業（従業員数2,000人以上）向けのものとして、

継続雇用者の給与等支給額が前年比で

　＋3％　　税額控除率10％

　＋4％　　税額控除率25％

上乗せ要件として教育訓練費が前年比＋10%なら税額控除率を5％上乗せ

更なる上乗せ要件としてプラチナくるみんまたはえるぼし三段階目以上を取得しているなら税額控除率を5%上乗せ

●中「小」企業（資本金1億円以下または従業員数1000人以下）向けのものとして、

継続雇用者の給与等支給額が前年比で

> ＋1.5%　税額控除率15%
> ＋2.5%　税額控除率30%
> 上乗せ要件として教育訓練費が前年比＋５％なら税額控除率を10%上乗せ
> 更なる上乗せ要件としてくるみんまたはえるぼし二段階目以上を取得しているなら税額控除率を５％上乗せ

（ https://www.chusho.meti.go.jp/zaimu/zeisei/syotokukakudai/chinnagesokushinzeisei2024.pdf ）

🟦弁　「更なる上乗せ要件」が、「くるみん」（次世代育成支援対策推進法）や「えるぼし」（女性活躍推進法）と連携されているのは興味深いです。

🟦税　日本経団連は、2024年1月16日、『2024年版 経営労働政策特別委員会報告─デフレ完全脱却に向けた「成長と分配の好循環」の加速─』を発表しています。賃上げの歯車を回すことに、日本経済の未来がかかっていると強調した上で、2023年を超える熱量と決意で春闘に望む意思を示していました。デフレから完全脱却できる最後の機会だというのです。

（ https://www.keidanren.or.jp/policy/2024/004.html ）

🟦弁　経営側として、ずいぶん思い切りましたね。

🟦税　ええ。危機感が強いのだと思いますよ。そして、これに対する連合の意見は以下のとおり、2024年1月17日に表明されています。

（ https://www.jtuc-rengo.or.jp/news/article_detail.php?id=1286 ）

弁　方向性は概ね一致していますね。

税　はい。そして、実際の結果は、以下のとおりです。

（https://www.keidanren.or.jp/policy/2024/040.pdf）

（https://www.keidanren.or.jp/policy/2024/045.pdf）

弁　ありがとうございます。

税　デフレ完全脱却のため、賃上げは、決して悪いことではないと思われるのですが、逡巡する企業が少なくないのはなぜでしょうか。

弁　理由の1つは、労働法の下、賃金は最も大切な労働条件とされているからです。一度賃上げをしてしまうと、真摯な同意があるときを除き、なかなか賃下げをすることができないのですよ。

税　なるほどぉ。

弁　岸田文雄前首相は次期総裁選に出馬しませんでしたね。次の石破茂総理が賃上げ税制を維持するのか否か注目してみましょう。

税　賃金に対する規制として、5原則を先ほどみましたが、これ以外に典型的な規制としては何がありますか？

弁　最低賃金の定めです。

税　それって、最低賃金法のことですか？

弁　はい。そうです。本来、日本には「契約の自由の原則」がありますよね。ですから、契約自由の原則に依拠するならどんな賃金の定めでもいいはずです。

税　理論上は確かにそうですね。

弁　でも、契約自由の原則に完全に依拠すると、めちゃくちゃ安い賃金で雇われる労働者が続出するかもしれません。これでは、国の秩序を保つことはできません。

第4章　賃金　205

税 そこで、国が介入して、「せめてこのくらいは少なくとも支払ってね」と定めているというのが最低賃金法ですか?

弁 そのとおりです。最低賃金法第4条第1項にて、最低賃金額以上の賃金を支払わなければならないとされています。

税 最低賃金って、確か都道府県ごとに異なるのですよね。

弁 そう。そのとおりです。そして、毎年、見直されます。

税 現在はいくらですか?

弁 2024年10月からは次のとおりです。全国の加重平均は1,000円を超えていて、現在、1,004円です。

（https://www.mhlw.go.jp/stf/seisakunitsuite/bunya/koyou_roudou/roudoukijun/minimumichiran/index.html）

税 都道府県のうち、1,000円を超えているのは、以下ですね。

北海道	1,010円
茨城	1,005円
栃木	1,004円
埼玉	1,078円
千葉	1,076円
東京	1,163円
神奈川	1,162円
岐阜	1,001円
静岡	1,034円
愛知	1,077円
三重	1,023円
滋賀	1,017円

京都	1,058円
大阪	1,114円
兵庫	1,052円
広島	1,020円

弁　2021年5月の菅義偉元首相のころのことですが、最低賃金の引き上げを目指し全国平均時給1,000円と菅義偉元首相は強調していましたね。

税　最低賃金額を割り込んだ額を支払う場合、法的効果はどのようになるのですか？

弁　最低賃金法第4条第2項により、労働契約のうち、その部分について約束は無効です。そして、無効になった部分に関しては、最低賃金額と同額の定めをしたものとみなされることとなっています。

税　そうしますと、最低賃金額未満を支払う場合には常に無効になるのですね。

弁　原則はそのとおりですね。法に反する約束を無効とするので、強行法規と呼ばれます。もっとも、例外はあるのですよ。

税　例えば何ですか？

弁　精神障害や身体障害のため著しく労働能力の低い労働者、試用期間中の労働者などについては、都道府県労働局長の許可を受けて最低賃金未満を支払うことが許される場合があります（最低賃金法第7条）。

Key Points

(1) 労働法（企業と労働者）や競争確保法（企業と企業）は、沿革的に、

「契約自由の原則をそのまま貫くと弊害が大きいので、力の弱い者のために契約自由の原則を大幅に修正し、無理やりねじ曲げる法体系」です。労働法分野における、その典型的な表れが最低賃金法です。「契約締結の段階において、最低限、せめてxxx円くらいは少なくとも支払う約束を交してね」という内容です。あまり知られていないことですが、実は、最低賃金法はもともと労働基準法の一部でした。この点は、労働基準法第29条〜31条により明らかです。

(2) 最低賃金法により最低賃金額を割り込むことができないのが原則です。この計算は具体的には以下のとおりです。

- 月給を「1か月の平均所定労働時間」で除した額が、最低賃金額以上でなければなりません（最低賃金法第4条第1項、最低賃金法施行規則第2条第1項第3号）。
- 分子に、住居手当、職務手当は入れ込みますが、臨時に支払われる賃金（結婚手当、病気見舞金、退職金）、賞与、時間外労働手当、休日労働手当、深夜労働手当、精皆勤手当、通勤手当、家族手当を除きます（最低賃金法第4条第3項、最低賃金法施行規則第1条）

(3) 競争確保法の分野では、「契約締結の段階において、最低限、せめてxxx円くらいは少なくとも支払う約束を交してね」という点を、一義的な数字を使って要請している法律はありません。しかし、賃上げを目指す政府は、価格転嫁の実現に本気のようです。したがって、「取引上の地位が相手方に優越している事業者が、取引の相手方に対し、一方的に、著しく低い対価での取引を要請する場合には、優越的地位の濫用として問題となるおそれ」がある、と公正取引委員会はQ&Aで示しています（Q20）。

（https://www.jftc.go.jp/dk/dk_qa.html）

　また、中小企業庁取引課は各地に相談窓口を設置するとともに、「価格交渉ハンドブック　価格転嫁の実現に向けた交渉準備」を2023年6月に公表しています。

（https://www.meti.go.jp/press/2023/07/20230710003/20230710003.html）
（https://www.meti.go.jp/press/2023/07/20230710003/20230710003-1.pdf）

　さらに、すでにみたとおり、公正取引委員会が2023年11月29日に「労務費の適切な転嫁のための価格交渉に関する指針」を公表しています。

（https://www.jftc.go.jp/dk/guideline/unyoukijun/romuhitenka.html）

　そして、とうとう中小企業庁は、価格交渉で価格転嫁の実現に後ろ向きな大企業について企業名の公表を始めました。最新の発表は2024年8月2日分です。

（https://www.chusho.meti.go.jp/keiei/torihiki/follow-up/dl/202403/result_02.pdf）

 賃金減額

Discussion

🏛 労働者が同意をしさえすれば、賃金の引き下げは可能ですか？

⚖ それはもちろん可能です。ですが、問題は、裁判所が労働者の同意の存在を簡単には認めてくれていないことです。

🏛 それは黙示の同意の場合ですか？

⚖ 明示の同意でも黙示の同意でも、両方です。

🏛 企業側からするとそれはきついですね。

⚖ まず、明示の同意の場合につきまして、有名な「山梨県民信用組合事件」最高裁判所第二小法廷2016年2月19日判決（民集第70巻2号123頁）があります。同意書への署名という明示の同意がありました。ですが、具体的な不利益の内容や程度について情報提供や説明が行われる必要があったにもかかわらずこれが不十分であったというのです。

🏛 そうだったんですね。

⚖ ええ。実務家としては非常に衝撃を受けました。最高裁は次のように述べています。

> 「当該変更により労働者にもたらされる不利益の内容及び程度、労働者により当該行為がされるに至った経緯及びその態様、当該行為に先立つ労働者への情報提供又は説明の内容等に照らして、当該行為が労働者の自由な意思に基づいてなされたものと認める

> に足りる合理的な理由が客観的に存在するか否かという観点からも、判断されるべき」

（https://www.courts.go.jp/app/files/hanrei_jp/681/085681_hanrei.pdf）

[税]　裁判所は明示の同意ですら認定に慎重を期しているとなると、黙示の同意についてはさらに慎重なのでしょうね。

[弁]　ええ。何に同意するのか内容が不明確で労働者が正確な認識を欠いていることも多くあります。会社の雰囲気など有形無形の圧力もあり得るでしょう。そうなると、真意によらず異議を述べない（減額後の給与額の）受領などをせざるを得ない場面が十分にあり得るからです。

[税]　賃金について一緒にいろいろ勉強してきました。賃金は労働条件のうち最も重要なものですから、法律や判例により非常に強く保護されているのですね。

Key Points

(1)　賃金に関する重要な法規制として、労働法の面からは、賃金支払確保法が挙げられます。賃金支払遅延の場合の遅延利息は、改正民法施行の結果、2020年４月から2023年３月まで年３％でした（民法第404条第２項）。そして、この利率は、2023年４月から2026年３月までも維持されます。

（https://www.moj.go.jp/MINJI/minji07_00317.html）

⑵　ところが、従業員が退職してしまったら、賃金支払確保法第6条第1項および賃金支払確保法施行令第1条により、年14.6％になります。「14.6」というのは半端な数字にみえますが、実は「365」で割り切ることができます。ぜひ、割り算してみてください。

⑶　税務面からの、賃金に関する重要な法規制として、給与明細が挙げられます。給与明細書については、所得税法第231条で発行が義務付けられているのです。

第5章　離職

Ⅰ　パフォーマンス不良の場合の解雇困難性
Ⅱ　離職勧奨
Ⅲ　解雇に対する法規制
Ⅳ　経済的理由を原因とする解雇
Ⅴ　経済的理由を原因とする希望退職募集および個別の離職勧奨
Ⅵ　退職に際して

Ⅰ パフォーマンス不良の場合の解雇困難性

Discussion

㊃ 第4章にてご説明いただいたように、メンバーシップ型の日本企業における職務資格制度の下では、能力不足の従業員の解雇が阻まれます。配置転換という強力な人事権を行使すればいいため、「解雇せず、どこか別部署に動かせばいいじゃないか」ということになります。

弁 そのとおりです。でもね、先生。能力不足の従業員について解雇が阻まれるという理由についてはもう1つの説明がありますよ。

㊃ え、そうなんですか？ それはぜひお伺いしたいですね。

弁 ある労働者の「能力不足」という状態について、企業の中では、結構明らかだったりします。

㊃ ん？「明らか」とは？

弁 だって、能力不足の従業員が実際に物理的に目の前にいますからね。直属の上司や同僚は、さぞよくわかっているでしょう。「あいつ、毎日、毎日一体何をやってんの？ デキが悪いよねぇ」と。

㊃ そうですねぇ。それも、日常的なレベルでわかっているでしょうね。目の前にいる以上、確かに能力不足という状態はほぼ毎日露呈しているのであろうと思われます。

弁 としますと、一見して明らかですよね。ゆえに、証明不要なのです。企業内ではね。

㊃ あぁ、なるほどね。確かに、毎日、事実として能力不足という状態が目の前に明らかにあれば証明不要でしょう。

弁　でもね、能力不足の従業員は、少なからぬ割合で自分のことを能力不足だとは思っていませんよね。

税　ほぉ。そのとおりかもしれません。誰でも自分のことはかわいいですからね。

弁　はい。そこが問題になるわけです。能力不足の従業員が能力不足という状態を認めてくれればよいのですが。

税　必ずしもそうではないということですね。

弁　むしろ「自分は素晴らしい」と思っている従業員が多いですよ。もし能力不足の従業員の多くが自分のことを能力不足と思っていないとすると、能力不足であると断定する方法は何なのか、ということとなのです。

税　ほぉ。それは従業員の日常のパフォーマンスに照らし、直属の上司の意見を基礎にして企業が断定するということではないのですか？

弁　ええ。それは、紛争が起こる前はそうでしょうね。でも、紛争が起こった場合はどうでしょうか。

税　ああ。従業員と紛争になってしまう場合には、能力不足という状態について断定できるのは、直属の上司ではありませんね。

弁　直属の上司ではなく、人事部長でも、人事担当取締役でも、代表取締役でもありません。断定するのは、**裁判所にいる裁判官**です。

税　なるほどぉ。ということは、立証の問題になるという意味ですか？

弁　ええ。そうです。そしてこの「立証」という作業はとても大変です。

税　大変なんですかね？

弁　ええ。職場において明らかなことがね、裁判所でも同様に明らかなのかどうかわかりませんからね。同じ熱量を裁判所に届けられているかわからないですもの。

税　ほぉ。わかりました。企業内で証明不要なほど明らかだとしても、企業外で証明不要なほど明らかかどうかわからないということですね。

第5章　離職　　215

弁　ええ。企業外では証明が必要となります。そして立証の責任は実務上、すべて企業にあります。

税　指摘されると当たり前のことですが、今まで気が付きませんでした。

弁　日ごろ、職場において能力不足という状態を露呈していて、証明不要であるとしても、その状態をそのままの熱量を持って、裁判所という場所に届けられるのか、という点の勝負になります。

税　そういわれてしまいますと、そのままの熱量を持って裁判所に届けるという作業は大変そうです。だって、職場と裁判所とでは距離がありますから。

弁　おっしゃるとおりです。職場では明らかゆえ立証「不要」なことも、裁判所では立証「必要」ということが、多くの企業を悩ませることですね。

税　ある労働者の解雇を視野に入れる際、能力不足の事実について、職場におけるそのままの熱量をそのままの形で裁判所に届けられるよう、企業が気を付けるべき点は何でしょうか？

弁　抽象的にいえば、労働契約の継続を期待できないほど重大かつ深刻な能力不足という状態があり、これが改善是正の余地なく将来にわたって継続されると予測されるということを示す、ということになるでしょう。

税　難しいですね。

弁　権威ある学者がいっているわけではなくて、あくまでも、私見ですけれどね。具体的には次の5点です。

(a)　従業員の能力不足の事実を示す、具体的点数あるいは評価そのもの

(b)　従業員の能力不足の事実を構成する具体的な発言、行動、懈怠など

(c) 従業員の能力不足が従業員自らのせいだといえる事実

(d) 従業員の能力不足の事実がしばらく継続したこと

(e) 教育研修訓練指導やパフォーマンス改善計画（PIP）、配置転換等により従業員に改善の機会を与えたこと

税　それぞれ、詳述していただけますか？

弁　(a)は、毎年や半期ごとの評価の際に、例えば1から5までの5段階評価（「1」が悪くて「5」が良い場合）で「1」が付いている、ということです。あるいはS、A、B、C、Dの5段階評価（「S」が良くて「D」が悪い場合）で「D」が付いている、ということを意味します。もし、このような数字やアルファベットでの評価でなく、文書での評価なら、悪いことを示す内容がきちんと書かれていることです。

税　ええ？　そんなことですか。そんなの簡単じゃないでしょうか。だって、企業は人事評価で単に「1」や「D」と書けばいいということでしょ？　あるいは、悪い評価内容を記しておけばよいということですよね？

弁　いえいえ。実務的に簡単ではないのです。理由は、非常に多くの場合に、対象労働者に忖度して、悪い評価をつけない、ということがあります。よく聞く理由は、「傷つけたりやる気をなくさせたりしないように」あるいは、「うちの会社ではそんなに悪い点数を付ける文化がないから」あるいは、「対象労働者が文句を言い出したらうるさいから」などなどさまざまです。

税　あぁ。なるほど。そういう事態なら生じ得ることはわかります。

弁　このため多くの事案では、(a)の立証で失敗します。悪い評価が付いていないなら、どうして能力不足という状態を立証することができるでしょうか。私でもそれは無理ですよ。魔法使いではないので。

税　では、「2」や「C」といった評価ならどうなるのですか？

第5章　離職　217

弁　それらの評価は悪い評価だけれども、労働契約の継続を期待でき
ないほど重大かつ深刻な能力不足という状態ではない、ということ
になります。特に外資系企業においては、もともとの基準を高く設
定する企業もあるので、そこに未達だから直ぐに「労働契約の継続
を期待できないほど重大かつ深刻な能力不足」とはいいにくいで
しょうね。「基準がたまたま高いだけであるため、基準を下げればい
いのではないか」という発想を裁判官が持つでしょう。

税　そうなると、(a)の要件が満たされません、ということですね。

弁　ええ。

税　わかりました。(b)はどのようなことですか？

弁　仮に「1」や「D」がついていたとしても、それは、どのような行為、
発言、あるいは懈怠によって生じたものなのか、という具体的なエ
ピソードになります。

税　あぁ。なるほどぉ。でも、それこそ立証は簡単ではないでしょうか。
だって、過去の事実ですし。

弁　まぁ、一見そう思えるのですがね。でも、まさか（公式な形で）訴
訟になると思っていないから、あるいは（弁護士が入る）非公式の
争いになると思っていないから、企業がいちいち記録を付けていな
かったという例が散見されます。

税　なるほどぉ。確かに、今、目の前にいる対象労働者と将来において
非公式または公式の争いになるとは、上司や企業はいちいち思わな
いでしょうね。

弁　そう。しかもね、日系の企業って担当者が配置転換で数年ごとに
変わりますよね。外資系企業でも担当者が転職すれば、数年後には
いないかもしれません。

税　あぁ。ということは、昔、能力不足という状態についてよく知っ
ていた上司や同僚が、もうその職場にいないという事態があり得る

218

ということですか。

弁　そう。ですから、職場に記録がまったくないとか、職場として完全に忘れてしまっているとか、そういうことが多々あります。

税　それは立証の目的としてはきついですね。

弁　それだけではありません。仮に覚えていたとしても、上司や同僚が自分の名前を出して「陳述書」という形で「xxxさんは非常に能力不足な従業員でした」といえるか、という問題があります。

税　どうしてそれが問題なのですか？

弁　だって、公に他人の悪口を堂々というのですよ。それはどんな人にだって勇気がいる行為でしょう。

税　あぁ。そうですねぇ。しかも、「お礼参り」を受ける可能性が怖いですものね。そんなことは多分されないとはわかっていても。

弁　恨まれるのは怖いですよねぇ。さらに(C)です。先ほども話に出ましたが、能力不足の従業員のほとんどが、自分のことを能力不足と思っていないばかりか、仮に能力不足だとしてもそれを自分のせいだと認めたくないのです。

税　あぁ。確かにねぇ。人は、自分がかわいいですからね。人間の性というか、本性というか。自分のことを能力不足だとは思いたくないし、仮に能力不足だとしてもそれが自分に帰責されるとは絶対に思いたくないでしょうねぇ。

弁　そうそう。ですから、仮に能力不足という状態が理解できたとしても、それを他人のせいや他の事柄のせいにすることが結構あります。

税　例えば誰のせいにするのですか？

弁　「教育研修訓練指導を怠った上司が悪い」「協力を怠った同僚が悪い」「要求が強すぎる顧客が悪い」「コロナのせい」などいろいろ聞きます。

税　でも、それらの中には、本当のこともあります。つまり、本当に、本人のせいではないことだってありますよね。

第5章　離職　219

弁　ええ。真実として、他人のせいや他の事情のせいということもありますよ。

税　だって、例えばコロナの時期なんて、多くの業態において売上をあげようとしてもうまくいかない外的要因があったではありませんか。あるいは上司が能力不足だったという事態も頻繁にあり得ます。

弁　そう。とすると、おそらく能力不足による解雇は認められませんね。自分側の事情以外のこと、外的要因があるとしたら対象労働者のせいではないですからね。

税　その場合、当該労働者の能力不足という状態を立証することはできないという意味ですね。わかりました。(d)はどのようなことですか？

弁　能力不足という状態が短期間であれば、「調子の悪いときなんて、誰だってあるよね。人間なんだから」という発想になるでしょう。(d)を立証するためには、しばらくの間、継続して能力不足という状態が続いていることが必要です。

税　しばらくの間というのはどのくらいですか？

弁　それはときと場合によりますがね。せめて2～3対象期間の継続は必須でしょう。1対象期間ではちょっとねぇ。(d)を充足するのは非常に困難でしょうね。

税　以上の(a)～(d)が、「労働契約の継続を期待できないほど重大かつ深刻な能力不足という状態」の立証ということですか？

弁　はい。でも、「労働契約の継続を期待できないほど重大かつ深刻な能力不足という状態」の立証だけでは足りません。

税　足りない部分を補うのが、最後の(e)ですね。

弁　メンバーシップ型の日本企業における職務資格制度の下では、配置転換という強力な人事権を行使すればいいわけです。あるいは、教育研修訓練指導をきちんと施し、機会を与えてみることが必須なわけです。ですので、配置転換や教育研修訓練指導をしてみたもの

の、それでもダメだった、という事実が必須です。

税　そんなことまで企業が立証を要求されるとすると、能力不足を理由にするなら、実務的には、ほぼ絶対に解雇できないということですね。

弁　ええ。この(e)は、「能力不足という状態が改善是正の余地なく将来にわたって継続すると予測される」ということを立証しているのと同等なのですがね。企業としてはとりあえず配置転換や教育研修訓練指導をしないといけませんので大変です。

税　そうなんですかね。

弁　ええ。配置転換の場合、本当に受け入れてくれる部署があるのか、という話になります。だって、ある部署で「能力不足の従業員」と社内認定されている対象労働者を使ってみたいという部署がほかにあるなんて、およそ想像しにくいでしょ？　仮に配置転換したとして、どんな仕事を任せればいいのか、それを無理やり考え出すのも、企業としては大変です。

税　なるほどぉ。

弁　教育研修訓練指導といっても、上司の貴重な時間を割いて、いちいち点検しなくてはいけないかもしれません。これも企業としては非常に大変ですよ。

税　(a)〜(e)をすべて充足することは至難の業ですね。

弁　まれにこれら全部を充足する場合があります。その場合には解雇を強行することはあるでしょう。

税　その場合には、30日以上前の解雇予告をするか、または30日分以上の解雇予告手当を支払うかのどちらかの手段ですね。

弁　そうです。労働基準法第20条にそのように記されています。

税　第4章で、解雇権濫用法理をうたう労働契約法第16条に触れていましたね。これと労働基準法第20条との関係はどうなるのですか？

弁　実体的な要件と手続的な要件の違いです。労働契約法第16条は

第5章　離職　221

実体的な要件、労働基準法第20条は手続的な要件です。

㊁　解雇を強行するためには、両方が充足されていなければならないということでしょうか?

㊁　そのとおりですね。思考の順序としては、「実体的な要件→手続的な要件」となります。30日以上前の解雇予告をするか、または30日分以上の解雇予告手当を支払うかのどちらかの手段をとりさえすれば解雇を強行することができるわけではありません。それは手続的な要件です。その前に、実体的な要件が満たされているかどうかを確認します。それが先ほどの(a)〜(e)なわけです。

㊁　わかりました。ところで、解雇予告手当については、所得税法でどう扱われているかご存じですか?

㊁　いえ。存じあげません。

㊁　実は通達がありましてね。所得税基本通達30-5に「退職手当等に該当する」という明文の記載があります。

（ https://www.nta.go.jp/taxes/shiraberu/taxanswer/gensen/2736.htm ）

㊁　「給与所得」ではないのですね。

㊁　そうです。

㊁　確かに、かつての労働省の時代の通達でも、解雇予告手当が賃金でないことは明示されています。1948年8月18日基収2520号です。

㊁　支払時期はいつなのでしょうか?

㊁　支払時期については、解雇の申し渡しと同時に支払わなければならない旨が通達で明示されています。1948年3月17日基発464号です。

㊁　ありがとうございます。

㊁　解雇を強行しようと試みる事案において、実務上の危険性として

気を付けていただきたいことがあります。以下をしばしば経験してきました。

> - 未払残業代を請求してくる
> - 借上社宅から立ち退かない
> - 内部告発（公益通報）をする
> - 精神疾患を記す主治医の診断書を提出する
> - 休職の申請をする

税 仮に対象労働者の立場に立つなら、これらの行動は、自らの身を守るための行動として十分に理解できますね。逆に企業側に立つと、これらはきついでしょうね。

弁 ええ。ですので、解雇についてはできれば避けることを企業のみなさまに強くおすすめしたいところです。

Key Points

(1) 労働基準法第20条第1項本文によりますと「解雇予告手当」は、30日以上分の平均賃金とされています。ここに「平均賃金」とは「直前3か月に支払われた賃金の総額」を直前の3か月の総暦日数で除したものです（労働基準法第12条第1項）。ただし、臨時に支払われる賃金および賞与については、（通常の生活資金からかけ離れるため）分子から除きます（労働基準法第12条第4項）。逆に、除外の対象として列挙されていない精皆勤手当、通勤手当、年次有給期間中の賃金、などは賃金の総額に含まれます。

また、労災で休業した期間、産前産後休業期間、育児休業期間、介護休業期間およびこれらの期間中の賃金は、分母・分子から除きます（労働基準法第12条第3項）。

(2)　解雇権濫用法理をうたう労働契約法第16条には、客観的に合理的理由を欠き社会通念上相当であると認められない場合、解雇はできないと定められています。「解雇をすることは絶対にできない」とは書かれていません。客観的にみて合理的な理由をもち、社会通念上相当であると認められれば解雇が可能という定めです。

(3)　もっとも、労働契約法第16条で表現されている文言は、一見して明らかなように、非常に抽象的・概括的です。このため、そこでは、「評価」を伴う規範的要件の充足が問題となります。つまり、判断権者たる裁判官の価値判断が入り込むわけです。

　現在のところの裁判官の価値判断としては、長期的継続的な雇用契約の履行に支障を及ぼす債務不履行事由が労働者側にあり、それが将来的に継続するものと予想されるときに、その契約を解消するための最終的手段として行使されるべきとされています。このような価値判断のために、*Discussion*において2人の会話に出てきた(a)〜(e)が必要とされる事態になっています。

　翻って考えてみるに、労働契約法第16条が、上のような抽象度の高い文言となっていることの意味は、①それぞれの時代の事情および②個別の企業の状況を背景にして、適正に柔軟に解釈されることを予定し許容しているから、と考えられます。とするなら、①と②を背景にして、適正に柔軟に解釈されなければならない解雇権濫用法理の下、解雇が最終的手段として位置付けられることが今の時代や個別の企業の状況に真に適合するのか十分に検討の上、運用論や当てはめの問題として柔軟に、あるいはきめ細かく対応することで状況が変わるはずです。

 離職勧奨

Discussion

🈺 能力不足の従業員に対して解雇を行うということが難しいという実態を知りました。

⚖ 裁判所の根底には、解雇というのは、やはり「教育研修訓練指導の失敗だ」という考えがあるように感じます。換言するなら「長期の信頼関係を基礎にしているのだから、教育研修訓練指導をして、デキの良い従業員に育て上げられるでしょ。だから、そうしなさい」という考えです。

🈺 解雇が難しいのでそれを避けるとすると、企業にとって他の手段は何でしょうか？

⚖ 離職勧奨をすることになりますね。

🈺 説得を重ねるということですか？

⚖ はい。もちろん、脅迫したり欺罔したりしてはいけませんよ。

🈺 わかりました。方策のようなものはありますか？

⚖ お金です。

🈺 あぁー。やっぱりそうなんですね。

⚖ 資本主義の世の中ですからね。仕方ありませんよ。合意に至ることができるよう、割増退職金を支払うということが通常でしょう。

🈺 離職勧奨に際しての説明で気を付けるべきことはありますか？

⚖ 本人の能力不足という状態について詳しく触れるかどうか、実務的には大問題です。労働者にだって、やはり面子というものがあり

ますからね。

税 つまりは、微に入り細をうがって能力不足という状態について触れると、反発を食らうということでしょうか。

弁 そうですよね。誰だって面白くないでしょう。しかも、労働者側からいろいろな反論をされてしまいます。そうすると、企業側も再反論をしなくてはいけなくなります。そうすると、労働者側も再々反論を…というように、終わりのない応酬になり得ます。

税 それはエンドレスできついですね。

弁 そこで、能力不足という状態に軽くだけ触れて、詳しくは触れずに、後は「大人の解決を」ということで割増退職金を提示して説得するということがしばしば実務的です。

税 能力不足の従業員に対してどうして割増退職金なんて支払うんだという考えの企業もおられますよ。

弁 企業側からすれば、給与分に満たない働きしかしていないのにどうしてさらに支払うのだということでしょうね。その気持ちはよくわかりますが、割増退職金を支払う以外に良い方法を人類は発見できていません。

税 マジですか？　わかりました。

弁 面子を潰さないためには「当社には合わない。だけど他の企業では花開くかもしれない」という伝え方があるかもしれません。

税 それは何だか、みえすいたうそっぽく聞こえませんか？

弁 んー。必ずしもうそではないのですよ。多くの場合、努力もせず、努力する気も持たず、企業にただただ害悪という労働者はほぼいないのです。ほとんどの場合、単にミスマッチなだけなんです。上司との相性その他の問題でうまくやる気スイッチが入らずパフォーマンスが悪い状態が続いているという事態が圧倒的です。

税 時間をかけて労働者と交渉した結果、労働者が企業の離職勧奨を

受け入れてくれれば、とてもありがたいことです。その場合、何か約束を交わすのでしょうか?

弁 ええ。一般的には、離職覚書、離職合意書、離職契約書など、名前は何でもよいのですが、とにかく離職に際しての合意書を交わします。

税 内容はどんなものでしょうか?

弁 一般的には以下を要素とします。

- 離職日の確認
- 離職日までの給与の支払
- 離職日以後の割増退職金の支払
- 離職日で雇用保険、健康保険、厚生年金保険の被保険者資格がなくなることの確認
- 使った費用の精算
- 貸与物の返還
- 名誉毀損の禁止
- 個人情報保護
- 職務上で触れた秘密情報(営業秘密など)の保持、漏えい禁止、目的外利用禁止
- 知的財産権保護
- 競業避止
- 従業員引抜禁止
- 離職合意書の中身についての秘密保持、漏えい禁止
- 離職合意書の内容以外の債権・債務がないこと
- 不起訴の合意
- 離職合意書の中の債権・債務につき訴える場合の準拠法および裁判管轄

第5章 離職　227

税　結構たくさんの要素が必須なのですね。

弁　まぁ、そうですねぇ。これらについて、しっかり詳細に記します。というのも、「割増退職金を支払う以上、後から何かいわれてはたまらない」と企業は考えるはずだからです。ですので、支払う代わりに、一切合切、当該案件を解決するという約束をすることになります。

税　ところで、割増退職金の打診をしても離職勧奨を拒否し続けることがありますよね。その場合にはどうなるのですか？

弁　よくある方法は、割増退職金を増額していく交渉をすることです。

税　わかりました。それでも最終的に合意に至らなかった場合はどうなるのでしょうか？

弁　その場合に企業がとれる方法は一般的には以下です。

- 今のままのポジションに置き続ける
- 契約上で配置転換が可能な場合には、別のポジションに配置転換する
- 解雇して争う

税　ありがとうございます。

弁　ところで、割増退職金を支払うということは、退職所得として処理されるべきですよね。

税　ええ。当然です。

弁　実務上は労働者側が、「慰謝料」として支払え、または「損害賠償金」として支払えと要求してくることが頻繁にあるのです。これはどういう意味を持つのでしょうか。

税　あぁ。所得税法上、加害者から慰謝料や損害賠償金としてお金を受け取る場合、それらは非課税となるのですよ。

弁　へぇ。そうなんですか。

228

税　ええ。国税庁の説明は以下のとおりです。

（https://www.nta.go.jp/taxes/shiraberu/taxanswer/shotoku/1700.htm）

弁　わかりました。しかし、企業側としては辛いところですね。

税　辛いというのは、企業側としては受諾困難ということですかね。

弁　はい。

税　それはどうしてですか？

弁　「損害賠償金」という以上、「与えてしまった損害を賠償する」という意味です。これは、損害を与えた＝「悪いことをした」ということを公に認めることになり得ます。ですので、企業側としてかなり苦しいといわざるを得ません。

税　しかし、企業が本当に悪いことをしていたら謝るというのはアリ、ですよね。

弁　確かに本当に悪いことをしていたらね。でも、本当に悪いことをしているのかどうか、判断がなかなか難しいことも多いでしょう。仮にしていたとしても、そこは曖昧にして、玉虫色にしつつ謝らない代わりにお金をきちんと支払うということは実務的方法の1つとしてあり得ます。

税　なるほどぉ。謝らない代わりにお金を、というのであれば、一応の筋は通っていますね。

弁　別の方法は、「遺憾に思う」と述べることです。これは謝罪の代わりに非常によく使われます。

税　「遺憾に思う」というのはどういう意味ですか？

弁　「残念に思う」という意味です。

税　それは謝っているのですか、謝っていないのですか？

弁　厳密には謝っていません。しかし、まぁ、少なくとも「残念だ」と

第5章　離職　229

企業がいうこと自体、企業にとってかなりの譲歩ではあるのです。

税　謝罪する、というのは企業にとって極めて難しいということですね。

弁　ええ。たとえ口頭であったとしても、謝罪というのはそもそも実務的には難しいです。もっというなら、悪いことをしていたと認め、文書の中で謝罪するというのは、企業としては、よほどの事例でない限り実務的には苦しいでしょうねぇ。

税　どうして苦しいのですか？　離職合意書の中身について先ほどお伺いしましたが、「離職合意書の中身についての秘密保持」が含まれるわけでしょ？　だったら、認めて謝ってしまっても、まったく問題はないではないですか？

弁　理論上はそうなのですがねぇ…。仮に秘密保持が守られなかったらどうします？

税　えっ？

弁　「人の口に戸は立てられない」ということわざがあります。文書で残して、その文書が万万万が一にも漏れたら、企業の信用が失墜する、と企業は考え、おびえるはずです。

税　なるほどぉ。文書にして、秘密がきちんと保たれるのかという点に懸念があるという意味ですね。そうすると、代わりの文言はどうなるのですか。

弁　先ほど申しあげたように、悪いことをしたのか否かを曖昧にして、その上で、単に割増退職金として退職所得とするか、または、「和解金」や「示談金」などの名目にすることが多いと思われます。

税　割増退職金として退職所得とすると、税金が源泉徴収されますよね。

弁　ええ。ゆえに、その分を手取額として、「まんま欲しい」と労働者からいわれた場合は、合意を目指すなら、グロスアップして総額を増やさざるを得ないことになります。

税　総額を増やさないときには？

- 弁　金額の折り合いが付かず示談決裂です。
- 税　「和解金」や「示談金」などの名目であっても、税務上は、実体が一体何なのかで判断されますから、割増退職金として退職所得とみなされることが多いでしょう。
- 弁　その場合であっても、実体が割増退職金であれば、労働者側が手取額にこだわる場合には、企業側がグロスアップして総額を増やさざるを得ないことになりますね。

Key Points

(1)　離職勧奨それ自体は原則的に合法です。しかしながら、企業が労働者に対して執拗に退職を求めるなど、労働者の自由意思の形成を妨げ、人格的利益を侵害する態様で行われる離職勧奨は、例外的に不法行為となります。例えば、離職しない旨を表明しているにもかかわらず、長時間かつ長期間にわたり離職勧奨を繰り返すなどです。

(2)　離職勧奨を拒否した労働者に対し配置転換、出向、降格などの人事上の措置をとることは、離職誘導または報復という不当な動機目的による措置として、権利濫用ゆえ違法・無効と判断されかねません。また無意味な仕事を割り当てたり孤立化等の嫌がらせをすることなどは、パワーハラスメントと判断されかねません。

(3)　日本の個別的労使関係の伝統的な特性の1つを単純化していえば、「解雇はほぼ不可能であるが、配置転換は原則として会社の自由である」というものでした。「定年まで労働者と労働者の家族の生活の面倒を保証する」ことの代わりに、「会社の人事権に従ってどんな仕事でもやってもらう」という考え方が根底にはあったわけです（同

じことを労働者側から表現すると、「定年まで私と私の家族の面倒をみてくれるのだから、代わりにどんな配置転換にも応ずる」というものです)。このうち、「どんな仕事でもやってもらう」という配置転換に関連して、新たな動きが2つ出ています。「キャリア権」および「仕事と生活の調和」です。

(4)　「キャリア権」とは、人生を通じて職業キャリアを追求し展開する権利です。「キャリア権」を土台に、「労働者が長期的に職業に関する目的を定め、職業の選択や職業能力の開発向上を計画的に行うこと」を、「職業生活設計」という言葉で体現しているのが、職業能力開発促進法第10条の3です。特に、以下の太文字にした第1項第2号にご留意ください。労働者が自らの資格や経験を活かして就労を継続することへの期待を会社は十分に考慮して配置転換を検討せざるを得ないことになります。

第十条の三　事業主は、前三条の措置によるほか、必要に応じ、次に掲げる措置を講ずることにより、その雇用する労働者の職業生活設計に即した自発的な職業能力の開発及び向上を促進するものとする。

一　労働者が自ら職業能力の開発及び向上に関する目標を定めることを容易にするために、業務の遂行に必要な技能及びこれに関する知識の内容及び程度その他の事項に関し、情報を提供すること、職業能力の開発及び向上の促進に係る各段階において、並びに労働者の求めに応じてキャリアコンサルティングの機会を確保することその他の援助を行うこと。

二　労働者が実務の経験を通じて自ら職業能力の開発及び向上を図ることができるようにするために、労働者の配置その他の雇用管理について配慮すること。

> 2　事業主は、前項第一号の規定によりキャリアコンサルティングの機会を確保する場合には、キャリアコンサルタントを有効に活用するように配慮するものとする。

(5)　仕事と生活の調和（ワーク・ライフ・バランス）は労働契約法第3条第3項に明文で定められています。

> （労働契約の原則）
> 第三条　労働契約は、労働者及び使用者が対等の立場における合意に基づいて締結し、又は変更すべきものとする。
> 2　労働契約は、労働者及び使用者が、就業の実態に応じて、均衡を考慮しつつ締結し、又は変更すべきものとする。
> **3　労働契約は、労働者及び使用者が仕事と生活の調和にも配慮しつつ締結し、又は変更すべきものとする。**
> 4　労働者及び使用者は、労働契約を遵守するとともに、信義に従い誠実に、権利を行使し、及び義務を履行しなければならない。
> 5　労働者及び使用者は、労働契約に基づく権利の行使に当たっては、それを濫用することがあってはならない。

　また、仕事と生活の調和は2007年12月の「仕事と生活の調和（ワーク・ライフ・バランス）憲章」および「仕事と生活の調和推進のための行動指針」にも現れています。

（ https://www.mhlw.go.jp/bunya/roudoukijun/sigoto-seikatu/pdf/charter.pdf ）
（ https://wwwa.cao.go.jp/wlb/government/20barrier_html/20html/indicator.html ）

第5章　離職　　233

(6) 労働者が離職する場合、請求があれば会社は、離職証明書（複写式の３枚つづり）を作成することとなります（雇用保険法第76条第３項）。

> 一枚目　事業主控
> 二枚目　安定所提出用
> 三枚目　離職票−2

　左側に「賃金支払状況等」を記す欄があり、右側に「離職理由」の欄があります。会社が左側と右側に記入した後、労働者に渡して内容を確認してもらいます。対象は特に、「離職理由」の欄に関わる記載です。労働者が確認結果について２枚目の「⑮欄」および「⑯欄」に記載をしてそれを会社に返却します。会社は労働者から受け取ってから、３枚とも「会社の住所を管轄するハローワーク」に提出します。これに対し、もし労働者に確認してもらえないときは、確認なしで、会社が２枚目の「⑮欄」および「⑯欄」に「退職のため署名もらえず」という旨の記載をして、３枚とも「会社の住所を管轄するハローワーク」に提出します。期限はいずれの場合にも、離職日の翌々日（＝被保険者でなくなった日の翌日）から数えて10日以内です。

　１枚目（事業主控）および３枚目（離職票−2）をハローワークからもらって、１枚目を自社に保管し、３枚目を（ハローワークから別にもらえる「離職票−1」と一緒に）労働者に送付します。「離職票−1」と「離職票−2」を受領した労働者は、「離職票−1」については基本手当の振込先金融機関口座情報を記入し、そして「離職票−2」については「離職理由」の欄に関わる⑦欄、「具体的事情記載欄（離職者用）」欄、および⑰欄に記載をし、顔写真を貼付し、その後、それを「自分の住所を管轄するハローワーク」に提出します。

　さて、会社が離職勧奨をする場合については、右側の離職理由の欄

において「4 事業主からの働きかけによるもの」のうち、「(3) 希望退職の募集又は退職勧奨」の、「②その他」にチェックを付けることとなります。この場合、高い確率で「特定受給資格者」として処遇されることとなります。「特定受給資格者」は、いわば「かわいそうと思われる離職者」という意味です。「一般の受給資格者」と比べて額については多額を、時期については早めに受給できることとなります。

(7) 離職合意書において「職務上で触れた秘密情報（営業秘密など）の保持」を記す場合ですが、何が秘密なのか、きちんと定義することが必要です。

確かに会社側に立つとき、「当社内の営業上の情報、技術上の情報、顧客に関する情報はすべて秘密情報であり、だから持ち出すな」としたいところですが、これでは「一体全体、何が営業上の情報、技術上の情報、顧客に関する情報に該当するのか」について、労働者にも裁判所にもわかりませんので、裁判所の保護を受けられない可能性が高くなります。

したがって重要なことは、「どの情報が持ち出し禁止の対象になっているのか」を明確に労働者に示すことです。換言するなら、持ち出されたら本当に困る情報をきちんと具体的に特定し、労働者が「あぁ、この情報は他の情報と異なり、持ち出してはいけないんだ」とはっきり理解できるような状態にしておくことです。「迷わないほど明らかだから、あなたは踏みとどまるべきだったのに、あえて秘密を持ち出したよね」というところが非難可能性の対象なわけです。

(8) 企業が解雇を強行しようとする際に労働者の行動として、いくつかを本章のⅠで説明しました。これらの行動は「解雇」の際と同様に「離職勧奨」の際にもみられることが多くあります。精神疾患を記す主治医の診断書を提出する場合、ときに、業務との因果関係を診断書がすでに記してしまっているということがあります。このよ

うな診断書の提出を受ける場合に、企業としては、信頼できる精神科医のセカンドオピニオンを得るしかありません。ここで「信頼できる」という意味は、企業のいいなりになってくれる精神科医を指しているわけではありません。「きっかけ」と「主原因」を区別する視点からきちんと問診してくれる精神科医を指しています。信頼できる精神科医に、以下を確認してもらいます。

(a) 真に病気か詐病か
(b) 真に病気だとして、主治医が「病名」として述べているものが正しいのか
(c) 当該病気が業務をきっかけにしているにすぎないか、それとも業務を主原因にしているか
(d) どのくらいの期間で寛解すると推理されるか

(9)　精神疾患を根拠に休職を申し出てくる労働者がいる場合、仮に精神疾患の主原因が業務起因でなくても、就業規則の「休職」に関する条文を適用しなければならないことが多いでしょう。休職が有給休職なのか無給休職なのかは就業規則の条文に依存します。無給休職の場合、労働者に対して健康保険制度から「傷病手当金」が支払われることが原則です（健康保険法第99条）。傷病手当金は、「標準報酬月額の1/30」の2/3が18か月間を上限に給付される制度です。ざっくりいえば、給料の約2/3の額（非課税）が最長で1.5年の間支払われる制度です。精神疾患の場合、傷病手当金申請用紙の従業員記載欄および医師記載欄に、「業務上で」という趣旨の記載があるとき、業務上なら労災ゆえ、本来、理論的には、監督署に「休業補償給付」を請求すべきものです。もっとも監督署による労災の認定には時間がかかり、労働者の生活が困窮してしまうかもしれません。そこで、

とりあえず傷病手当金をもらおうと従業員が考える場合が多くあります。このため、保険者が健康保険組合の場合に、傷病手当金は取扱いが緩いこともあります。

　保険者が協会けんぽの場合には、「申請内容」の「⑤-1　傷病の原因」で「2　仕事中（業務上）での傷病」に印があると、「申請内容」の「⑤-2　労働災害、通勤災害の認定を受けていますか」に労働者がさらに情報を記すことになります。「⑤-2　労働災害、通勤災害の認定を受けていますか」で「3　未請求」を選択すると、とりあえず労災申請を監督署で行ってください（または、少なくとも労働基準監督署に聞いてください）と協会けんぽから従業員がいわれます。そして、もし労災が通らないということになれば、それを「報告書」の形で協会けんぽに提出します。これに対し、「⑤-2　労働災害、通勤災害の認定を受けていますか」で「2　請求中」を選択すると、労災申請の結果として労災給付がなされることになったら、従業員が傷病手当金を返還する旨の「同意書」を提出することを条件に傷病手当金が仮に支払われるというのが実務では多いです。なお、企業としては、業務上の傷病だと従業員が記載している場合、それが不真実だと信ずる場合には、A4×1枚で会社の意見（＝当社としては業務上だと認識していない旨）を書いて別紙として添付することをおすすめします。

健康保険 傷病手当金 支給申請書
（ https://www.kyoukaikenpo.or.jp/~/media/Files/honbu/g2/cat230/
kenkouhokenkyuufu/k_shoute2406.pdf ）

III 解雇に対する法規制

Discussion

税　仮に解雇に踏み切りたいと企業が思ったとしましょう。さて、解雇に対する法規制にはどのようなものがありますでしょうか？

弁　差別禁止事由を理由とする場合があります。例えば以下のとおりです。

- 国籍・信条・社会的身分に基づくもの（労働基準法第3条）
- 労働組合の組合員であることを理由とするもの（労組法第7条第1号）
- 女性であることを理由とするもの（男女雇用機会均等法第6条第4号）
- 婚姻したことを理由とするもの（男女雇用機会均等法第9条第2項）
- 妊娠し、出産したことを理由とするもの（男女雇用機会均等法第9条第3項）
- 妊産婦の解雇は無効（男女雇用機会均等法第9条第4項）
- 通常の労働者と同視すべき短時間労働者に対するもの（パート有期労働法第9条）
- 障害者であること（障害者雇用促進法第35条）

税　いろいろありますねぇ。

弁 次に法律上の権利を行使したことについての解雇の禁止です。

- 産前産後の休業を請求したこと、取得したことを理由とするもの（男女雇用機会均等法第9条第3項）
- 育児休業・介護休業・看護休暇・介護休暇の申出をし、または取得をしたことを理由とするもの（育児・介護休業法第10条、第16条、第16条の4、第16条の7、第16条の10、第18条の2、第20条の2、第23条の2）
- 裁判員の職務を行うために休暇を取得したことを理由とする場合（裁判員法第100条）
- 専門業務型裁量労働制度の適用に同意しなかった労働者に対する不利益取扱（労働基準法施行規則第24条の2の2第3項第1号）
- 企画業務型裁量労働制度の適用に同意しなかった労働者に対する不利益取扱（労働基準法第38条の4第1項第6号）
- 高度プロフェッショナル制度の適用に同意しなかった労働者に対する不利益取扱（労働基準法第41条の2第1項第8号）
- 男女雇用機会均等法上の紛争解決援助を求めたこと、調停を申請したことを理由とする場合（男女雇用機会均等法第17条第2項、第18条第2項）
- パート有期労働法上の紛争解決援助を求めたこと、調停を申請したことを理由とする場合（パート有期労働法第24条第2項、第25条第2項）
- 労働者派遣上の紛争解決援助を求めたこと、調停を申請したことを理由とする場合（労働者派遣法第47条の7第2項、第47条の8第2項）
- 障害者雇用促進上の紛争解決援助を求めたこと、調停を申請したことを理由とする場合（障害者雇用促進法第74条の6第2項、

第74条の 7 第 2 項）

- 個別労働紛争解決促進上の紛争解決援助を求めたこと、斡旋を申請したことを理由とする場合（個別労働紛争解決促進法第 4条第 3 項、第 5 条第 2 項）
- ハラスメントの相談をしたことを理由とする場合（男女雇用機会均等法第11条第 2 項、第11条の 3 第 2 項ならびに育児・介護休業法第25条第 2 項、第52条の 4 第 2 項）

税 結構ありますねぇ。

弁 さらに、法律違反の申告を理由とする場合の解雇の禁止です。

- 労働基準監督官に申告したことを理由とするもの（労働基準法第104条第 2 項、労働安全衛生法第97条第 2 項、最低賃金法第34条第 2 項、賃金支払確保法第14条第 2 項）
- 労働者派遣法違反の事実を厚生労働大臣に申告したことを理由とするもの（労働者派遣法第49条の 3 第 2 項）
- 公益通報をしたことを理由とするもの（公益通報者保護法第 3 条）

税 ありがとうございます。

弁 最後に、労働基準法の有名なものです。

- 30日前の予告または30日分以上の平均賃金（労働基準法第20条第 1 項）
- 産前産後の休業中ならびにその後の30日間（労働基準法第19条第 1 項）
- 業務上負傷しまたは傷病にかかり療養のため休業する期間およびその後の30日（労働基準法第19条第 1 項）

240

税　労働基準法第20条の解雇予告手当についてはすでにみましたね。

弁　ですので、労働基準法第19条についてみてみましょう。業務上負傷しまたは傷病にかかり療養のため休業する期間およびその後の30日に解雇を強行するとなると、再就職が難しく労働者の生活に脅威です。このため、労働者が安心して休業できるよう保障するための規定です。

税　この期間に解雇をすることが禁じられているというのは理解しました。では、解雇の予告をすることすらも禁じられていますか？

弁　労働基準法第19条は、解雇の効力を発生させないようにする趣旨です。ですから、解雇の予告をこの期間に行うことは同条によっても妨げられません。法律上はね。でも実務上は業務上の負傷または傷病の期間に解雇の予告をするというのは、何と冷たい企業なんだろうという印象を裁判所に与えかねませんよ。

税　就業規則の文言に、「病気休職において、一定期間以内に治癒しない場合には休職期間満了をもって当然に自然退職とする」という趣旨が定められている場合があります。解雇をしてはいけないと労働基準法第19条には書かれていますものの、自然退職としてはいけないと書かれているわけではありません。このような文言にのっとって自然退職とすることは認められるものなのでしょうか。

弁　それが仮に認められてしまったら、労働基準法第19条はほとんど意味をなさない規定になってしまいますよね。この場合、解雇と自然退職は形式上の違いにすぎず、実質的には解雇と同様の効果を持つものです。このため、労働基準法第19条が適用または類推適用され、自然退職という扱いは無効です。

第5章　離職　　241

Key Points

⑴　負傷疾病が治癒または症状固定した後においては、「療養」という状況がなくなります。このため、仮にリハビリ等で通院中であったとしても、労働基準法第19条の保護から外れることとなります。逆に、負傷疾病が治癒せずに、療養のための休業が続いている場合、就業規則の文言によれば休職期間満了として解雇がなされ得る場合といえども、労働基準法第19条違反として無効です。

⑵　また、労働組合との労働協約で「組合員を解雇する場合には組合と事前に協議せよ」という条項（解雇協議約款）、または「組合員を解雇する場合には組合の事前同意を要する」という条項（解雇同意約款）が置かれることがあります。これに違反する解雇は違法無効です。それだけでなく、不当労働行為にも該当し得ます。

経済的理由を原因とする解雇

Discussion

弁　「整理解雇」ってお聞きになられたことがありますか？

税　ええ。経営上の理由から余剰人員削減のためになされる解雇のことですよね。

弁　そのとおりです。整理解雇については、1970年代半ばからの裁判例において、非常に厳しい考慮要素が要求されています。

税　労働契約法第16条の解雇とは別物ゆえ、同条が適用されないということでしょうか？

弁　いえいえ。労働契約法第16条は適用されます。ですが、解雇権濫用法理たる同条の発現形態として、解雇の有効性の判断にあたり、通常の解雇にはない、非常に厳しい考慮要素が要求されるという意味です。

税　どんな考慮要素ですか？

弁　解雇の有効性の判断にあたり、以下の4つの要素が考慮されます。

---
(1)　人員整理を行う必要性
(2)　できる限り解雇を回避するための措置が尽くされているか
(3)　解雇対象者の選定基準が客観的・合理的であるか
(4)　労働組合との協議や労働者への説明が行われているか

税　あぁ。聞いたことがあります。有名な「整理解雇の4要件」という

やつですね。

弁　「整理解雇の4要件」と考える立場と「整理解雇の4要素」と考える立場にわかれていますが、いずれであっても、これら4つが重要だという結論に変わりはありません。

税　これらのうち(1)は、人員削減措置の実施が企業経営上の必要性に基づいていることですよね。

弁　ええ。

税　企業が倒産の危機にある、あるいは高度の経営危機下にあるといった状況でないとダメなのでしょうか。

弁　あくまで理論上は、必ずしもダメではないんですよ。合理的運営の必要がある場合や経営方針の変更により余剰人員が生ずる、などの場合も、理論上は(1)を満たす場合があり得ます。

税　ほぉ。つまり、赤字でなく黒字でも、(1)を満たすということですね。

弁　「満たす」というよりも「理論上は、満たすことがあり得る」という表現が正しいでしょうね。経営者の立場なら、黒字であったとしても、経営合理化をしなければならないかもしれないし、競争力強化を図るため模索をしなければならないかもしれません。だから、一律ダメというわけではありませんよ。

税　例えばどんな場合でしょうか？

弁　経営指標は改善しているものの、予断を許さない状況であって、今後の事業改善および経営状態の悪化の可能性に備えて、採算性の悪い事業の縮小およびそれに伴う人員削減を行う場合もありますよね。この場合には、黒字であっても、理論上は(1)を満たすことはあり得ましょう。

税　攻めのリストラと呼ばれるものですね。

弁　はい。しかし…。

税　しかし、何でしょうか？

弁　この場合であっても、それは、高々、「経営戦略的な意味での人員削減の必要性」です。労働契約法第16条に関する(1)の要素としての人員削減の必要性と、「経営戦略的な意味での人員削減の必要性」とは別であろう、ということですね。

税　そうしますと、黒字でも(1)を満たす場合があり得る、というのは、あくまでも理論上はそうである、というだけの話ですね。

弁　そうそう。経営黒字の中での経営合理化や競争力強化のための戦略の場合には、(1)を満たすことが理論的にはあり得るとはいっても、実務的には、赤字でないと、やはり(1)を満たしにくい（ほぼ無理）とはいえるでしょう。

税　わかりました。

弁　赤字の場合には一般論として(1)について、経営の専門家としての企業が下した経営判断を基本的には尊重する姿勢を裁判所は示していますがね。

税　そうなんですね。

弁　もっとも、この(1)についてすら、司法審査の対象にしたいという立場に立った上で、㋐経営判断の前提となる事実認識の過程においてどの程度の情報を収集し、どのような視点からその分析・検討をしたのか、そして、㋑その事実認識に基づき人員削減の必要性があるとの経営判断に至った意思決定の推論および内容にどの程度の合理性を認めることができるのか、という評価枠を設定する新たな見解があります。白石哲『労働関係訴訟の実務〔第2版〕』（商事法務）の「第19講　整理解雇」と題する吉川昌寛判事の論文の371頁です。

税　難しいですね。理解が追いつきません。

弁　要するに、経営危機の状況について裁判所できちんと説明をすべしということ、および、解雇という経営判断の合理性について、どのような資料に基づいてどのような視点から判断を下したのかを裁

第5章　離職　245

判所できちんと説明すべし、ということです。

税　とすると、まさか財務諸表等の提出が求められるのですか？

弁　それは当然ですよ、例えば①企業が倒産の危機にある場合や②客観的にみて高度の経営危機に陥っている状況の場合であればね。その上で、流動性比率、支払能力比率、収益性比率、労務費などの分析を具体的に主張しなければなりません。

税　わかりました。そうはいうものの、(ア)(イ)自体、優れた経営的感覚を要する判断対象事項ではありませんか。裁判官に判断可能なのでしょうか？

弁　確かに裁判官は賢い人たちの集まりです。しかし、経営をわかっているのかと問われると、経営の経験をお持ちなわけではないでしょう。

税　とすると、裁判官のような方々に、このような判断をする的確な能力が備わっているのかについては、もしかしたら疑問かもしれませんね。

弁　先ほど、黒字の場合には(1)を満たすことは非常に困難だというお話をしましたが、この場合、他の条件はどうでしょうね。先生はどう思われますか？

税　どういうことでしょうか？

弁　黒字ならば、配置転換・出向や、割増退職金付きの早期希望退職者募集で乗り切るべし、と思われませんか？

税　確かにそうですね。黒字なら、わざわざ解雇するよりも、それより前に何か、解雇回避の努力をすべきですものね。雇用は長期的な信頼関係を前提としている契約形態ですから、解雇は、ほかに取り得るすべてをやり尽くした後の、最後の最後の手段ということになります。

弁　同意見です。それが(2)です。(2)については、私の経験では実務上

の争いが最も先鋭化する論点です。

税 どうしてですか？

弁 解雇を回避するための措置とは一体どこまで何をやればよいのか、茫漠としているからです。

税 一般的な措置としては、新規採用の縮減・停止、役員報酬の削減、昇給停止、賞与削減、残業規制、人件費以外の経費（広告費、交通費、交際費など）の削減、新規採用停止、中途採用停止、非正規労働者の雇止め、余剰人員の配置転換・出向・転籍、一時帰休、ワークシェアリング、希望退職者募集、等ですよね。

弁 ええ。でもね、それらのうち、企業の規模、業種、人員構成、労使関係に照らして何が実現可能な措置であるか、それを選択し、それが尽くされているかどうかが一義的に明らかでないのですよ。

税 とすると、当然ながら労働者としても、会社はあれをやるべきだった、これをやるべきだったといいやすいんでしょうねぇ。

弁 そうですね。裁判所の実務で(2)は厳格に審査されているといってよいです。

税 裁判所からしっかりみられるところなのですね。

弁 ええ。私の経験に照らすと、以下に興味を示す裁判官が多いといえます。

- 配置転換や出向の模索
- 派遣労働者に辞めてもらうこと
- マネジメントの報酬や管理監督者の給与の削減
- 早期希望退職者募集

税 わかりました。

弁 この点、(2)（および(1)）を(ⅰ)人件費削減回避の措置、(ⅱ)人員削減回

第5章 離職 247

避の措置、(iii)整理解雇回避の措置、に分類し直して、(iii)をきちんととったのかについて吟味すべきだとする立場があります。西谷敏『労働法〔第2版〕』(日本評論社) の420 ～ 421頁です。

[税] ありがとうございます。

[弁] よく議論になる場合をみてみると次のとおりです。せっかくですから、先ほどみた吉川昌寛判事の「第19講　整理解雇」381 ～ 382頁をみながら(i)(ii)(iii)に分類の上、みてみましょうね。

(i) 人件費削減回避の措置

〈労働者側〉

広告費、交通費、交際費等の経費削減をすべきだった。

〈使用者側〉

企業活動が制約されてしまい、減収という負のスパイラルに陥る危険性がある。

(ii) 人員削減回避の措置

〈労働者側〉

役員報酬の削減をすべきだった。

〈使用者側〉

経営危機打開のため有能な経営者を外部から招きたいがそれが不可能になる。

〈労働者側〉

残業規制をすべきだった。

〈使用者側〉

残業内容によっては、顧客・取引先との関係に支障が生じ得る。

〈労働者側〉

昇給停止や賞与の減額不支給や賃金減額で対処すべきだった。

〈使用者側〉

　　労働条件の変更のための手続きが煩雑だし、士気が低下する。

〈労働者側〉

　　ワークシェアリングや一時帰休で対応すべきだった。

〈使用者側〉

　　休業手当の支払が必須となるし、代替性の低い業務には適用が困難。

(iii)　整理解雇回避の措置

〈労働者側〉

　　中途採用、再雇用の停止で対処すべきだった。

〈使用者側〉

　　豊富な経験や技術を持つ人材の確保が不可能になる。

〈労働者側〉

　　新規採用の停止・縮小で対処すべきだった。

〈使用者側〉

　　人材の育成や組織の構成に偏りが生じる。

〈労働者側〉

　　配置転換・出向・転籍で対処すべきだった。

〈使用者側〉

　　受け入れ側との、能力のマッチングに限界がある。

〈労働者側〉

　　非正規社員との間の契約解消を先行させるべきだった。

〈使用者側〉

　　コストの高い正社員の割合が増え、雇用の弾力化が困難になる。

〈労働者側〉

　　希望退職者募集をすべきだった。

第5章　離職　　**249**

〈使用者側〉

　　退職条件にコストがかかるし、有能な人材が流出してしまう。

税　いろいろあるのですね。

弁　企業としては、措置をとらなかったことについての経営判断はど
　　うなのか、逆に措置をとったことについての経営判断はどうなのか、
　　について、主張立証が必要ということになります。

税　わかりました。(3)についてですが、いろいろな基準が考えられま
　　すよね。

弁　ええ。例えば以下のとおりです。

> ・勤務態度（欠勤日数、遅刻回数、規律違反歴）
> ・量的貢献度（勤続年数、休職日数）
> ・質的貢献度（過去のパフォーマンス）
> ・密着度（正規従業員か非正規従業員か）
> ・労働者の事情（年齢、家族構成など）

税　企業側からみてしばしば達成したい本音は、労務の質的貢献度の
　　多寡（いわゆる「パフォーマンスの善し悪し」）を基準にすることで
　　す。

弁　実務上、それは極めて難しいのですよ。

税　どうしてですか？

弁　数値化して客観化することが困難だからです。

税　どういう意味でしょうか？

弁　営業成績のように数値化できる場合はよいのですが、それ以外の
　　貢献度を数値化することが困難だからですね。

税　なるほどぉ。

弁　しかも、パフォーマンスが悪いと企業が評価する対象労働者は、再就職可能性が低いと自ら考え、できるだけ当該企業に執着すべく画策することが少なくありません。

税　とすると、対象にしてしまうなら紛争に発展する可能性が高いわけですね。

弁　ええ。

税　解雇において絶対にダメな選別基準などはありますか？

弁　例えば、以下の理由によるものです。

> ・国籍
> ・信条・社会的身分
> ・性別
> ・婚姻、妊娠、出産、育児
> ・介護
> ・労働組合の組合員であること

税　わかりました。⑷についておしえてください。

弁　ええ。⑷は、法的には労働者側が主張立証責任を負うという立場もありますが、実務上は、企業が主張立証をしています。

税　手続きに関することなので、最も裁判所の判断になじみやすいと推理されますね。

弁　ええ。整理解雇の場合、数人が同時に対象となります。したがって、これら数人が共通の敵である企業に対して、一丸となって労働組合を結成することも多々あります。

税　それは、今まで企業に労働組合がなかったとしてもですか？

弁　ええ。日本の憲法および労働組合法では、労働組合の結成は容易です。

第5章　離職　251

税　労働組合ができると団体交渉の要求がされますよね。

弁　そのとおりですね。それは労働組合の権利ですからね。団体交渉の要求を突っぱねたり、不十分な団体交渉のままですと、(4)の要素が満たされていないとみなされかねません。

税　以上に照らし、整理解雇が吟味されるということですね。

弁　ええ。整理解雇を最終的手段として選択することが不可避であったかどうかという視点が重要とされているということになります。

税　外資系金融機関等において、ポジションがなくなったので解雇するという事案がありますよね。

弁　頻繁にあります。

税　このような解雇は、整理解雇に該当するのでしょうか？

弁　そうですね。整理解雇の一種でしょう。

税　確かに外資系金融機関等では、典型的なジョブ型（職務主義、職務給）がとられています。そうしますと、ポスト限定採用ですから、ポストがなくなったら解雇ができるという結論になります。

弁　先ほどの章で先生より教わったことからすると、当然にそうなるのでしょうね。でも、日本の労働法の下では、ポストがなくなったら解雇ができるという結論にはなりません。解雇は最後の最後の手段です。やはり、整理解雇に当てはめ、4要件の充足を問われることとなります。

Key Points

(1) 労働契約法第16条の文言表現は、非常に抽象的・概括的であるため、そこでは、「評価」を伴う規範的要件の充足が問題となることは

すでに述べました。整理解雇の4要素も、同条に依拠していますから、まったく同様です。表現されている文言が概括的であるため、そこでは、「評価」を伴う規範的要件の充足が問題となります。

⑵　4要素のうち、⑴の要素については、①経営危機に陥り早急に人員削減をしないと企業の経営が破綻しかねないような危機的状況の場合、②構造的な不況がある業種であるという場合、③ある部門が非採算で、企業全体からみれば赤字の温床であり、その経営健全化のためには部門閉鎖が必要である場合、④当該部門は黒字ではあるが、企業資源をより高い収益性のある事業に集中させる方が企業経営全体からみれば効率的である場合、等々いろいろな必要性の程度があります。うち、①の場合には、他の要素についての裁判所の柔軟な解釈が期待されるべきところです。

⑶　整理解雇の4要素のうち⑶の要素については、勤務態度や勤務能力による基準を設定することは構いません。もっとも、この場合、「私の勤務態度は良かった」「私の労働能力は高かった」という主張が労働者からしばしば出てきます。この場合、勤務態度や勤務能力について、著しく悪かったという十分な主張立証が可能であればよいのですが、一般的には、このような主張立証は困難です（これは、すでに述べた(a)〜(e)を立証することと同義だからです）。

⑷　そもそも整理解雇は、労働者側に能力不足という事情がなくても解雇が可能だ、という解雇類型です。このため、整理解雇の場合には、「対象労働者の勤務態度や勤務能力が、普通解雇を満たすほど深刻ではない」ことを認めていることになります。よって、他の要素の充足をより真摯に検討することとなりましょう。

第5章　離職　　253

Ⅴ 経済的理由を原因とする希望退職募集および個別の離職勧奨

Discussion

㊷ 先ほど解説いただいた4要素を基に考えますと、整理解雇をすることは実務上は非常に困難です。

㊁ ええ。能力不足の従業員の場合には、(a)〜(e)を企業は立証しなければなりませんよね。これは逆に、(a)〜(e)を満たせば解雇ができるということです。ところが、整理解雇の場合には、これらの要素がまったくありません。そこで、これらに匹敵するくらいの大きな要素が解雇のためには必要です。それが(1)〜(4)ということになりましょう。

㊷ それはすなわち、能力不足や非違行為等の事情がなくても解雇を有効とする解雇類型なのだから、(a)〜(e)に相応するほどの厳しい要件が必要であって、それらが(1)〜(4)である、ということですか？

㊁ はい。さすが先生、飲み込みが早いですね。

㊷ ありがとうございます。

㊁ もちろん、実務上、解雇を避けることができるなら、それに越したことはないですよ。

㊷ 解雇が非常に難しいとなった場合の、代わりの手段は何でしょうか？

㊁ 早期希望退職者募集または個別の離職勧奨です。

㊷ 早期希望退職者募集をおこなう際に企業が留意すべき点は何でしょうか？

弁　いろいろなことを決めなければなりません。まず、応募可能な対象者の範囲、募集人数、募集期間、離職日、割増退職金額などです。

税　それらを決めるべきは当然でしょうね。それらのほかは何を決めるのでしょうか？

弁　賞与を支払うかどうか、未消化年次有給休暇を買い上げるかどうか、再就職あっ旋会社を使うかどうか、社宅退去期限はいつにするか、（優秀な労働者が希望退職制度に応募してこようとした場合に備え）企業として拒否権を留保するか等々のほか、応募に向けての肩たたき（離職勧奨）をするかどうかも決めます。

税　具体的な回答は個々の場合に依存するのですか？

弁　はい。

税　以上を決めれば大丈夫でしょうか？

弁　いえいえ。重要なのは、トップの説明です。

税　トップの説明とおっしゃるのは、全従業員に何らかのメッセージを企業のトップが発することですか？

弁　そうそう。実務上とても大切です。企業としては人員削減につき、全従業員に理解してもらえるよう努力をしなければなりませんからね。

税　その場合に、伝えるべきメッセージは何でしょうか？

弁　これも個々の場合に依存しますが、骨子は、以下のとおりです。

- 早期希望退職者募集をしなければならない遠因。
- この遠因に対して企業はどういう手段をとって立ち向かってきたか。
- にもかかわらず、残念ながら功を奏さなかった。
- 人員削減に手を付けざるを得なくなり、本当に申し訳ないが、何とかお辞めいただきたい。

第5章 離職　255

- 離職する従業員の生活を考えて作った経済的パッケージの内容。
- ぜひこれに応募していただきたいというお願い。
- 残る従業員に対し希望を与えるメッセージ。

税　そのようなメッセージを、文書で示すことでいいのでしょうか？

弁　文書で示すのは当然ですが、できれば、全従業員（あるいは対象部門の従業員）の前で直接、どうしてもダメならせめてオンラインで、口頭説明をすることが理想です。

税　それは酷ですよ。従業員から白い目でみられたり罵声を浴びせられたりする可能性はあり得るでしょう？

弁　あのですねぇ、先生。それも、トップの仕事です。

税　は？

弁　企業の命運をかけて人員の削減を従業員に了解してもらう大切な場面ですよね。白い目でみられたり罵声を浴びせられたりするのは当然にあり得ることで、その苦しみを負ってでも、説得力ある言葉で語ることこそ、この場面におけるトップの仕事といわざるを得ないです。

税　厳しいですね。

弁　企業というのは、単にお金儲けを目的とする存在ではありません。法人であるということからすれば「社会から承認された存在」なわけですよね。企業は従業員やその家族に対する責任も負いますからね。

税　なるほどぉ。ゆえに、企業の命運をかけて人員の削減を従業員に了解してもらう大切な場面では、トップの説得力ある言葉が必要なのですね。そのために気を付けるべきことはありますか？

弁　従業員に口頭で発するメッセージとして留意する点としては、トップ自らその内容を考えることです。

税　は？　どういう意味でしょうか？

弁　人事担当取締役や人事部長に原稿を書かせてトップはそれを読み

上げるのではダメだということです。

㋵ どうしてですか？　トップが原稿を自らで書くことなんておよそないでしょ？

㋪ 他人が書いた原稿を読み上げるとき、その人の目は下（＝原稿）をみていて、説得力ある説明ができないですよね。

㋵ あぁ。なるほどぉ。原稿をずっとみながらしゃべる説明って、確かに説得力の欠けらもないですねぇ。

㋪ 原稿をみずに他人が書いた文章を読み上げることができるのは、NHKのアナウンサーくらいですよ、きっと。企業の命運をかけて人員の削減を従業員に了解してもらう大切な場面ですよね。そのような場面において肝要なのは、従業員の心を打つ説明を行うよう努力することですからね。

㋵ だから自分で書く方がいいというわけですね。わかりました。ほかに気を付けるべきことは何でしょうか？

㋪ できればですが、リハーサルを行うべきですね。自分のことはよくわかっていると誰もが思っています。しかしながら、これは極めて大きな誤りです。

㋵ 自分がどのように他人の目に映っているか、多くの経営者がおわかりではないということですか？

㋪ そのとおりです。企業の命運をかけた大切な場面です。できれば1度でよいので、リハーサルの手間を惜しむべきではないと感じています。

㋵ 確かに、リハをすると本番での失敗が減りますね。

㋪ その際には、動画を撮影して自分の目で自分自身のしゃべり方を吟味することが推奨されます。こうすれば、自分がいかに説得力を欠いた口調になっているかが恥ずかしいほどよく理解できますからね。

㋵ 早期希望退職者の募集に、辞めてほしくない優秀な従業員が応募してくることはしばしばあり得ませんか？

第5章　離職　257

弁　そうそう。それこそが実務上の大問題です。

税　企業がとり得る手段は何ですか？

弁　1つあるのは、そういった場合に備え、企業として拒否権を留保することです。

税　拒否権の留保については、実務上もかなりの例があるのですか？

弁　はい。もっとも、拒否権を留保するのならば、最初の発表時にあらかじめきちんとその旨を示しておくべきです。

税　さもなくば（＝誰にでも適用があるように書かれてあるのであれば）、私にも適用せよ、という請求が従業員からあったときに企業は法的に負けるかもしれないということですね。

弁　はい。拒否権の留保があれば法的には拒否権を発動できるにしても、実務的な問題が2つあります。

税　何でしょうか？

弁　1つ目は、企業が拒否権の留保をしたのに、それでもなお応募してくる労働者がいたら、それはもう、その企業に見切りを付けているということです。つまり、比喩的には「あなたと今まで付き合ってきた恋人は、もはやあなたをもう愛していない」わけです。とすると、仮にめでたく拒否権を行使して残ってくれることとなったとしても、給与増額などをしない限り、愛情（＝モラールと忠誠心）を期待することができません。

税　くぅー。きっついですねぇ。もう1つは何ですか？

弁　もう1つは、「どうしても辞めたい。早期希望退職の対象にならなくてもいいから。特別割増退職金をもらえなくてもいいから辞めたい」という労働者がいるとき、企業としてはもうどうしようもありません。

税　なるほどね。優秀な労働者が見切りを付ける場合には、術がないのですね。翻って考えてみるに、優秀な労働者は、転職先がいくら

でもありそうですから「特別割増退職金をもらえなくとも、将来の
ないこんな会社は自分の方からおさらばしてやる」と思いそうです。

弁　同時に重要な実務的問題は、辞めてほしい労働者が応募してくれ
るように、術があるのかですね。

税　企業としては、単に応募を待っているだけですと、辞めてほしい
従業員が応募してこないかもしれませんね。

弁　ええ。その場合には同時に、辞めてほしい従業員に個別に離職勧
奨をして応募を促すことは可能です。

税　そんなことが可能なのですか？

弁　ええ。違法ではありません。もちろん、脅迫したり欺罔したりし
てはいけませんよ。

税　ああ、それは当たり前のことでしょうね。

弁　そして、個別の離職勧奨を早期希望退職者募集と同時に行うこと
には良い点もあります。早期希望退職者募集制度を利用したという
手続きをとってあげることにより、従業員が自らの意思で早期退職
したという形になり、従業員の面子を保つこともできるのです。

税　ほぉ。でも、「個別の離職勧奨をあの人だけ受けているよ」と他の
従業員が知ることになったら、辞めてほしい従業員の面目が丸潰れ
ではありませんか？

弁　ええ。ですので、面談は、辞めてほしい従業員にも、そして、残っ
てほしい従業員にも、実務的には全員を対象に行います。これによ
り、先生が今しがたおっしゃった懸念は解決されます。

税　なるほどぉ。もしかしてその方法は、残ってほしい従業員と面談
をすることにより、「応募しないでほしい」とお願いすることも可能
になるということですか？

弁　はい。それも目的の1つです。先生、冴えてますね。

税　ありがとうございます。早期希望退職者募集と同時に行う離職勧

第5章　離職　259

奨で重要な点は何でしょうか？

弁　いろいろあります。まず、主体、すなわち誰が行うかについてです。離職勧奨で重要なのは、対象従業員のことをよく知る者がこれを行うことです。

税　そんなことは当たり前ではないでしょうか？

弁　それがねぇ、必ずしも当たり前ではありません。外資系企業においては、環太平洋地区（アジアパシフィック）の人事担当者がいきなりやってきて、今まで会ったこともない従業員に対して離職勧奨を実施することが頻繁にあります。

税　へぇ。そうなんですか？　しかし、離職を勧奨されている労働者の立場に立ったとき、初めて会う相手から離職勧奨されるというのは、受け入れがたいものがありませんか？

弁　それこそが問題なわけです。「あなた誰？　知らないあなたからいわれたくない」ということです。

税　それはそうでしょうねぇ。人数は？

弁　一般には2対1が限度だと思いますよ。3対1、4対1、5対1と企業側の参加者が増えれば増えるほど、圧迫感や脅迫的雰囲気も増します。

税　わかりました。ほかに気を付けるべき点は何でしょうか？

弁　その場で従業員が離職契約書に署名することは望めないわけです。ゆえに、考慮のためしばらくの期間を与えますよね。この期間中は出社させないようにできるかです。

税　離職勧奨の対象となる場合、忠誠心やモラールがたちまち崩れるかもしれません。だって「辞めてくれ」などといわれるのは面白い話ではないですから。

弁　出社させ続けるとすると、まさにおっしゃる観点から、企業の中の秘密情報に影響が生じるかもしれません。そこで秘密情報を守るため、出社させないようにすることは可能ではあります。

税　そうなんですか？

弁　ええ。もっとも、条件がありますよ。給与を支払い続ける限り、というのが大前提です。かつ、長期にわたらないように、ですね。

税　給与を支払い続けるというのは、全額ということですか？　60%とかではなくて？

弁　通勤手当を除き、全額でしょうね。

税　長期というのは？

弁　私見では、3か月を超えないようにお願いしたいところです。

税　わかりました。

弁　なお、その期間、企業として何も模索しないというのは論外です。やはり、離職に向けての話し合いをきちんと継続するならば、ということも条件です。

税　しかし、出社できないことにより面子を潰されたと感じる従業員が怒り出すことはないのですか？

弁　頻繁にありますよ。

税　従業員が怒り出してしまっては、その後の示談交渉に支障を来しかねないのではないでしょうか。

弁　そのとおりですね。実務上は2択です。従業員が怒ることを受け入れてでも企業秘密情報を厳守したいか、それとも、従業員が怒ることを避けて出社させ続けるかの2択に関する実務上のジャッジメントです。

税　先生、もし、離職勧奨が功を奏して退職してもらうことになったとして、その場合に、やはり離職合意書を締結しますか？

弁　ええ。締結することが多いと思われます。しかし、早期希望退職者募集の場合の離職合意書は、能力不足の従業員に退職してもらう場合に締結する離職合意書とは決定的に違うところがあります。

税　それは何でしょうか？

弁　能力不足の従業員に退職してもらう場合に締結する離職合意書

第5章　離職　　261

は、先ほど述べたいろいろな条項についてしっかりと詳しく記すと
　　お話ししましたね。
㊗　ええ。先ほどお伺いしました。
㊗　ですから、ある程度は長文の離職合意書になるでしょう。しかし、
　　早期希望退職者募集の下で離職勧奨をして退職してもらう場合には、
　　先ほどの条項を簡潔に記載した短い離職合意書にするのが通常です。
㊗　文言の長さが異なってくるという意味ですね。どうしてですか。
㊗　早期希望退職者募集の下で離職勧奨をして退職してもらう場合に
　　は、複数の従業員が相手ですから。それらの方々が離職合意書を見
　　せ合うことも考えられ、その際に離職合意書の文言が長いと「ツッ
　　コミどころが満載」、とも映ってしまいかねないわけです。
㊗　なるほどぉ。長いと、「あ、この条文がおかしい」「あ、この条文に
　　足りないところがある」「あ、この条文は削るべきだ」という意見の
　　交換が行われやすいということでしょうか？
㊗　ええ。それはすなわち企業側からすると、文句をいわれる可能性
　　が高くなるということになるからです。ですので、例えばA4×1.5
　　枚くらいのできるだけ簡潔な離職合意書にするのが実務的といえる
　　でしょうね。

Key Points

(1)　従業員からのよくある質問
　　多くの場面で従業員が企業に対ししてくる質問は次の4点です。

> ・経済状況が悪いというけど、実際にどれくらい悪いのですか？

- 私に離職勧奨をする前に、ほかにやれることはすべてやったのですか？
- 何で私が対象者なのですか？
- 離職勧奨を受け入れないと、どうなるのですか？

　これらについてどのような回答をするのか、企業としてはあらかじめ準備しておかなければなりません。

(2)　割増退職金以外に必要な検討項目

　企業として以下を検討することが通常です。

- 未消化年次有給休暇買取
- 次期支払期日に支払われるはずの賞与
- しばらく残務をしてほしい対象者には引留賞与（リテンションボーナス）
- 再就職支援会社（アウトプレイスメント会社）の役務提供を受けさせる
- 借上社宅の退去期限の余裕

(3)　再就職援助計画、大量雇用変動届

　1つの事業所において、1か月以内に30人以上の離職者を経済的事情による事業規模縮小等の理由で生じさせる場合には、「再就職援助計画」の作成および公共職業安定所への届出が必要とされています（労働施策総合推進法第24条）。再就職援助計画には、再就職援助のための具体的な措置を記し、これについて、過半数労働組合または過半数代表者の意見を聞いた上で、公共職業安定所からの認定を受けなければ

なりません。

　1つの事業所において、1か月以内の期間に経済的事情か否かを問わず30人以上の離職者の発生が見込まれるとき、大量雇用変動届を公共職業安定所に提出しなければなりません（労働施策総合推進法第27条）。定年退職者も30人に含まれますし、雇用期間満了による離職者も同様です（ただし、6か月以内の雇用期間満了者を除きます）。なお、再就職援助計画を企業が提出する場合には、大量雇用変動届を提出したものとみなされます（労働施策総合推進法第24条第5項）。

⑷　多数離職届、求職活動支援書

　高年齢者とは、55歳以上の労働者であり（高年齢者雇用安定法施行規則第1条）、中高年齢者とは45歳以上の労働者等です（同法第2条）。原則としてこれらの方々を合わせて高年齢者等と呼びます（高年齢者雇用安定法第2条）。雇用する高年齢者等が1か月以内に5人以上が解雇等により離職する場合は「多数離職届」を公共職業安定所へ提出しなければなりません（高年齢者雇用安定法第16条）。なお、再就職援助計画を企業が提出する場合には、「多数離職届」を提出したものとみなされます。

　また、解雇等により離職する高年齢者等が再就職の支援を希望する場合は、職務経歴などの高年齢者等の再就職に資する事項などを明らかにした「求職活動支援書」を作成し、高年齢者等に交付しなければなりません（高年齢者雇用安定法第17条）。

　さらに、45歳以上65歳未満の従業員が会社側の理由で辞める場合、（人数に関係なく）もし対象従業員が再就職を希望すれば、再就職援助措置を講ずるように努める努力義務を会社は負います（高年齢者雇用安定法第15条）。

VI 退職に際して

Discussion

弁　退職所得にかかる税金の計算については、先ほどお教えいただきましたね。

税　ええ。額面から、「退職所得控除額」を引いて、その後で半額にして、「課税退職所得金額」を求め、それに法定の税率を掛け算し、その後でさらに法定の控除額を引きます。

弁　半額にして「課税退職所得金額」を求める、という部分ですが、先ほどのご説明で、取締役については、取締役としての勤続年数が5年以下の場合、半額にして「課税退職所得金額」を求めることができないと教わりましたね。

税　ええ。それはすなわち、半額にできないということです。額面から「退職所得控除額」を引いて、それがそのまま「課税退職所得金額」となります。

弁　ご説明いただいていたのは取締役についてですが、同様の取扱いは従業員にはないのですよね。

税　実は、あるんですよぉ。

弁　えええええええ。マジで？

税　はい。2022年1月からの新制度です。労働者の退職金に対し、取締役への規制と似た形の規制をはめたといってもよいでしょうね。

弁　具体的にはどのような規制ですか？

税　まず、勤続年数が5年超の労働者については、2021年12月までと

第5章　離職　265

同じです。半額にして「課税退職所得計算」を求めることができます。

弁　ほぉ。で、勤続年数が5年以下の労働者については？

税　勤続年数が5年以下の労働者について、「退職金 − "40万円 × 勤
続年数"」の値が300万円以下なら、2021年までと同じように半額
にして「課税退職所得金額」を求めるのです。

弁　同じですね。

税　ええ。でも、これが300万円超なら、まったく別の式に当てはめ、
より多くの税金を納めることとなりました。150万円＋{短期退職
手当等の収入金額 −（300万円＋退職所得控除額）}が「課税退職
所得金額」です。

（https://www.nta.go.jp/taxes/shiraberu/taxanswer/gensen/2732.htm）

弁　半額にして「課税退職所得金額」を求める、という方法を、勤続期
間が短い役員と労働者についてわざわざ不適用としたのはなぜで
しょうか？

税　実は、2005年6月21日に税制調査会が「個人所得課税に関する論
点整理」を公表していました。この中で、「短期間勤務に対しても2分
の1課税が適用されるという点に関しては、給与を低く抑え、高額の
退職金を支払うといった操作を行うことで、事実上租税回避に使われ
ている側面があることに留意すべきである」といわれていたのです。

（https://www.cao.go.jp/zei-cho/history/1996-2009/etc/2005/170621.
html）

弁　それは特にdeferred bonusについてですか？

税　そうでしょうね。外資系金融で例えば3,000万円の裁量賞与が発生

するとして、うち2,000万だけを支払い、残り1,000万円を退職金に回しておくというようなことがかつては頻繁に行われていました。

[弁] さすがにそこまで露骨な税回避は、最近では少なくなっていますね。

[税] 頻繁にみられるのは、3,000万円の裁量賞与が発生するとして、うち、1,000万だけを支払い、残り2,000万円のうち1,000万円を翌年に支払い、残り1,000万円を翌々年に支払うという建付けです。

[弁] 発生する額は、例えば3,000万円の年もあり、4,500万円の年もあり、1,800万円の年もあり、毎年異なるのでしょうが、とにかく、発生する額の3分の1ずつ3年に分けて支払うという建付けですかね。

[税] ええ。3つに分けて、かつ3年かけて支払います。

[弁] 離職する場合、2年前の3分の1および1年前の3分の2はどうなるのでしょうか？

[税] なくなってしまうという制度設計が通常です。

[弁] は？　そんなぁ…とすると、従業員側からすると辞めないインセンティブとなりますね。

[税] そのとおりです。企業側からすると「事実上の退職防止策」となっているわけです。

[弁] しかし、先ほどみた「全額払の原則」に違反しないのでしょうかね。

[税] 先の例ですと、先送りされる2,000万円の部分は未発生だという建前を企業はとっています。

[弁] それはおかしくないでしょうか。ある会計年度のパフォーマンスとして3,000万円が相当だと企業が評価したわけです。そのうちの3分の1は支払われます。そうしたときに、3分の2の部分につき「未発生」と称してよいのか疑問です。

[税] 確かに「3,000万円」を従業員に知らせずに「1,000万円」だけを知らせるならわかります。ですが、3分の3たる「3,000万円」を知らせた上で3分の1たる1,000万円しか支払いませんというのは、も

ともと、全額の3分の3が発生していないと成り立たない議論です。

弁　1982年10月7日の「大和銀行事件」最高裁判決では、賞与支給日在籍要件が有効とされていますが、賞与請求権が発生しない旨の判示がなされているところから、それは「未発生」の賞与について、と考えることもできます。

税　賞与支給日在籍要件とは何でしょうか？

弁　支給日に、または一定の基準日に在籍している従業員に対してだけ支給する、という賃金規程の定めです。これが有効だとすると、支給対象期間にきちんと労務提供をして企業の業績に貢献しているのに、支給日または基準日に在籍していないという理由だけで、支払を受けることができません。

税　3,000万円のうち、もらえなくなる2,000万円は既発生の賞与のはずですね。それならば、「大和銀行事件」最高裁判決が仮に「未発生」の賞与の事案だとすると、それとは無関係でしょう。

弁　しかもですよ、賞与支給日在籍要件を取り扱った「大和銀行事件」最高裁判決が仮に「既発生」の賞与を取り扱ったものであるとしても、それは、もう40年以上前の判決です。今の世の中に真になじむかどうかは…。

税　賞与支給日在籍要件の趣旨は何でしょうか？

弁　受給資格者を明確な基準で確定し、迅速・画一的に支給する事務処理上の必要性、というのが趣旨の1つです。

税　なるほどぉ。

弁　でも、隠された真の趣旨は、やはり「事実上の退職防止策」と思われます。

税　賞与支給日在籍要件それ自体、一律に有効なんでしょうかね。必ずしもそうとまではいえないように感じるのですが。

弁　一律に有効とまではいいにくいでしょうね。「大和銀行事件」最高裁

判決においては、そもそも任意退職者が退職時期を任意に選択できる場合に不払とする事案です。この事案では、死亡や定年退職者など退職時期を任意に選択できない場合には日割計算による賞与支給がありました。とすると、まさにこれらの事実こそ、当該事件での賞与支給日在籍要件を有効とした判断の根底にあったものと思われます。

税　そうしますと、少なくとも離職日を任意に選択できない場合には、無効とする余地があるということですね。

弁　はい。死亡や定年退職者の場合が典型的です。このほか、労働者に帰責性がない場合もそうでしょうね。例えば、整理解雇の場合や賞与支給が当初の予定日より遅れてしまっている場合などですね。

税　わかりました。離職日を任意に選択できない場合や労働者に帰責性がない場合は確かに請求権を認めてあげるべきですね。

弁　さらにいうなら、離職日を任意に選択できる場合や労働者に帰責性がある場合においても、賞与支給日在籍要件を適用して本当に大丈夫なのか、と感じています。

税　ほぉ。

弁　それぞれの賞与の具体的な趣旨目的に照らして個別具体的に判断されるべきところです。趣旨目的が大きく2つに分けられるのではないでしょうか。

税　2つというと？

弁　1つは、例えば、将来に向けて従業員が一丸となって就労に励むことを促すために、過去の勤務成績を問わず一定の額で支給されるような勤労奨励的性格が強い賞与についてです。先生ならどう思われますか？

税　会社に継続して就労する従業員に支給範囲を限定する目的で定められたものとして合理的でしょうねぇ。

弁　私もそう思います。これに対して、会社の業績および従業員の勤

第5章　離職　269

務成績を考慮して支給額が決定されるような、賃金後払的性格および収益分配的性格が強い賞与についてはどう思われますか？

税　んー。賞与の算定対象期間に就労し、かつ、企業業績に貢献していますよね。にもかかわらず、支給日に在籍していなかったという事実だけで不支給とすることは、いかがなものでしょうかね。

弁　やはり、まずいでしょうね。不公平でしょう、いくら何でも…。

税　ところで先生。懲戒解雇に該当するような事態の場合には、ほぼ確実に減額または不支給とする退職金規程になっていますね。また、自己都合で退職する場合に減額をする退職金規程も非常に多くあります。さらに、同業他社に就職する場合に減額または不支給とする退職金規程も少なくありません。これらの規程自体は、全額払原則をうたう労働基準法第24条第1項に反しないのでしょうか。

弁　これらの減額不支給条項については、賃金請求権の発生の段階のこととされています。すなわち、「未発生」のもの、ということです。いったん発生した「既発生」の賃金の返還を求めるものではありません。このため、労働基準法第24条第1項の問題とはされていません。

税　わかりました。すると、退職金不支給事由または減額事由に該当する事実が認定される場合には、まさに不支給または減額となるのですね。

弁　いえいえ。違います。裁判例は適用範囲を限定して解釈しています。

税　具体的にはどういうことですか？

弁　それまでの勤続の功を抹消してしまう、または減殺してしまうほどの著しい背信行為であると認められる場合に限り、不支給または減額することを認めています。

税　そうすると、仮に懲戒解雇になってしまって、かつ、その懲戒解雇が有効だとしても、退職金が支払われることがあり得るということですか？

弁　そのとおりですね。懲戒解雇が有効だとしても、全額不支給は非違行為が過去の勤続の功労のすべてを抹消するほど重大なものであった場合のみに限定されます。懲戒解雇に至った経緯や、それまでの態度が真面目であったなどの過去の勤務態度、企業における過去の（割合的）支給事例等々を考慮して決めるわけです。

税　わかりました。そうすると、それらを考慮の上で、すべてを抹消するほど重大とはいえないという場合には、一部の支払が要請され得るという意味ですね。

弁　はい。

税　事後、すなわち支払ってしまった後はどうなんでしょうか。すなわち、退職金規程の中に、「懲戒解雇に該当する事由が退職後に判明した場合には、退職金の返還を請求できる」旨の規定が定められていることがありますよね。これは有効なのですか？

弁　ええ。規定自体は有効と考えられます。そして、それまでの勤続の功を抹消または減殺してしまうほどの著しい背信行為が認定できる場合については適用することもできるでしょう。実際この場合には、裁判例によると、当該規定に基づいて退職金の返還を求めることができるとされています。

税　わかりました。そのような規定が退職金規程に入っていない場合に企業は返還請求をすることが可能ですか？

弁　はい。懲戒解雇に該当する事由がある場合に退職金を支給しない旨の規定がありさえすれば、本来は退職金請求権が従業員に発生していなかったはずです。このため、「不当利得に基づき返還せよ」と企業は労働者にいえるということになります。

税　わかりました。ところで、先ほど地方税たる住民税の特別徴収の話をしたのを覚えておられますか？

弁　はい。

第5章　離職　271

税 特別徴収制度では、前年度の住民税について、当年の6月から翌年の5月までの12か月に振り分けて徴収されますよね。

弁 ええ。そう教わりました。

税 従業員が離職する場合、どのように徴収するのかご存じでしょうか。

弁 ぜひ教えてください。

税 まず、転職先がすでに決まっていて、現在の会社を辞めるときと転職先に入るときとの間に切れ目がなく、給与が支払われない月が生じないという場合には、「給与支払報告・特別徴収に係る給与所得者異動届出書」の「1．特別徴収継続の場合」に必要事項を記入して退職者に交付します。退職者が転職先にこの書類を提出することで、転職先でも特別徴収の継続が可能です。

弁 ありがとうございます。転職先が決まっていないときはどうなるのですか？

税 3つの場合に分かれます。ある年の6月1日から12月31日のどこかで離職する場合、翌年の1月1日から4月30日までのどこかで離職する場合、そして、翌年の5月1日から31日までのどこかで離職する場合です。

弁 それぞれどうなりますか？

税 まず、離職日が6月1日〜12月31日までの間だった場合には、翌年5月までの住民税額の納付を、一括徴収にするか普通徴収にするかを退職者自身で選択できます。

弁 ほぉ。普通徴収に切り替えることも可能なのですね。

税 ええ。次に、翌年1月1日〜4月30日の間に離職した場合、5月分までの未徴収額について一括徴収されます。例外的に、一括徴収を仮に実施すると最終月の給与支払額がマイナスになってしまう場合には、普通徴収への変更も可能です。

弁 わかりました。

㊧ そして最後に、退職日が5月1日〜5月31日までの間だった場合には、5月分のみであるため、それまでどおり最後の給料から住民税額が特別徴収の形で引かれるようになっています。

㊦ ありがとうございます。

㊧ いずれの徴収方法であっても「給与支払報告・特別徴収に係る給与所得者異動届」の作成・届出が必要です。

Key Points

(1) 「退職所得控除額」は勤続年数に依存します。勤続年数が20年以下なら、「40万円×勤続年数」です。仮に他社に出向している期間があった場合、その期間は原則として「勤続年数」から除外されます。ですが例外的に、退職金規程に「出向先での期間を算入する」という明文があれば算入できるとされています(所得税基本通達30-10)。なお、この「退職給与規程」とは、労働基準法の就業規則に関する規定により労働基準監督署に届け出られた就業規則により定められる退職給与の支給に関する規程をいうとされています(所得税法施行令153条)。

(2) ある額を退職金として企業が支払おうとする場合、退職の時点よりも前に支払うと、それは退職所得と税務署から認めてもらえるでしょうか。この点、退職時点よりも前に支払うと、退職所得として税務署が認めてくれない可能性が高いと思われます。第1の根拠は、所得税基本通達30-1で、「退職手当とは………退職したことに起因して一時に支払われることとなった給与をいう」とされているためです(「退職すること」という現在形ではなく「退職したこと」という過去形です)。第2の根拠は、所得税基本通達30-2で、例外的に「退

職時点より前に支払っても退職所得となる場合」が6つ列挙されていますが、これらは限定列挙だからです。

(3) 入社にあたり、労働者災害補償保険につき、被保険者資格の「取得」手続はありません。雇用保険、健康保険、厚生年金保険では被保険者資格の「取得」手続があります。このため、離職に際しては、労働者災害補償保険につき、被保険者資格の「喪失」手続はありませんが、雇用保険、健康保険、厚生年金保険では被保険者資格の「喪失」手続があります。健康保険については、被保険者資格の「喪失」があると労働者は次のいずれかを選ぶことになります。

- どこかの企業に就職する場合：その企業の使う（健康保険組合または協会けんぽの）健康保険に加入する
- どこの企業にも就職しない場合：任意継続する、国民健康保険に加入する、家族の扶養の形で家族の会社の健康保険に入る

(4) 健康保険組合または協会けんぽから傷病手当金をもらっている場合、途中で企業を離職してしまったらどうなるのでしょうか。18か月の間に当該企業を離職しても労務提供ができない状態である限り、原則は支払われ続けます。そしてこれは、任意継続をする場合は当然ですが、いくつかの法的な要件を満たすなら、任意継続をしている場合でも、任意継続をせずに国民健康保険に入る場合でも、家族の扶養に入ろうと試みる場合でも同じです（＝在籍していた当時の健康保険から出ます。ちなみに、国民健康保険においては「傷病手当金」という制度は存在しません）。ただし、家族の扶養に入ろうと試みる場合、傷病手当金の額が130万円／年を超えてしまうと扶養に入れなくなるかもしれません。

　ちなみに、ここでいう法的な要件のうち重要なものは以下のとおりです。

- 離職するまでに「健康保険の被保険者期間」が継続して1年以上

あったこと

- 離職日において傷病手当金を受給していること（または受給できる状態であること）
- （挨拶回りや引継等、いかなる理由であっても）離職日に出勤していないこと

(5) 雇用保険の被保険者資格の喪失手続と同時に、3枚つづりの離職証明書を会社は作成して、ハローワークに提出しなければなりません。自己都合退職の場合には、特定受給資格者になることはありません。ですが、自己都合の原因が「かわいそうなもの」である場合には、特定理由離職者になる場合があります。「特定受給資格者」と「特定理由離職者」の共通点は、待期（漢字表記としては、「待機」ではありません）の7日間の後、給付制限の2か月間がつかないということです。相違点としては、「特定受給資格者」では給付日数が増える（＝国からもらえる額が一般の受給資格者に比べ増える）のに対し「特定理由離職者」では、一部を除いて、一般の受給資格者と同じ給付日数であることです。

離職証明書の三枚目における区分	認定結果	主な理由	給付される額	給付される時期
1A 1B 2A 2B 3A 3B	特定受給資格者	倒産 解雇等	増額	待期のみ
2C	特定理由離職者	有期労働契約の雇い止め	増額	待期のみ
2D 2E 3C 3D	特定理由離職者	正当な理由のある自己都合	増額なし	待期のみ
4D 5E	一般の受給資格者	自己都合	増額なし	待期プラス給付制限（2か月）の後で

第6章　募集・採用および エンゲージメント

Ⅰ　サインオンボーナス
Ⅱ　採用の自由
Ⅲ　募集採用の場面で気を付けるべき点
Ⅳ　労働契約締結に際して気を付けること
Ⅴ　採用内定、試用期間
Ⅵ　副業・兼業
Ⅶ　借上社宅

サインオンボーナス

Discussion

㊎ 第5章ではdeferred bonusや賞与支給日在籍要件についてみてみました。

㊨ これらのうち賞与支給日在籍要件についてはしばしば訴訟になっています。これに対してdeferred bonusについて訴訟になっている例はあまり聞いたことがありません。

㊎ それはなぜなのでしょうか。発生した年に3分の1だけ支払うという建付けの場合、離職の際に「一昨年の分の3分の1」および「昨年の分の3分の2」、という多額の賞与を放棄しなければならないというのに。

㊨ deferred bonusは、主として外資系企業で採用している仕組みです。外資系企業の従業員はほとんどの人が外資系企業を渡り歩くでしょ？ しかも、外資系金融なら外資系金融、という具合に普通は同業他社を渡り歩きます。労働者は外資系企業たる次の就職先に就職することを考えるわけです。

㊎ ああ、なるほどぉ。今の雇用主たる外資系企業ともめてしまうと、もめたというウワサが同業他社に伝わるのを恐れて、ということですか。

㊨ そうそう。悪いウワサが立つと同業他社に就職できなくなる危険性を高めてしまい、結果、自分の首を絞めてしまいかねません。そのため労働者は、同業他社への就職の可能性を高めることと引き換えに、泣く泣く放棄するというのが現実なのです。

㊎ わかりました。でも、多額ですね。放棄する対象額は。

弁　ええ。しかし、その放棄を事実上補ってくれる制度があります。転職先の企業が支払う入社一時金（サインオンボーナスまたはサイニングボーナス）の制度です。

税　あぁ、外資系企業では頻繁にありますよね。

弁　外資系企業では求職者を採用しようとするときに、直前の雇用主から何らかの賞与をもらえていないことを織り込み済みです。このため、自社に入社してもらうために、もらえなかった分を補う目的でサインオンボーナスを支払うということが頻繁に行われています。

税　外資系企業を渡り歩く労働者にとっては、再就職先からある程度は補填してもらえるため、現在の企業からもらえなかった分について、紛争が顕在化しないのですね。

弁　はい。紛争が顕在化しにくい理由は、雇用主ともめたとか争ったという悪いウワサを避けたい、そしてサインオンボーナスをもらえる、というところにあるのです。

税　だからこそ逆に外資系企業の側からすると、かなり強気にdeferred bonusを進められるのですね。

弁　そうですねぇ。そして、かなり強気で進められる理由のもう1つは、予測可能性があるということでしょう。

税　どういう意味でしょうか？

弁　支払わずに仮に訴えられたとしたら、支払う必要があるのは、未払の額プラス遅延損害金ですよね。ですので、どのくらいの経済的損失を被るのか、あらかじめわかっているわけです。お金儲けをする企業という立場からすると、経済的損失について予測可能性があるという事実は非常に大きいですよ。それさえ損すればいいと考える、いわば、「織り込み済み」のビジネスジャッジメントがあり得ますので。

税　なるほど。ところで、サインオンボーナスへの課税ですが、どうなるかご存じですか？

第6章　募集・採用およびエンゲージメント　279

弁　いいえ。

税　一般的な回答としては、賃金の性質を有する場合とそうでない場合に分かれると思われます。賃金の性質を有する場合には当然に給与所得です。当然に源泉徴収の対象になります。

弁　賃金の性質を有していない場合にはどうなりますか？

税　雑所得となるでしょう。そして、源泉徴収も必要になります。というのも、「役務の提供を約することにより一時に取得する契約金として政令に定めるもの」に該当しますので（所得税法第204条第1項第7号および所得税法施行令第320条第6項）。この点、所得税基本通達35-1および204-29をみていただけますでしょうか。

（https://www.nta.go.jp/law/tsutatsu/kihon/shotoku/04/09.htm）
（https://www.nta.go.jp/law/tsutatsu/kihon/shotoku/36/06.htm#a-02）

弁　ありがとうございます。賃金の性質を有しているかどうかというのは、どういうふうに見分けるのですか？

税　雇用契約上で「移籍する条件として支払う」と明記しているなら、それは、賃金の性質を有していない場合です。この場合、契約金として、雑所得とされ、源泉徴収の対象となります。

弁　全額を一括で支払うか分割で支払うか、支払時期が労務提供開始時点より前なのか後なのか、等々で回答は変わってきますか？

税　いいえ。

弁　ところで、サインオンボーナスの最大の問題点は、入社に際してサインオンボーナスをもらった従業員が短期間で、例えば1年以内に離職してしまったという場合です。

税　その場合、企業側としては、支払ったサインオンボーナスを取り返したいですよね。

280

弁 心情的にはそうでしょうね。

税 支払う際に「1年以内に離職する場合には、全額を返金する」旨の約束をすればよいのではないでしょうか？

弁 んー。労働基準法第16条のこと、覚えておられますか？

税 損害賠償の予定の禁止ですよね。

弁 そうそう。

税 あぁ。そういうことですか…。支払う際に「1年以内に離職する場合には、全額を返金する」旨の約束をすることは、労働基準法第16条に違反するからダメという結論ですね？

弁 はい。

税 とすると、1年以内に離職してしまった場合でも取り返すことができないですね。

弁 そう。ですから企業は、取り返すことができないという危険性を負ってでもサインオンボーナスを支払うか否かを決めるということになります。

税 わかりました。そうはいっても、何か企業側が危険性を小さくできるようなうまい方法はありませんか？

弁 1つだけ方法があります。入社に際して一括で支払うから問題となるわけです。そうではなく、入社後しばらくしてから支払う、あるいは入社後に分割で支払うといった方法で危険性を軽減することが考えられます。

税 これらの方法だと、途中で離職する場合、離職後の分について企業は支払わないということになるわけですね。

弁 はい。

税 とても良い方法にみえますが、求職者としては、「入社に際して一括でお金がもらえる」という場合と、「入社後にしばらくしないともらえない」あるいは「入社後に分割で支払われる」という場合とで

第6章 募集・採用およびエンゲージメント　281

は受ける印象がかなり違いませんか。せっかくなら前者の方が早めにもらえるので、圧倒的にうれしいようにも感じますが。

弁　当該時期にある程度まとまったお金を必要とする求職者にとっては、おっしゃるとおりでしょうね。ここは、企業としては、どちらをとるかの2択のビジネスジャッジメントです。

Key Points

(1)　企業としてサインオンボーナスを支払うと決めるときをみてみましょう。2回以上の割賦で支払うと実務上のリスクが高いと企業が推理する場合、ワンタイムペイメントの形で支払います。この場合の「実務上のリスク」とは、人事労務的にいうと、「求職者を競合他社に奪われるリスク」です。求職者がたまたまお金を一時的に必要としている（例えば、マンションを買う、娘が私立大学の医学部に入学する、息子が弁護士事務所を開設する等）ときに、「2回に分けてもらう」のでは求職者からみて魅力が半減し、「それなら一括で支払ってくれる競合他社に行くよ」という可能性を増大させます。

(2)　これに対し、ワンタイムペイメントについて実務上のリスクが高いと企業が推理する場合、ワンタイムペイメントではなく、例えば2回の割賦で支払う形にすることはあり得ます。この場合の「実務上のリスク」を人事労務的にいうと、「短期間で辞められてしまうリスク」です。ワンタイムペイメントとして支払ってしまった後に、数か月たって、「やっぱり、私、辞めます」といって辞めてしまう場合です。この場合、「すぐに辞めるなら、支払ったサインオンボーナスを返還せよ」と企業がいうことは労働基準法違反なのでいえませ

ん。つまり「払い損」になってしまいます。とすると、実務上のリスクたる「払い損」を避けるために、ワンタイムペイメントを避け、2回に分けて支払う＝「1回目の分を取り戻す」ことはできないけれど、せめて2回目の分については（辞めていく者に）支払わなくて済むという方法でリスクを軽減します。

第6章 募集・採用およびエンゲージメント

Ⅱ 採用の自由

Discussion

弁　第5章で離職の際の留意点についてみてみましたが、法律上は解雇がほぼ必ず阻まれるので、できるだけ離職勧奨という方法によるべし、という点を確認しましたね。

税　また、入社の際のサインオンボーナスについても触れていただきました。そこで、「離職の際」の対蹠的な事象として、「入社の際」のことについてみてみましょう。

弁　そうですね。企業からすると、募集採用ということになりましょう。

税　法律上、企業の立場では、どのような留意点がありますか？

弁　大原則として、企業には採用の自由が認められています。憲法第22条には職業選択の自由などの経済活動の自由が保障されています。また、憲法第29条は財産権を保障しています。これらに裏打ちされ、市場経済体制が確立されるわけですが、市場経済体制の重要な内容として「契約自由の原則」が民事法上の大原則です。

税　契約自由の原則の一派生が、採用の自由ということですね。

弁　はい。具体的には以下のようなものが内包されます。

　(a)　雇用者数を決定する自由
　　（労働者をそもそも雇うのか否か、仮に雇うとして何人の労働者を採用するか、を決定する自由）
　(b)　募集方法としてどのような方法を選択するかの自由
　　（公募するか、縁故採用するか、入社試験を行うかなど）

(c)　どのような基準にのっとって、求職者のうち誰を採用するかの自由

(d)　契約締結の自由

（特定の労働者との契約の締結を強制されない自由）

(e)　調査の自由

（求職者の適格性について判断の材料を得る自由）

[税]　ありがとうございます。かなり広い自由があるのですね。

[弁]　ええ。出口たる解雇の場面では企業は厳しく規制されています。このため、入口たる募集採用という場面では企業に自由を与えているということです。

[税]　これらの自由に対する例外はありますか？

[弁]　ええ。たくさんありますよ。

[税]　(a)に関しては、例えば何でしょうか？

[弁]　まず、障害者雇用促進法です。企業にいる労働者のうち障害者の占める割合が決まっています。これを法定雇用率と呼びます。

[税]　今の法定雇用率はどのくらいでしょうか？

[弁]　2024年度から2.5%となっています。2026年7月から2.7%に引き上げられます。

[税]　2.5%としますと、2024年から2026年までは、40人以上の企業で1人以上雇用しなければなりませんね。

[弁]　はい。1.0 ÷ 2.5% ＝ 40ですからね。

[税]　2.7%だと、1.0 ÷ 2.7% ＝ 37.5となるということですか？

[弁]　はい。ということは37.5人以上の企業が1人以上採用しなければならなくなるということです。

[税]　人数を勘定するのにどうして小数点以下があるのですか？

[弁]　障害者雇用促進法では、常用雇用の労働者を1.0人と勘定し、短時間労働者を0.5人と勘定する決まりになっているのです。

税　人間1人を0.5人と勘定するのですか。それって、ちょっと…。

弁　短時間労働者が常用雇用の労働者より劣っているという意味では決してありません。単に人数を勘定する場面でどのような方法を法が用いているかというだけなので、誤解のないようにお願いします。

税　わかりました。

弁　2026年6月までは「40の倍数」ごとに1人、2026年7月からは「37.5の倍数」ごとに1人、障害者を雇用すべき法的義務が企業には課されているということです。

税　それは確かに「雇い入れ人数」に法が口出しをしているということになりますね。まさしく(a)の例外として称してよさそうです。採用の自由に対する他の例外を教えてください。

弁　採用の自由のうちの(b)ですが、重大な例外はやはり障害者雇用促進法です。障害者からの応募があり、申出があった場合、障害の特性に配慮した必要な措置を講じなければなりません（障害者雇用促進法第36条の2）。

税　例えばどんな措置のことですか？

弁　例えば、入社試験の問題の点訳や音訳などです。

税　わかりました。

弁　また、(b)については、リファラル採用も問題になり得ます。

税　それはどんな内容の制度ですか？

弁　従業員の親戚や友人を求職者として紹介してもらうという、従業員による求職者紹介制度のことです。うまく採用まで漕ぎ着ければ、紹介してくれた従業員に対し企業がお金を支払うことが多いですね。

税　わかりました。なぜ企業はリファラル採用を設けたいのでしょうか？

弁　良い人材を求職者として発見したいということが基本的な理由です。

税　それが基本的な理由であれば、普通に募集したり、人材紹介会社に委託すればよいのではありませんか？

弁 後でお話ししますが、企業と労働者との相性、すなわち、合う、合わない、というマッチングの問題がありますよね。

税 あぁ、ありますでしょうねぇ。

弁 会社のことをよくわかっている従業員が紹介してくれる求職者なら、相性が良い可能性が高いわけです。

税 なるほどぉ。マッチングする可能性が高いのですね。

弁 ええ。また、定着可能性ですね。

税 それは何でしょうか?

弁 紹介者である従業員の顔を潰さないために、求職者は短い期間で辞めることはないだろうという期待を企業は持つことができます。

税 あぁ。確かに。紹介対象の求職者が直ぐに辞めたら、紹介者である従業員は赤っ恥かもしれませんからね。

弁 ええ。隠された他の大きな理由としては、人材紹介会社に支払うはずの成功報酬を節約できるという利点があります。

税 わかりました。でも、従業員が紹介をしたとしても、紹介対象の求職者が不採用となったら、どうなるんでしょうねぇ。

弁 その場合には、従業員と紹介対象の求職者との関係が悪化することが考えられますし、従業員と企業の関係も悪化しかねませんね。

税 逆に、採用内定をもらった後に、紹介対象の求職者が「やっぱりやめる」という場合も悲劇的ですね。

弁 ええ。その場合にも、まったく同様に各々の関係が悪化しかねませんね。人手不足の解消のため、リファラル採用はかなりの企業で最近使われています。もっとも、制度を構築する際は、このリスクについてはあらかじめ負わざるを得ません。

税 従業員に支払うお金に規制はありますか?

弁 ええ。職業安定法第40条があるため、これに抵触しないように支払わざるを得ません。そのお金を、報奨金として賃金規程にはっきり

第6章　募集・採用およびエンゲージメント　287

と示して賃金に該当することを明確にしておかなければなりません。

税 どのような場合に報奨金を支払うと規定するのがよいのでしょうか？

弁 一番いいのは「紹介対象の求職者が入社したこと」をきっかけに支払うよりも「紹介対象の求職者が入社して社員身分をしばらく継続したこと」をきっかけに、紹介者に支払うことでしょうね。このしばらくの期間、紹介者がメンターになって1か月に一度なり、定期的に面倒をみる時間をとってあげることが重要なので、これを併せて行い、半年後にxxxx円を支払う、というような方法が実務的と思われます。

税 いくらくらいが一般的なのでしょうか？

弁 まぁ、それは、いろいろな要素に依存するでしょう。しかし、紹介対象の求職者1人を紹介するにつき、10万円を超えると「本業に精を出さずに、知り合いを紹介することばかりに気をとられる従業員」が出てくる可能性があり、なかなか厄介です。年間合計でも1か月の給与を超えない額が望ましいでしょう。あくまでも感覚ですがね。

税 報奨金が賃金規程にはっきり示されているなら、賃金ですから給与所得となり、源泉徴収の対象です。

弁 次に(c)ですが、採用の自由の根幹です。どのような資質の労働者を採用するか、その決定のためにいかなる基準を立てるかは、企業の業績を左右する重要な事項なので、企業経営のリスクを負う企業自身に包括的に委ねられるべし、というのが基本的な考え方です。

税 とすると、さすがに例外はないのですよね？

弁 それがね、あるんですよ。

税 え。例えば？

弁 性別を理由とする差別は男女雇用機会均等法第5条で禁じられています。また、年齢制限を設けることは労働施策総合推進法第9条で禁じられています。さらに、障害を理由とする差別は障害者雇用促進法第34条で禁じられています。

税　わかりました。ありがとうございます。

弁　⒟にだって例外があります。契約社員の雇い止めが違法な場合に更新を強制する規定が労働契約法第19条にあります。また5年超の契約社員に無期転換権を付与する労働契約法第18条は無期労働契約の締結を企業に強制する規定です。さらに、労働者派遣法第40条の6ですが、違法派遣があった場合、故意過失のある派遣先に、派遣労働者との雇用契約の締結を強制する規定があります。

税　ありがとうございます。採用したくもない労働者を採用することを企業が強制されるなんて、大変な話ですね。さて、⒠はどうでしょうか。プライバシーや個人情報と激突しそうですが。

弁　そうですね。厚生労働省がまだ「労働省」だったころ、「労働者の個人情報保護に関する行動指針の解説」を公表しました（2000年12月20日）。画期的な内容でした。解説がこちらです。

（ https://www.mhlw.go.jp/www2/kisya/daijin/20001220_01_d/20001220_01_d_kaisetu.html ）

税　これをみると、原則として以下の情報を収集してはならないとうたっていますね。

- 人種、民族、社会的身分、門地、本籍、出生地その他社会的差別の原因となるおそれのある事項
- 思想、信条、信仰
- 労働組合への加入、労働組合活動に関すること
- 医療上の個人情報

弁　実は、個人情報保護法が施行されたのは2005年4月です。ですの

第6章　募集・採用およびエンゲージメント　289

で、この指針は、個人情報保護法の施行前の指針です。非常に優れた内容でした。

税　個人情報保護法の施行前の指針ということは、現在では効力を失っているのでしょうか？

弁　はい。おっしゃるとおりです。しかし内容があまりに素晴らしいので、実務的には現在でもしばしば参照・引用される指針です。

税　わかりました。(e)に関して、個人情報保護法での縛りはどのようなものでしょうか？

弁　まず、個人情報の取得の際に重要なのは、目的を特定して（個人情報保護法第17条）、目的を本人に通知・公表することです（個人情報保護法第21条）。

税　目的の特定が必要なのですね。取得の際に同意はいらないのですか？

弁　取得に際して同意は不要なのが原則です。ただし取得に際して同意が必要となる例外もあります。

税　どういう場合でしょうか？

弁　例外は要配慮個人情報の場合です（個人情報保護法第20条第2項）。人種、信条、社会的身分、病歴、犯罪歴、犯罪被害歴、障害があることなどです（個人情報保護法第2条第3項）。

税　ということは、逆に、同意があれば要配慮個人情報を取得できますか？

弁　はい。少なくとも個人情報保護法ではそうなっています。

税　わかりました。

弁　しかし、個人情報保護法でそうなっているからといって、同意さえあれば、求職者に関わるいかなる個人情報でも取得できるというわけではないのですよ。

税　ええ？　そうなんですか？

弁　実は、求職者の個人情報については、職業安定法第5条の5第1項

290

本文にて別途の規制がかかっています。業務の目的の達成に必要な範囲でしか、企業は求職者の個人情報を取得できないのが原則です。

税　確かにそう書かれていますね。

弁　ですので、そもそも、業務の目的の達成に必要な範囲内での個人情報収集が必要です。

税　しかし但書がありますよ。そこに「本人の同意がある場合にはこの限りでない」と書かれています。ここからすると、同意さえあれば何でも取得できるわけではないのですか？

弁　良い質問ですねぇ。

税　先生。池上彰さんみたいになってますよ。

弁　すみません。えっとぉ。職業安定法では、同意があればどんな個人情報でも取得できるように読めます。ですが、もしこれを完全に貫いてしまうと、企業が求職者に事実上強制し、求職者は嫌であっても同意を与えてしまいかねません。求職者は一般的には弱い立場ですから。

税　なるほどぉ。

弁　このため、ハローワークの多くは、同意があれば取得できるとは解釈していません。業務の目的の達成に必要不可欠な場合にのみOKと考えています。

税　そのような解釈の根拠は何ですか？

弁　1999年11月17日に当時の労働省が発出した告示第141号です。最終改正は2023年3月31日厚生労働省告示165号です。この「第五」に、原則として要配慮個人情報を収集してはならないと書かれています。さらに但書で、特別な職業上の必要性があるなど、業務の目的の達成に必要不可欠な場合は例外だとあります。

税　業務の目的の達成に必要不可欠な場合とはどのような場合ですか？

弁　ハローワークの解釈によると、非常に狭く、法令上の犯罪歴が欠格要件となっている場合などに限られます。警備業法第25条のよ

第6章　募集・採用およびエンゲージメント　291

うな場合です。

税　そうしますと一般論としては、本人の同意があっても基本的に取得しようとすることを控える方がよいということですね。

弁　はい。「犯罪歴があること」や「資産状況が悪いこと」が「雇用開始後に犯罪行為を行う」ことを常に意味するわけではありませんから。さらにいえば、このような個人情報を取得することになると、犯罪歴があったり資産状況が悪い求職者が、事実上、労働市場から閉め出されてしまうことになりかねません。これらがハローワークの基本的な考え方です。

税　趣旨は理解できるのですがねぇ。例えば、企業の経理部門に求職者を雇おうとするときに、犯罪歴や資産状況に関する個人情報を取得したいと企業が思うことがあるでしょう。そのような場合にはどうすればいいのでしょうか？

弁　第1に、資産状況について聞いてみたい気持ちはわかります。でも、できれば聞くのはやめておくべきです。第2に、犯罪歴のうち「前歴」も同様に聞くのはやめておくべきです。「有罪と立証されるまでは無罪」というのがわが国の建付けですから。

税　第3に、有罪になった「前科」についてはどうでしょうか。

弁　非常に悩ましいです。確かに企業の信用秩序の維持という側面がありますから。犯罪歴のうち前科に関する個人情報を取得したいと企業が思う理由について、「特別な職業上の必要性をハローワークよりも広く解釈して、業務の目的の達成に必要不可欠だと考えるため、立証を試みてみたい」ということはあり得るかもしれません。ここは一義的な回答がありません。そこで、裁判所で争ってみるというリスクを負ってでも、という考え方はあるかもしれません。

税　ということは、一般的な原則としては、リスクをとると腹をくくる場合を除き、やはり聞かない方がいいということですね。このよ

うな原則について例外はありますか？

弁　ええ。　教育職員児童生徒性暴力防止法が2021年5月に成立し、2021年6月に公布され、2022年4月から施行されています。

税　ああ。18歳未満の幼児児童生徒に対してわいせつ行為を行うことを明文で禁じている法律ですね。

弁　ええ、その禁止は教育職員児童生徒性暴力防止法第3条です。この禁止は、それこそ当たり前の話ですよね。でも、そればかりでなく、データベースの整備がなされます（同法第15条）。児童や生徒へのわいせつ行為で懲戒免職処分や分限免職処分を受けて教員の免許が失効または取り上げられても、教育職員免許法第5条第1項第4号および第5号によれば、最短3年で再取得が可能です。しかし、教育職員児童生徒性暴力防止法第22条では免許が失効等する場合、再免許を授与するのが適当である場合に限り、都道府県教育委員会が再免許を授与することができるとなっています。

税　日本版DBSというのは、それとは違う法律のことですか？

弁　はい。日本版DBSは、子ども性暴力防止法です。その正式な名称は、「学校設置者等及び民間教育保育等事業者による児童対象性暴力等の防止等のための措置に関する法律」です。

税　子ども性暴力防止法の重要点はどんなものでしょうか？

弁　学校設置者等が講ずべき措置として、性犯罪前科の有無を確認し、これらを踏まえ、児童対象性暴力等が行われるおそれがある場合の防止措置（教育、保育等に従事させないこと等）を実施するというものです。

税　性犯罪前科の有無を確認するっていっても、どうやって確認するのですか？

弁　内閣総理大臣に教員等の犯罪事実を確認してもらう仕組みを創設するというのです。すなわち、内閣総理大臣は、学校設置者等から申

第6章　募集・採用およびエンゲージメント　　293

請があった場合、教員等に関し、以下の期間における性犯罪（痴漢や盗撮等の条例違反を含む）前科の有無について記載した 犯罪事実確認書を学校設置者等に交付することになっています。

㋐　拘禁刑（服役）：刑の執行終了等から20年

㋑　拘禁刑（執行猶予判決を受け、猶予期間満了）：裁判確定日から10年

㋒　罰金：刑の執行終了等から10年

㋫　先ほど出てきた、1999年11月17日労働省告示第141号との関係はどうなるのでしょうか？

㋫　難しいところです。恐らくは、「特別な職業上の必要性があるなど、業務の目的の達成に必要不可欠な場合」に当てはめるのではないかと考えます。

㋫　まさに「調査の自由に対する例外」の例外、という感じですね。国会成立および施行はいつでしょうか？

㋫　国会で成立したのは2024年6月19日です。施行は2026年度とされています。

㋫　業務の目的と無関係な個人情報を取得することは基本的にできないということは理解しました。しかし、いろいろ複雑ですね…。

㋫　求職者の選考は、その「適性と能力によるべし」というのが厚生労働省の基本的な考え方です。

㋫　ということは、求職者の適性や能力と無関係な個人情報の取得は不適切とされているということですね。

㋫　はい。例えば以下の中で、選考過程において聞くことが不適切だと考えられるものはどれでしょう？

・本籍はどちらですか。

・生まれてからずっと現住所に住んでいますか。

・現住所の略図を書いてください。

- ご両親の職業は何でしょうか。
- ご両親の学歴を教えてください。
- ご家族の死因は何でしょうか。
- 持ち家ですか借家ですか。
- 間取りを教えてください。
- 自分の部屋を持っていますか。
- 支持する政党はありますか。
- 労働組合運動をどう思いますか。
- 家の宗教は何ですか。
- 愛読書は何ですか。
- 購入している新聞は何ですか。
- 尊敬する人物は誰ですか。

税　んー。わかりません。どれですかね。本籍を聞くのはダメでしょうね。支持する政党や家の宗教も、聞いてはいけないように思いますね。あとはいいんじゃないですか？

弁　実は、すべてがダメなのです。求職者の適性や能力と関係ある質問はこれらの中に1つもありません。

税　マジですか?!　びっくりです。「持ち家ですか借家ですか」については、住宅手当の計算上、必要な情報のような気がしますけれど。

弁　それは「入社後」に必要な情報かもしれませんね。でも、「選考過程」において必要な情報ではないのです。

Key Points

(1)　公正な採用選考の基本は、応募者に広く門戸を開くことのほか、

本人の持つ適性および能力に基づいた採用選考を行うことです。か
かる観点から以下の14項目について、聞かないように、または行わ
ないように、厚生労働省は指導しています。就職差別につながるお
それがあるという理由からです。

（https://kouseisaiyou.mhlw.go.jp/consider.html）

本人に責任のない事項
- 本籍、出生地
- 住宅状況
- 家族に関すること
- 生活環境・家庭環境

本来自由であるべき事項
- 宗教
- 人生観・生活信条
- 思想
- 購読新聞・雑誌・愛読書
- 支持政党
- 尊敬する人物
- 労働組合、学生運動に関すること

採用選考の方法
- 身元調査
- 合理的・客観的に必要性が認められない採用選考時の健康診断
  の実施
- 本人の適性・能力に関係ない事項を含んだ応募書類の使用

⑵　DBSとは、英国の機関の１つで、Disclosure and Barring Service

（前歴開示および前歴者就業制限機構）の略です。イングランドと
ウェールズにおける民間による安全な求人（求職者や従業員の前科
をチェックし、職に適するかどうかを決めること）を目的として作
られた機関です。

（ https://www.gov.uk/government/organisations/disclosure-and-
barring-service ）

(3)　こども性暴力防止法は、学校設置者等（私立学校、幼稚園、認可保
育所、児童福祉施設を含みます）および認定を受けた民間教育保育等
事業者（以下「認定事業者」といいます）に対し、教員等による児童
対象性暴力等の防止等の措置を講じることを義務付けています。当
該義務の一環として、学校設置者等と認定事業者は、教員等の「特定
性犯罪」の前科の有無を確認しなければなりません。

　民間教育保育等事業者のうち認定事業者になることが期待されて
いるのは、学習塾、予備校、子ども向けスイミングスクール、子ども向
けスポーツクラブ、子ども向けダンス教室、子ども向け体操教室、認
可外保育施設、インターナショナルスクールなどです。認定事業者は、
認定を受けた旨をインターネット上で公表されるとともに、自身の広
告等に所定の表示を付することができます。認定の取得を宣伝するこ
とができるため、認定事業者になっていない民間教育保育等事業者に
比べれば、認定事業者として競争力を高めることができます。

　学校設置者等および認定事業者は、

- 新規採用希望者に関し、教員等の採用時に犯罪事実確認を実
  施しなければならず、採用後も５年ごとに犯罪事実確認を実
  施しなければなりません。
- 現職者については、学校設置者等は施行から３年以内、認定事

第6章　募集・採用およびエンゲージメント

業者等は認定から1年以内に犯罪事実確認をしなければなりません。

　学校設置者等は、犯罪事実確認の結果等を踏まえ、児童対象性暴力等が行われるおそれがあるときには、当該犯罪事実確認に係る者について、教員等としてその本来の業務に従事させないことその他の児童対象性暴力等を防止するために必要な措置を講ずる義務を負います（こども性暴力防止法第6条）。認定事業者も、同様の措置を講ずることが認定の基準となっているため（こども性暴力防止法第20条第1項第4号イ）、同様の措置を実施する必要があります。当該措置として、該当する教員等を子どもと対面で接触する機会等の多い業務に従事させないよう配置転換等が必要になることが予想されます。

　学校設置者等および認定事業者による犯罪事実確認の実施方法ですが、具体的には、こども家庭庁に照会申請をします。こども家庭庁はこれを受けると、法務省に性犯罪歴の照会を行い、法務省がこども家庭庁にその結果を回答します。こども家庭庁は、その結果を踏まえて事業者に回答をすることになります。これは内閣総理大臣から犯罪事実確認書の形をとります。犯罪事実確認書が交付される前に、新規採用希望者に対して犯罪事実確認の内容が通知されます。このため、仮に特定性犯罪歴を有する場合、新規採用希望者は、通知を受けた犯罪事実確認の内容を踏まえて採用の申込を取り下げることができます。その場合、学校設置者等または認定事業者は犯罪事実確認の実施の根拠を欠くこととなりますから、学校設置者等または認定事業者に対して犯罪事実確認の内容は通知されません。

　こども性暴力防止法において、照会対象となる性犯罪は刑事裁判になり、かつ有罪となったもの（前科）に限定されています。不起訴処分となったものについて（前歴）は照会対象の外です。

募集採用の場面で気を付けるべき点

Discussion

㊷ 募集の際に、労働条件を求職者に対し明示するのでしょうか？

㊇ はい。募集の際の労働条件については、最低限、以下を明示しなければならないこととなっています（職業安定法第5条の3、職業安定法施行規則第4条の2、指針（2023年3月31日厚生労働省告示第165号））。

・業務内容

・契約期間

・試用期間

・就業場所

・労働時間

・休憩時間

・休日

・時間外労働の有無

・賃金

・加入保険

・受動喫煙防止

・募集している企業の名称

㊷ 募集の際の労働条件明示について、2024年4月から、追加変更がありませんでしたか？

㊇ よくご存じですね。正社員に関しては、従事すべき業務の変更の範囲、就業場所の変更の範囲について追加で記すべきこととなっています。

（ https://www.mhlw.go.jp/content/001114110.pdf ）

税　これら求人情報の提供にあたり、企業が気を付けるべきことはあ
りますか？

弁　はい。職業安定法第5条の4によれば、的確な表示をすることが義
務付けられています。特に、以下の点に留意が必要です。

> ・虚偽の表示または誤解を生じさせる表示をしてはいけません。
> ・正確かつ最新の内容に保たなければなりません。

（ https://www.mhlw.go.jp/content/11600000/000984586.pdf ）

税　履歴書および職務経歴書を企業が確認するときに、企業が気を付
けるべき点を教えてください。

弁　実務的には、以下の視点から見極めるよう、試みてみましょう。

⑴　（他社にではなく）当社にどのくらいの強い思いを抱いて入社
したいと願っているのか（積極性）

⑵　組織適応力（他人への気配り）

税　具体的にはどのような点に気を付けるべきなのでしょうか？

弁　よくいわれていることですが、谷所健一郎『「履歴書のウソ」の見
抜き方　調べ方』（C&R研究所）を参考にするなら、例えば以下のと
おりです。

・自宅住所欄の記載に省略がある（都道府県名やアパート・マン
ション名）。

・顔写真がスナップ写真。

・家族が同居しているにもかかわらず固定電話の番号が記されてい
ない。

- 長いブランクの期間がある。
- どの会社でも通用する一般的な志望理由のみが記載されている。
- 多分野にわたる資格を取得している。
- 士業の資格を目指している。
- 30代なのに、マネジメントの経験が記載されていない。
- 退職理由が書かれていない（あるいは「一身上の都合」とのみ書かれている）。
- 「年齢が高い」「経験がない」と自分で書いてしまっている。
- 誤字脱字がある。

㊵ 最近はLGBTQ等の意識が高まっています。「性別」について求職者に記載してもらうのですかね。

㆑ 2021年4月16日付で厚生労働省が公開している「履歴書様式例」をみると、性別欄は任意記載となりました。

（ https://www.mhlw.go.jp/stf/newpage_kouseisaiyou030416.html ）

㊵ あっ！ 通勤時間、扶養家族数、配偶者、配偶者の扶養義務の4項目も削除されていますね。

㆑ そうなんです。

㊵ 次に採用面接で企業が気を付けるべき点を教えてください。

㆑ 以下を見極めるよう試みてみましょう。

　⑴ （他社にではなく）当社にどのくらいの強い思いを抱いて入社したいと願っているのか（積極性）

　⑵ 組織適応力（他人への気配り）

　⑶ 自社と求職者との相性（ミスマッチではないか）

㊵ 具体的に気を付けておく方がよいことは何でしょうか？

㆑ まず、⑴ですが、「なぜ（他社ではなくて）当社に応募したのか」に

ついてきちんと聞いてください。その回答として、「自分の家に近い
から」「福利厚生が充実しているから」「自分のキャリアアップにな
ると思ったから」等々、自分側の事情を述べる求職者は要注意です。

㊷　どうしてですか？

㊸　求職者は、会社に「採用したい」と思ってもらわなければならな
いはずですよね。その場合、自分にとって利益になることを述べら
れても、会社の心は動きません。会社にとって利益となることを述
べてほしいのです。要するに、「あなたが当社に入社したら、当社は
どううれしいか」を述べてほしいのです。

㊷　なるほどぉ。

㊸　同様に、どの企業にでも通用するような回答ではダメです。

㊷　例えば？

㊸　「貴社は将来性があると思った」などです。

㊷　なぜですか？

㊸　第1に、あなた（求職者）にうち（求人企業）の将来性を語っても
らいたくないと求人企業は思うはずです。第2に「なぜ（他社ではな
くて）当社に応募したのか」について求人企業は聞きたいわけです。
どの企業にでも通用するような回答では、その企業を事前に研究し
てきていない、ということを自白してしまっているわけです。「なぜ
当社なのか」ということについて、心を射止めるような回答を企業
は期待しているわけです。

㊷　わかりました。では⑵についてはどういうことでしょうか？

㊸　会社というのは複数の人がいる組織ですよね。その組織に所属す
るということは、排他的クラブのメンバーになることです。一緒に
仕事をしていきたいと思うかという観点から企業は目を凝らして求
職者をみます。そのときの視点は以下のとおりです。

　　・きちんと挨拶ができない求職者では難しいかもしれません。

- だらしない雰囲気の求職者では難しいかもしれません。
- 求職者が面接会場にいつごろくるか（遅刻は論外です。早く着きすぎることはないでしょうか。早く着きすぎたときに、きちんと断っているでしょうか）。
- 冬ならばコートを脱いでいるか。夏ならば汗を拭いているか。
- 面接時間が押してしまって遅れている場合における、待たされた求職者の表情。
- 香水や体臭。
- 耳の周辺と襟足。
- 足を開きすぎでないか。
- 笑顔をみせてくれているか。
- 聞かれている質問に対し端的に、明確に回答しない求職者は難しいかもしれません（的外れな回答や、経緯から話す長い回答ではダメです）。
- 仕事の場においてどのようなことにストレスを感じましたか。ストレスを解消する方法は何でしょうか。
- 過去に仕事に関して挫折をしたことがありますか。どう乗り越えましたか。
- [　　　　　　　　　]（←「達成しました」という求職者の対象事項）について、これまでの間、具体的にどう行動し、具体的にどう取り組んできましたか。
- 休みの日には何をして過ごしていますか。

税　いろいろありますね。

弁　はい。

税　では⑶についてはどういうことでしょうか？

弁　おおむねの傾向なのですが、会社は大きく2種類に分けることができます。自分の会社がどちらかをまず認識してください。

・P型「利益獲得重視、成長重視、競争重視、改革的行動重視、早さ重視」

・Q型「継続重視、協調重視、伝統重視、安定重視、緻密思考重視、努力重視」

税　これらの名前、P型やQ型って、学者か誰かがいっているのでしょうか？

弁　いいえ。P型、Q型という名前自体は私が独自に名付けているだけです。簡潔に説明ができますので。でも、この趣旨自体は、何人かの実務家が述べていますよ。

税　わかりました。この2つを考えてみるに、大体の企業は、どちらか一方ではなく、これらの混合ではないのでしょうか？

弁　確かにそうなんですけれど、どちらに軸足・力点を置いているかということはあると思いますよ。それが、先ほど「おおむねの傾向」といった理由です。いずれなのかを見極めるのが第1です。

税　それは、「どちらかというとP型」なのか、それとも「どちらかというとQ型」なのかの見極めということですね。

弁　そうそう。その上で、第2に、求職者はP型またはQ型のどちらなのかを考えてみましょう。この視点からの質問をするわけです。

税　あー。わかりました。要するに、求職者自身についても、「どちらかというとP型」なのか、それとも「どちらかというとQ型」なのか、ということを、面接その他の方法で企業は分析するということですね。

弁　そうです。

税　例えば、求人者たる企業がP型なのに、求職者がQ型ならマッチしないということですね。

弁　そう。その逆もしかりということです。

税　求職者がどんなに優秀でも企業にとって合う、合わないがありますからね。例えばどういう点に気を付ければいいでしょうか？

弁　例えば以下でしょうかね。

　　・転職回数が多いこと、前職離職後にブランクがあること、などの
　　　求職者に不利な点についてあえて質問してみたときに、むきに
　　　なって言い訳をして正当化しようとするか否かをみてください。
　　・前職での失敗とそれに対する対処を聞いてみてください。

税　求職者に「何か質問はありますか？」と聞いたときに、何も質問
　　をしてこない求職者についてどう思いますか？

弁　会社としては「うちに興味が乏しいのね」と考えると思いますよ。
　　だって、真剣に入社したいと思っていれば質問がないはずがないので。

税　わかりました。求職者からの核心を突くような質問って何かあり
　　ますか？

弁　そうですねぇ。例えば以下でしょうかね。
　　「貴社で出世している従業員はどのような従業員ですか？」
　　「私が入社したらどのような部署に配属され、どのような仕事を
　　　任されるのでしょうか？」

税　ありがとうございます。「貴社で出世している従業員はどのよう
　　な従業員ですか」という質問は、まさにP型とQ型を求職者の側が意
　　識している質問ですよね。

弁　そうですね。「求職者たる自分がQ型なのに求人者たる企業がP型
　　だと嫌だ」と求職者が考えるかもしれませんし。

税　「私が入社したらどのような部署に配属されどのような仕事を任
　　せられるのでしょうか」という質問は、非常に強いやる気を聞き手
　　に感じさせることができます。求職者がする質問としてはなかなか
　　良い質問ですね。

弁　そうですね。一般的には「未定です」という回答をすることになる
　　のでしょうが、これは「逆に、どのような部署でどのような仕事をや
　　りたいのですか？」という質問につながります。この回答を求職者

第6章　募集・採用およびエンゲージメント　　305

から聞く過程で、P型なのかQ型なのか、一層見極められそうです。

税　近ごろの求職者は、SDGsなど、企業の社会貢献にも敏感ですよね。

弁　若い世代では、環境への取組みを重視している方々が多いですね。
　　つまり、環境への取組みに前向きな企業に入りたいと思っている
　　方々です。

税　企業も変わっていかざるを得ませんね。

弁　人手不足といわれる時代です。売り手市場なので、求職者の側が
　　企業を選ぶということになりましょう。とすると、「求職者にとって
　　果たして当社は魅力的なのか」という視点で、採用担当者は自社を
　　チェックすることが必要となります。

税　自分の企業が魅力的かそうでないかについて、自戒のための指標
　　みたいなものはありますか。

弁　「必ず遵守すべきもの」とまではいえないですが、気を付けるべき
　　点はありますよ。頻繁にいわれていることは、藤井哲也『その会社、
　　入ってはいけません！ダメな会社を見分ける50の方法』(bijipub)
　　を参考にするなら、例えば以下のとおりです。

　　　・社員総数に比べて求人数が20%超。

　　　・新卒と中途採用とが同じ求人内容。

　　　・長期にわたり求人広告を掲載。

　　　・広告でハードルの低さが強調されすぎている（学歴不問、ノル
　　　　マなし、転職回数不問、フリーター歓迎）。

　　　・具体的な仕事内容が片仮名言葉で意味不明。

　　　・社風の良さが強調されすぎている（アットホームな雰囲気、社
　　　　内イベント多数）。

　　　・入社2年以内の離職率が50%以上。

　　　・ある程度の歴史があるのに平均年齢が20代。

　　　・ウェブサイトおよびパンフレットに社長が出てこない。

- 「やる気／意欲がある人」を求人で求める。
- 同じビルにあやしい企業や団体が入っている。
- 営業成績を貼り出している。
- 貼り出されている社訓が精神論である（足で稼げ、やる気／気合だ）。
- 自分の机で昼飯を食べている労働者が多数。
- 入るときにスリッパに履き替える。
- トイレが汚い。
- 社長室が豪華。
- 朝礼が長い。
- 未婚率が高い。

Key Points

(1) 結局のところ、メンバーシップ型の日系の企業としては、一緒に働きたいと思うかどうかが基本的な採用決定視点です。

(2) 人手不足の現代、企業としては、求職者から選ばれる立場であるという点を忘れてはいけません。特にコンプライアンスの観点から、労働法違反、競争確保法違反などについて要注意です。

(3) 「光輪効果 halo effect」と呼ばれる語があります。対象者の持つある顕著な特徴によって、当該対象者の他の部分に関する評価が歪められてしまう場合を意味します。典型的には「優秀な大学を卒業している求職者が応募してきた場合、当該求職者の人格までも優れていると誤信してしまう」といった場合を意味します。面接担当者としては、できるだけこのような意識の偏りを排除して面接に臨む

第6章 募集・採用およびエンゲージメント

ことが望まれます。ちなみに、halo effectの片仮名読みは「ヘイロー
エフェクト」です。「ハローエフェクト」ではありません。

(4) 就職活動中の学生やインターンシップの学生等に対して嫌がらせ
をする企業がしばしばあります。例えば、以下の行為です。

- 恋人はいるのかと質問する
- オンライン面接の際に全身をみせてと迫る
- 採用の見返りに不適切な関係を迫る
- 内定を出す条件として他社からの内定を辞退するように迫る

　これらを「就活ハラスメント」と厚生労働省は呼んでいます。立
場の弱い学生に対して就活ハラスメントを行うことは許されない行
為であり、かつ企業にとって大きな危険性をはらみます。

(https://www.no-harassment.mhlw.go.jp/syukatsu_hara/enterprise/)

(https://jsite.mhlw.go.jp/tokyo-roudoukyoku/hourei_seido_tetsuzuki/
kinto2/shuukatsusekuhara.html)

(5) 募集の際の労働条件明示（職業安定法第5条の3）と同様な規制
が、フリーランスに対する関係でも企業に課されています。すなわ
ち、2024年11月1日から施行されているフリーランス適正化法によ
れば「募集情報の的確表示」として、以下の義務が課せられています。

　広告などにフリーランスの募集に関する情報を掲載する際に、

- 虚偽の表示や誤解を与える表示をしてはならないこと
- 内容を正確かつ最新のものに保たなければならないこと

(https://www.mhlw.go.jp/content/001261528.pdf)

Ⅳ 労働契約締結に際して気を付けること

Discussion

弁　労働契約の締結の際に、労働条件を明示しなければなりません（労働基準法第15条）。

税　どのような労働条件が対象となりますか？

弁　厚生労働省のモデル「労働条件通知書」をみてみましょう。

（ https://www.mhlw.go.jp/content/11200000/001156118.pdf ）

　労働基準法第15条および労働基準法施行規則第5条によれば、以下のとおりです。

---

① 労働契約の期間
② 期間の定めのある労働契約を更新する場合の基準
③ 就業の場所及び従事すべき業務
④ 始業及び終業の時刻、休憩時間、休日等
⑤ 賃金、昇給
⑥ 退職
⑦ 退職手当
⑧ 臨時に支払われる賃金（退職手当を除く。）、賞与及び最低賃金額等
⑨ 労働者に負担させるべき食費、作業用品その他

⑩　安全及び衛生

⑪　職業訓練

⑫　災害補償及び業務外の傷病扶助

⑬　表彰及び制裁

⑭　休職

[税]　たくさんの事項の記載が必須なのですね。

[弁]　ええ。明示事項のうち ①～⑥（昇給は除く）については、書面を交付して明示しなければなりません。 なお、⑦～⑭については、使用者がこれらに関する定めを設ける場合は明示する必要があります。

[税]　わかりました。ところで、労働契約の締結の際の労働条件の明示について、2024年4月から追加変更がありませんでしたか？

[弁]　はい。本章Ⅲでみた、募集の際の労働条件の明示への変更と同じ変更が、労働契約の締結の際の労働条件通知書にもありました。以下をみていただけますか？

（https://www.mhlw.go.jp/stf/newpage_32105.html）

[税]　わかりました。労働条件通知書以外に、実務的に必要とされるものはありますか？

[弁]　誓約書を差し入れてもらうことですね。

[税]　どんな内容になるのでしょうか？

[弁]　内容は、それぞれの企業が決めるべきことですが、私の経験からおすすめは以下を入れることですね。

・合理的な理由から会社が必要と認める場合、会社が指定する医師の受診をする。その場合、個人情報について医師が企業に共有することについて異議をとどめない。

・会社の命令や上司の指示を遵守する。

・同僚と強調し、チームワークを尊重する。

・企業秘密の保持

・競業避止

・引抜禁止

・セクハラ、パワハラ、マタハラ等をせず、就業規則を遵守する。

・贈賄をしない。

・インサイダートレーディング（金融商品取引法違反）をしない。

・独占禁止法や下請法など法令遵守

税　競業避止および引抜禁止は、その企業に入って、しばらく勤めて、そしてその企業を辞めた後に機能する事柄ですよね。にもかかわらず、これらを入社時に約束させることに意味はあるのでしょうか？

弁　もちろんです。競業避止および引抜禁止を離職の際に約束させようとしても、約束してくれるかどうかわからないではないですか。

税　あぁ。だから、入社時に約束をお願いしてしまうということですね。入社時は、入社したいと思うから求職者は署名してくれますものね。

弁　そう。自らを守る手段として必須と考える企業があるはずです。

税　日系企業の多くは、損害を補償する旨の身元保証を求職者の親戚等に求めますよね。時代遅れのような気もするのですがどうでしょうか？

弁　まぁ、確かにそういう見方はあるでしょうね。でもね、人事労務的には、身元保証を求めることに実益があります。

税　どういうところですか？

弁　先生のご説明によれば、日系企業の多くは、基本的に企業就職型＝メンバーシップ型（年功序列および長期雇用）を前提としますよね。このため、①従業員となる求職者に仕事への責任の自覚を促す、②無断欠勤で音信不通になったとき等、万が一の際の緊急連絡先を確

第6章　募集・採用およびエンゲージメント　311

保する、③採用者の身元がはっきりしていることおよび社会人として適正があることを証明するなどです。

税　つまり、本当に損害を賠償してほしいとまでは思っていないことも多いということですか？

弁　多くの企業はそのとおりです。もっとも、本気で損害を賠償してほしいと思っている企業もあると思いますよ。

税　その場合、注意すべき点はありますか？

弁　2020年4月1日から改正民法が施行されていますが、身元保証に対する影響として、民法第465条の2により、保証の場合、最高限度額たる極度額の定めを明記することとなりました。

税　とすると、身元保証の場合も極度額が定められていないとダメという結論ですか？

弁　はい。

税　いくらくらいを極度額として定めるのか、その定めが民法にありますか？

弁　いいえ。それはときと場合によるでしょう。

税　いくらくらいを極度額として定めるのが実務的にみて適切でしょうか？

弁　それもさまざまです。企業からしてみれば多ければ多い方がいいと思うでしょうね。でも、例えば1億円などと定めたら、誰も署名してくれない事態になりかねません。自分の姪や甥が就職するので身元保証人になってくれと自分の兄弟姉妹からいわれた際に「まぁ、仕方ないなぁ」と思って身元保証人になると思いますが、その場合、いくらくらいなら約束できそうでしょうか。こういう視点から考えましょう。

税　わかりやすいですね。確かに、その視点ですと、多額の補償を企業が身元保証人に期待することは困難ですね。

弁　そうそう。例えば初任給の1年分とか、試用期間の分の初任給辺

りが目安ではないでしょうか。

㊗ 外資系企業でも身元保証人を立てさせることはあるのでしょうか？

㊟ ときにありますが、多くはありませんよ。

㊗ なぜなのでしょうか？

㊟ 多くの外資系企業が身元保証をとらない理由は先生にご説明いただいたジョブ型雇用の本質にかかわるからではないでしょうかね。すなわちジョブ型雇用を前提として、①バックグラウンドチェックと呼ばれる身元調査を本人の同意の下で行うこと、②推薦状を前職等から要求することが慣例化しているからです。

㊗ そうすると①②が、「日系企業の身元保証人」の代替物として外資系企業では機能しているということですね。

㊟ ええ。②ですが、外資系企業で退職勧奨をする場合、平和裏に辞める条件として、推薦状を出してほしいと労働者から要求されることが頻繁にあります。

㊗ その場合、実務上、困ることはありますか？

㊟ パフォーマンスが悪くて退職勧奨の対象となる能力不足の労働者の場合ですね。

㊗ なぜですか？

㊟ だって、褒める対象事項がなかなか見つからないことが多いからです。かといって、誇大に褒めることにより、転職市場に対してウソをつくこともできません。そのため、当たり障りのない内容を記すことが多くあります。

第6章　募集・採用およびエンゲージメント　313

Key Points

(1) 身元保証について、身元保証に関する法律によれば、期間は以下のとおりです。

- 期間の定めのない場合　3年有効
- 期間の定めのある場合　5年が限度
- 更新は可能だが、更新後も5年が限度
- 労働者に不誠実な事情がある場合、あるいは労働者の任務を変更した場合、会社は速やかに身元保証人に通知しなければならない。通知を受け取った身元保証人は、将来に向けて身元保証契約を解約することができる。

(2) 俗に「バイトテロ」や「従業員テロ」と呼ばれる行為がときどきネットを賑わせます。調理場のシンクに入る、おでんを吐き出す、食物を口に含みズボンを脱いで下半身を見せる、ドリンクバーにストローをさして飲む、商品破壊、店内でひわいな画像を撮影、調理器具を股間に押しつける、床にこすりつけた食物をフライヤーに入れる、ゴミ箱に棄てた食べ物をまな板に載せる、アイスクリーム用冷凍ケースの中に寝そべる、食洗機に身体を突っ込む、車掌が乗客を撮影する、などの投稿例をネットで検索し発見することができます。2024年8月にはNHKラジオの中国語放送で、原稿にないことを口走ったアナウンサーもいました。このような場合に備えるため、直接雇用の労働者（＝正社員＋契約社員＋パート社員）については、身元保証人をとりあえず立てておいてもらうことも一案です。

(3) 労働契約締結の際の労働条件明示（労働基準法第15条）と同様の規制がフリーランスに対する関係でも企業に課されています。すなわち、2024年11月1日から施行されているフリーランス適正化法によれば「書面等による取引条件の明示」として、以下の義務が課せ

られています。

　業務委託をした場合、書面等により、直ちに、次の取引条件を明示すること。

- 業務の内容
- 報酬の額
- 支払期日
- 発注事業者・フリーランスの名称
- 業務委託をした日
- 給付を受領／役務提供を受ける日
- 給付を受領／役務提供を受ける場所
- （検査を行う場合）検査完了日
- （現金以外の方法で支払う場合）報酬の支払方法に関する必要事項

V 採用内定、試用期間

Discussion

㊎ 採用内定というのは、法的にどういう性質を持つのでしょうか？

㊅ 最終的には、個々の事案における事実認定の問題ではありますがね、新規学卒者の採用内定については、おおむね以下のように最高裁判所はいっています（「大日本印刷事件」1979年7月20日判決および「電電公社近畿電通局事件」1980年5月30日判決）。

・企業による募集＝労働契約の申込の誘引
・求職者の応募・受験＝求職者による契約申込
・採用内定通知の発信＝企業による契約承諾

㊎ そうすると、これにより、労働契約が成立してしまっている、ということですか？

㊅ はい。ただし、この契約は、始期付かつ解約権留保付である、とされています。

㊎ 解約権留保付である、というのはどういう意味ですか？

㊅ 卒業できなかった場合、および採用内定通知書や誓約書に記載されている内定取消事由が生じた場合に解約できる旨の合意が含まれているという意味です。

㊎ そうしますと、採用内定取消というのは、留保されている解約権の行使が適法なのかどうかということに言い換えられるわけですね。

㊅ はい。採用内定通知書や誓約書に記載されている内定取消事由は広範囲で漠然とした表現となっていますが、最高裁判所はこれをこ

のまま適用してよいとはいっていません。

税　どのようにいっていますか？

弁　採用内定当時に知ることができず、かつ知ることが期待できないような事実であって、客観的に合理的と認められ社会通念上相当として是認できる事由だけという限定を施しています。

税　テレビ局にアナウンサーとして採用内定されていた求職者が、ホステス経験を理由に内定を取り消されたため、2015年4月入社を求めて裁判を起こした事案がかつてありましたね。

弁　ええ。東京地方裁判所にて示談が成立しています。結果、当該求職者は採用されています。

税　「採用内定当時に知ることができず、かつ知ることが期待できないような事実であって、客観的に合理的と認められ社会通念上相当として是認できる事由」に、ホステス経験は該当するのでしょうか？

弁　ホステス経験といっても、どのようなホステスだったのかにもよるでしょうし、また、採用する企業の事業形態にもよるでしょう。まぁ、一般論としてはそれに該当しないと思われますけどね。だからこそ、テレビ局は最終的に入社を認めたのであろうと推理します。

税　採用内定段階をすぎ、始期がきて無事に入社した後も、試用期間というものがありますよね。

弁　ええ。試用期間というのは、適格性判定のための実験観察期間ですね。いわば「入社した労働者をとりあえず使ってみて、適格か不適格かを見極めるための期間」ということになりましょう。

税　試用期間の法的性質はどのようなものなのでしょうか？

弁　解約権が留保された労働契約であるというものです。このため、試用期間中／満了時に本採用としないときは、留保された解約権の行使ということになりましょう。

税　どのような場合に解約権の行使が許されるのでしょうか？

第6章　募集・採用およびエンゲージメント　　317

弁　解約権留保の趣旨・目的に照らして客観的に合理的な理由が存在
し、社会通念に照らして是認されうる場合にのみ、解約権行使が許
されるというのが最高裁判所の判断です（「三菱樹脂事件」1973年
12月12日最高裁判決）。

税　それって、試用期間中は解雇がしやすいということに、果たして
なるのでしょうか。それとも、試用期間終了後と同じように解雇困
難なのでしょうか？

弁　実務上は、同じように解雇困難です。

税　あぁ、そうなんですか。解雇が緩やかにはならないのですね。

弁　確かに法律上は、試用期間終了後と比べれば広い範囲での解約権
行使が可能であるといわれています。実際のところ、先ほど触れた
「三菱樹脂事件」で最高裁判所は「留保解約権に基づく解雇は、これ
を通常の解雇とまったく同一に論ずることはできず、前者について
は、後者の場合よりも広い範囲における解雇の自由が認められてし
かるべき」と述べています。しかし、裁判所は、適格性がないことを
具体的なエピソードを用いて説明することを要求してきます。これ
は、企業側からすれば、実務上では、試用期間終了後とほぼ同じ程
度の立証を求められていると感じられます。緩やかにはなりません。

税　そうすると、求人者たる企業としては、採用前の見極めが非常に
大切ということですね。

弁　この点、「せめて試用期間だけについては解雇権濫用法理を適用
除外として解雇の自由を認めよう」という考え方があり、立法論と
して強く主張されています。例えば、神戸大学の大内伸哉教授の良
著『雇用社会の25の疑問―労働法再入門（第2版）』（弘文堂）103
頁です。

税　中小企業からすれば、そのような立法がされれば確かにありがた
いかもしれませんね。「使ってみなければわからない」ってところ

も多いですし。

弁 もっとも、解雇規制の緩和をめぐり、政治的な事件にも発展し得ます。イタリアの大学教授のMarco Biagi氏ですが、解雇規制の緩和を推し進めようとする中、猛烈な批判を受け、2002年3月に暗殺されています。このような事件を考えると、立法化は、現実的には非常に困難といってよいでしょう。

Key Points

(1) 能力不足の労働者は、試用期間中にすでに、能力不足の点をいろいろ露呈させることがあります。この場合、企業としては、試用期間終了ギリギリまで待つこともできるのでしょうが、実務上は待っていてはいけません。本人に前広に（試用期間中、数回説明をして）、足りない点を早くわからせることこそ、必須の作業となります。このために、就業規則において、試用期間中に警告書（ウォーニングレター）を出すこと、およびパフォーマンス改善計画（PIP）に服させる可能性があることについて条文に明記しておくべきです。

(2) 警告書（ウォーニングレター）は、期待値と実態が著しく異なる場合にしばしば活用されるものです。これは、懲戒処分としての警告や戒告や訓戒ではありませんので、この点を従業員に十分に理解してもらってください。警告書においては、(1)期待値に足りないところを具体的に、(2)こうなってほしいという理想像を具体的に、それぞれ（後から争いになってしまい裁判官がみた場合に理解できる形で）記さなければなりません。そして、実務的には、毎週1度なり、2週間に1度なり、警告書に従い改善ができているか否か、上司と

本人との間で見極める作業を行うこととなります。

(3) 能力不足ではあるものの、何らかの理由で試用期間をどうしても通過させたいという場合もあるでしょう。この場合には、試用期間通過のためのレターを準備し、それに、「xxxxxxxxxxxxxxxの点について期待値にはるかに足りないが、今後の努力による向上を期待し、試用期間を通過させるものとする」という趣旨を明記せざるを得ません。

# VI 副業・兼業

Discussion

税　近ごろは大学生のころから起業をしている方もおられますよね。求職者が企業を選ぶ際に近ごろ気を付けてみていることがあるらしく、それは、副業・兼業を認めてくれるのか否かの点であると聞いたことがあります。

弁　厚生労働省も積極的に副業・兼業を推し進めるよう、企業に強く要請しているといってよいでしょう。

税　その要請は何をみればわかるのでしょうか？

弁　まず、厚生労働省が公表している就業規則ひな型をみてみましょう。「モデル就業規則」というものです。最新版は2023年7月版です。

（ https://view.officeapps.live.com/op/view.aspx?src=https%3A%2F%2Fwww.mhlw.go.jp%2Fcontent%2F001018414.doc&wdOrigin=BROWSELINK ）

税　ありがとうございます。これのどこをみればよいですか？

弁　90〜93頁の第70条をみていただけますでしょうか。

税　はい。あー。原則自由であり、制限することは例外的に許されるという姿勢を明記していますね。

弁　ええ。そして厚生労働省は、「副業・兼業の促進に関するガイドライン」というものも公表しており、2022年7月に改定されています。

（https://www.mhlw.go.jp/content/11200000/000962665.pdf）

税　これは、20頁にわたり細かい説明を提供してくれていますね。

弁　ほかに厚生労働省のQ&Aがあります。「「副業・兼業の促進に関するガイドライン」Q&A」です。2022年7月版です。

（https://www.mhlw.go.jp/content/11200000/000964082.pdf）

税　これは分厚いですね。59頁もありますよ。

弁　ええ。労働時間管理等、健康管理、労災保険の給付、副業・兼業に関する情報の公表に分け、詳しいQ&Aを提供しています。

税　読むのが大変ですね。

弁　読むのが大変な方々に向けて、「副業・兼業の促進に関するガイドライン　わかりやすい解説」を厚生労働省が公表しています。2022年10月版です。

（https://www.mhlw.go.jp/content/11200000/000996750.pdf）

税　先生、これも、めっちゃ分厚くないですか？

弁　そ、そうですかねぇ。まぁ、本当に簡単なものを挙げるなら、次の資料を厚生労働省が公表しています。

（https://www.mhlw.go.jp/content/11200000/000996735.pdf）

税　副業・兼業にはどのような利点があるのでしょうか？

弁　労働者側の利点としては、厚生労働省が以下のように述べています。

> ① 離職せずとも別の仕事に就くことが可能となり、スキルや経験を得ることで、労働者が主体的にキャリアを形成することができる。
> ② 本業の所得を活かして、自分がやりたいことに挑戦でき、自己実現を追求することができる。
> ③ 所得が増加する。
> ④ 本業を続けつつ、よりリスクの小さい形で将来の起業・転職に向けた準備・試行ができる。

税　では逆に、企業側に利点なんてありますかね。

弁　もちろんですよ。企業側の利点としては、厚生労働省が以下のように述べています。

> ① 労働者が社内では得られない知識・スキルを獲得することができる。
> ② 労働者の自律性・自主性を促すことができる。
> ③ 優秀な人材の獲得・流出の防止ができ、競争力が向上する。
> ④ 労働者が社外から新たな知識・情報や人脈を入れることで、事業機会の拡大につながる。

税　ありがとうございます。逆に懸念点として、どんなものがありますか？

弁　労働者側からの懸念点としては、厚生労働省が以下のように述べています。

> ① 就業時間が長くなる可能性があるため、労働者自身による就業時間や健康の管理も一定程度必要である。

第6章　募集・採用およびエンゲージメント　323

> ② 職務専念義務、秘密保持義務、競業避止義務を意識すること
> が必要である。
> ③ 1週間の所定労働時間が短い業務を複数行う場合には、雇用
> 保険等の適用がない場合があることに留意が必要である。

税 企業側からみた懸念点としては、何がありますか？

弁 厚生労働省は、「必要な就業時間の把握・管理や健康管理への対
応、職務専念義務、秘密保持義務、競業避止義務をどう確保するか
という懸念への対応が必要である」といっています。正しいのです
けれど、私からみて最大の懸念点は、「帰属意識が失われかねないこ
と」ですかねぇ。

税 帰属意識が失われるとは具体的にどのようなことですか？

弁 やはり、忠誠心や愛社精神に影響してきましょう。

税 忠誠心や愛社精神って、古くないですか、先生。今、2025年ですよ。

弁 別に、同じ企業に一生いてくれという意味ではありません。せめ
てその企業にいる間は、縁あって労務提供をし、賃金をもらってい
るのですから、忠誠心や愛社精神を持ってほしいとは思いますがね。

税 そうですかねぇ。

弁 忠誠心や愛社精神がまったくないとすると、従業員のモチベー
ションは上がらず、チームワークも悪くなりますから生産性が低下
するかもしれません。離職率も増えるでしょう。

税 なるほどぉ。離職率が増えるのは、大変な悪影響ですね。

弁 まぁ、忠誠心や愛社精神は副業・兼業を促進したとしても、ひょっ
とすると別の方法で確保できるかもしれません。適切な評価制度、
従業員の多様性を認める企業環境、社会課題に対する企業の貢献な
ど。

税 それは、今、超絶にはやっている「エンゲージメント（強固な深い

関わり）」につながりますか？

弁　はい。エンゲージメントは、企業と従業員が上下関係ではなく、対等な立場であることを前提としています。この前提に立ち、これらの2者が、将来、どのような未来を目標とし、その目標のために互いがどう努力していくか、を規定する指標ですね。エンゲージメントがしっかりしている企業の従業員は、もっともっと貢献したいという意欲や情熱を持って仕事に取り組んでいるはずですから、企業が求めるものを超える行動意欲を従業員が持つことにつながります。

税　逆に、エンゲージメントがしっかりしていない企業ではどうなりますか？

弁　意欲が低く、経営戦略を実行する行動も起こさない従業員が、定年まで就業し続けることになります。それは、企業にとっては革新的なことが起こらず、速いスピードで移り変わっていく世界に適応する力も下がり、結果、生産性も下がるでしょう。

税　エンゲージメントがしっかりしている企業においては、財務的な健全性も重要でしょうが、それだけではなさそうですね。

弁　ええ。一人ひとりの従業員と企業が信頼関係にあり、その上で、長期的にみて良い経営を行っていこうとする企業の意思に強く関係するということでしょうかね。

税　わかりました。ありがとうございます。

弁　労働者側から簡潔にいうと、企業の目標を理解・共感し、企業の目標達成に向けて自らの力で貢献したいと主体的に思っている状態です。結局のところ、それを煎じ詰めれば「うちの会社は尊敬できる」「うちの会社にいることを誇りに思う」「うちの会社に娘や息子を入れたい」と思えるかということなのでしょう。

税　エンゲージメントというのは、賃金を上げることや福利厚生の充実といった方法による「従業員満足」だけを考えがちですが、それ

第6章　募集・採用およびエンゲージメント　325

だけではないのですね。

弁　それだけではありません。エンゲージメントと従業員満足は別の概念です。もっとも、実務的に割り切って表現するなら、従業員満足は、エンゲージメントという目的を達成する手段の1つと感じてきました。

税　話を副業・兼業に戻しましょう。企業がどのようなところに気を付けているかを示す資料として何かありますか？

弁　ええ。日本経団連が2021年10月12日に、「副業兼業の促進　働き方改革フェーズⅡとエンゲージメント向上を目指して」を発表しています。

（https://www.keidanren.or.jp/policy/2021/090_honbun.pdf）

税　ありがとうございます。

弁　ほかには、労政時報4017号「副業・兼業の最新実態」（2021年7月9日号）および労政時報4060号「多様な働き方時代の「副業・兼業」を考える」（2023年7月28日号）があります。

Key Points

(1)　**エンゲージメント**

　エンゲージメントとは、簡単には、「2者間の、相互の強固な深い関わり合い」とでも訳すべきでしょう。厚生労働省もすでに「エンゲージメント」という概念を用い始めています。

（https://work-holiday.mhlw.go.jp/work-engagement/）

　以下のように「エンゲージメント」には、代表的なものとして「ワークエンゲージメント」と「従業員エンゲージメント」の２種類があるとされています。

- ワークエンゲージメントは、仕事にやりがい（誇り）を感じ、熱心に取り組み、仕事から活力を得ている状態を指し、個人と仕事との関係に着目しています。
- 一方で、従業員エンゲージメントは企業などの所属組織への貢献意欲を指し、個人と組織との関係に着目しています。組織が目指す方向性を理解し、それが自身の目指す方向性と重なることで組織に貢献しようと思えることは、仕事そのものへの誇りと同様に大切です。

⑵　エンゲージメントの効果

　厚生労働省によれば、エンゲージメント向上によって、主に以下の３つの効果が期待でき、ゆえに、従業員の定着や、生産性の向上などが期待できるものとされています。

- 組織に対する従業員からの信頼が高まる
- 従業員の能力が最大限に発揮される
- 従業員が健康に・活き活きと働き続けられる

　恐らく、これからの日本において、エンゲージメント向上は、企業規模の大小を問わず重要な取組みとされるでしょう。

　厚生労働省の「令和元年版　労働経済の分析」の172頁では、ワークエンゲージメントについて、活力、熱意、没頭がそろった状態と定義されています。

第６章　募集・採用およびエンゲージメント　327

（ https://www.mhlw.go.jp/stf/wp/hakusyo/roudou/19/19-1.html ）

⑶　副業・兼業での企業の「キメ」

　副業・兼業の促進は政府も推し進めています。企業にとって実務上重要なことは、個人事業主、フリーランス、委任、請負、業務受託だけについてOKとするのか、それ以外も解禁するのかです。換言するなら、以下の場合にどうしたいのかを企業として決めることです。

- 他社から雇用されることについて認めるのか認めないのか。
- 独立し法人化することを認めるのか認めないのか。

Ⅶ　借上社宅

Discussion

税　先ほど、「福利厚生」という言葉が出てきましたよね。

弁　ええ。福利厚生の目的で支出されるお金が福利厚生給付ですね。賃金とは別の位置付けです。

税　食事を供与するということがときどき行われますよね。これは賃金ですか。それとも福利厚生給付ですかね。

弁　1955年10月10日基発第644号により、以下の場合には福利厚生給付であって賃金ではないとされています。

- 賃金減額を伴わないこと
- 就業規則などに定められた明確な労働条件となっていないこと
- その客観的評価額が僅少なこと

税　最強の福利厚生給付と呼ばれるものの1つに、借上社宅の制度がありますよね。

弁　ええ。エンゲージメントの観点からも見直されている制度ですね。大家さんから企業が物件を借りて、それを従業員に転貸するというものです。

税　大家さんと企業の間には賃貸借契約、企業と従業員の間には転貸借契約が、それぞれ存在しているということになりますね。

弁　法的な面からの分析はおっしゃるとおりです。

税 税務の面から考察してみたいのですがよいでしょうか？

弁 もちろんですよ。ぜひご説明をお願いします。

税 はい。例えば外資系金融企業の労働者の年俸が3,600万円で、毎月300万円（税引き前）が支払われるとしましょう。大家さんから労働者が直接に、60万円の家賃のアパートを借りてそこに住んでいるとします。

弁 その場合ですが、もし借上社宅制度が企業で実施されていないなら、賃貸借契約は大家さんと従業員の間に存在しますね。賃借人は労働者であって企業ではありません。企業はどこにも出てきません。

税 ええ。そして、300万円が毎月の課税対象ですよね。税金を引かれた後の額（おおむね150万円）が手取額として労働者に支払われ、労働者自身がその額から60万円を賃貸人に支払います。

弁 これに対し、もし借上社宅制度が企業に存在するなら、すでに述べたとおり、企業が賃借人となり、労働者が転借人となります。

税 そして、300万円を240万円と60万円の2つに分けます。通常は「法定家賃」の俗称の下、家賃の5〜10%が計算されます。例えば6.5%だとしますと、3万9,000円です。240万円に3万9,000円を加算した243万9,000円が課税対象です。ここから3万9,000円が引かれ、会社に支払われます。

弁 賃貸人への家賃60万円は、労働者からではなく企業から支払われるのですか？

税 はい。企業が56万1,000円を負担し労働者の給与から3万9,000円を差し引く形で、56万1,000円 ＋ 3万9,000円 ＝ 60万円を企業が賃貸人に支払います。

弁 重要なのは、労働者の課税対象が300万円ではなく243万9,000円となるために節税となることですか？

税 はい、そうなんです。つまり、300万円の場合に手取額がおおむ

ね150万円で、そこから家賃を60万円支払うとすると、家賃を支払った後は、90万円が手元に残ります。これに対して、243万9,000円の場合には手取額としておおむね120万円となり、家賃をそこから引かないので、120万円のまま手元に残るということです。

弁　そうなると手元に残る額として、お得ではありますね。

税　多くの外資系金融企業にみられる制度です。ですが、税務上、若干の説明を要するかもしれません。

弁　というと？

税　まず、社宅の供与というのは、従業員への現金支給ではありません。

弁　まぁ、そうですね。

税　現物給与です。ですから、経済的利益ですよね。

弁　そうですねぇ。

税　経済的利益であっても一部の項目は給与所得となり得ます。国税庁のウェブサイトの「現物給与」の解説には、「⑵　土地、家屋、金銭その他の資産を無償または低い対価により貸し付けたことによる経済的利益」は、原則として給与所得の収入金額とされます。

（ https://www.nta.go.jp/taxes/shiraberu/taxanswer/gensen/2508.htm ）

弁　とすると、課税されるということですか？

税　本来なら課税されるはずなのですが、例外的に金銭による給与とは異なった特別な取扱いが認められています。

弁　その特別な取扱いを教えてください。

税　社宅の貸与については、先ほど話に出てきた俗称「法定家賃」を支払ってさえいれば課税されないわけではありませんが、一定の転貸料を会社が受け取っていれば給与所得として課税されないこととなっています。労働者についてそれは、賃貸料相当額の50％以上と

第6章　募集・採用およびエンゲージメント　331

されています。

（https://www.nta.go.jp/taxes/shiraberu/taxanswer/gensen/2597.htm）

弁　「賃貸料相当額」とは何を指しますか？

税　以下の⑴⑵⑶の合計が賃貸料相当額とされています（所得税基本通達36-41、36-45および36-47）。

　　⑴　（その年度の建物の固定資産税の課税標準額）× 0.2％

　　⑵　12円 ×（その建物の総床面積（㎡）/ 3.3（㎡））

　　⑶　（その年度の敷地の固定資産税の課税標準額）× 0.22％

弁　一般に、企業が社宅入居者から徴収している転貸料（＝従業員の負担額）は、これらの額の合計の半額より小さいことが多いと思われます。

税　従業員の負担額が賃貸料相当額の半額より小さいとしますと、賃貸料相当額と実際の家賃負担額との差額が給与として課税されるおそれがあります。例えば賃貸料相当額が30万円の場合、その50％は15万円。このとき、社員負担が10万円だったとすると、賃貸料相当額との差額である20万円が給与とみなされ課税されるということになります。

弁　わかりました。今しがた先生よりご教示いただいたこれら通達が本来的に予定する借上社宅制度は、月額賃金が300万円ではなく243万9,000円という事実に依拠していますよね。

税　それは、そうなるでしょうね。

弁　そうしますと、労使の個別の明示の合意で、300万円の賃金額を243万9,000円にすでに引き下げていることが論理的前提のはずです。

税　理論上はそうですね。

弁　ええ。そうでないと、300万円が月額賃金なのに、その一部を労

332

働者に直接に支払っていないという「直接払の原則」に違反する可能性が出てきます。だって、大家さんに支払ってしまいますので、労働者に支払ったことにはなりませんから。

税　あぁ、そうですね。

弁　それだけでなく、60万円弱の部分は経済的利益の形であり、現金ではないので、「通貨払の原則」に違反する可能性も出てきます。

税　さらに、300万円に課税すべきなのに243万9,000円にしか課税していないため所得税法の源泉徴収が不適切である可能性も出てきます。

弁　確かにそうですよね。もっとも、このような労使の個別の合意が明示的に結ばれている例はあまりみかけません。

税　なるほどぉ。法的な留意点は今し方みたとおりですが、実務的に何か留意すべき点はありませんか？

弁　実務的な問題点としては、企業は大家さんに対して賃借人となるものの、従業員（＝転借人）に対しては転貸人（＝賃貸人）となるので、水道が壊れた、シャワーが出ない、冷房がうまく動かない、など、日々の不具合に煩わされてもおかしくない（＝このおかげで人事担当者または総務担当者の仕事が激増しかねない）という可能性があり得ます。きちんと居住できる住居を用意してくださいと転借人は転貸人に要求できる権利がありますから。

税　単なる推測ですけれど、それって、転借人たる従業員が外国人労働者の場合には顕著ではないでしょうかね。

弁　そうそう。日本語ができないと日々の不具合についてどうにもできず、フラストレーションがたまり、ということはよくあります。取扱説明書やボタンに付記される和文の指示も読むことができませんからねぇ。

税　でも、そのフラストレーションは、従業員が直接に大家さんから

第6章　募集・採用およびエンゲージメント　　333

賃借する場合も同じですね。

弁　従業員のフラストレーションは同じですが、借上社宅の場合には企業の人事担当者または総務担当者の仕事が激増しかねないという点で異なってきます。ところで、実務上の最大の問題点の1つは、実は解雇等の事情で従業員に離職してもらいたいと企業が考えるときです。

税　どういう意味でしょうか？

弁　対象労働者が離職を拒む場合、借上社宅に居座られてしまうことがあるということです。

税　あー。なるほどぉ。借上社宅に居住できるのは、確かに従業員の身分がある間だけですものね。

弁　そうそう。対象労働者と企業の約束上、従業員の身分を失うと、出ていかなければならないのが本来です。

税　でも、出ていってくれないことがあるのですか？

弁　ええ。法律上は出ていかなければならないのに、事実上、居座り、いわば「人質にとられかねない」という懸念があります。

税　本当ですか。そんなことあります？

弁　ええ。ときに立ち退き拒否の手段として使われる場合があります。

税　とすると、企業にとっては痛いですね。でも、その場合には単に立ち退き訴訟を起こせばよいのではないでしょうか。

弁　訴訟を起こすってこと自体、企業にとって面倒臭くて、時間もかかって、結構大変ですよ。

税　ああ、そうですよねぇ。

弁　仮に従業員から解雇無効の訴訟を起こされてしまった場合には、やむを得ないので、企業は解雇有効という前提で立ち退き訴訟を起こさざるを得ません。

税　そのときには2つの訴訟が交差して生じるのですね。

弁　はい。問題は、賃貸人に賃貸借解約を賃借人たる企業が申し出て

しまっているときです。このときに、原状回復引渡しが、引渡しの時期までにかなわないということになります。結果、原状回復引渡し自体が阻まれてしまいかねません。

税　出ていかないのであれば、原状回復引渡しは確かに阻まれますね。

弁　この場合、大家さんと企業との間の賃貸借契約の建付けによっては、「賃料の倍額」が損害賠償額として定められているときもあります。

税　つまり、原状回復して期限までに引き渡すということができなかったら賃料が2倍になってしまう可能性があるということですね。

弁　そうなんです。法人税法の視点から、家賃はどうなるのですか?

税　会社が負担した分の家賃は、給与にならず、福利厚生費として全額を損金算入できます。

弁　従業員から徴収した家賃分はどうなりますか?

税　売上（受取家賃、雑収入などの適切な勘定科目）として計上する必要があります。

弁　わかりました。

税　税務から離れ、労働保険料はどうなるのですか?

弁　厚生労働省の「現物給与制度の概要」によりますと、まず、「住居施設が供与されない者に対して、住居の利益を受ける者との均衡を失しない定額の均衡手当が一律に支給される場合」と明記されています。

（https://www.mhlw.go.jp/file/05-Shingikai-12602000-Seisakutoukatsukan-Sanjikanshitsu_Roudouseisakutantou/0000038571.pdf）

税　ということは?

弁　ということは、つまり、供与を受けていない労働者に均衡手当が支給されていないとそれは福利厚生の目的とすぐさま考えられます

第6章 募集・採用およびエンゲージメント　335

から、労働保険料の算定基礎たる「賃金」に含めないということになります。

税　均衡手当が支給されているときはどうなりますか？

弁　福利厚生の目的なのかどうかさらに吟味が必要です。「雇用保険事務手続きの手引き」の「第6章　賃金について」76頁によると、雇用保険では、「現物給与」について代金を徴収するものは、原則として賃金とはなりません。つまり賃料について徴収がなされるなら、賃金とはならないということです。

（https://www.mhlw.go.jp/content/11600000/001280349.pdf）

税　逆に、代金を徴収しない場合は？

弁　その場合、賃料について徴収がないわけですから「賃金」となります。

税　その場合、いくらを金銭評価額と考えるのでしょうか？

弁　均衡手当の支給額と厚生労働大臣の定めた評価額のうち小さい方です。「雇用保険に関する業務取扱要領」50404をみてください。

（https://www.mhlw.go.jp/content/001239116.pdf）

税　代金を、すなわち賃料を徴収する場合、賃金とされない原則は理解しましたが、例外はありますか？

弁　例外的に、従業員の負担額が家賃の3分の1を下回っている場合は、家賃の3分の1に相当する額と従業員負担額の差額部分につき「賃金」に含まれ、労働保険料がかかります。今みてもらった「雇用保険に関する業務取扱要領」の50403に書かれています。

税　とすると、家賃の3分の1を上回る代金を従業員が負担する場合

336

は、「賃金」とはならないということですか？

🇯‍⚖️　はい。

🇯‍税　労働保険料について非常に複雑だと感じました。次に社会保険料はどうでしょうか？

🇯‍⚖️　社会保険では、借上社宅は現物給与を受けたとみなされます。住宅の場合は、「全国現物給与価額一覧表（厚生労働大臣が定める現物給与の価額）」に定められた額に基づいて通貨に換算し報酬に合算の上、保険料額算定の基礎となる標準報酬月額を求めることになります。

（ https://www.nenkin.go.jp/service/kounen/hokenryo/hoshu/20150511.html ）

🇯‍税　これも、労働保険料の場合と同様に、複雑ですね。

🇯‍⚖️　重要な点は以下のとおりです。
　(1)　換算額は会社の費用負担にかかわらない。住宅の面積による。
　(2)　住宅の面積は、居住用の部屋のみを対象とする。居住用でない部分は含めない。
　(3)　住宅費用を徴収している場合、換算額から徴収額を差し引く。これが報酬額となる。

Key Points

(1)　従業員を借上社宅に住まわせる場合の賃貸料相当額については2人のやり取りのとおりです。これに対し、取締役を借上社宅に住まわせる場合の賃貸料相当額については以下のとおりです。

（ https://www.nta.go.jp/taxes/shiraberu/taxanswer/gensen/2600.htm ）

① **小規模住宅の場合**

この場合には、従業員を借上社宅に住まわせる場合の賃貸料相当額の計算と同じです。そして、「小規模住宅」とは以下を指します。

- 法定耐用年数が30年以下の建物＝床面積が132㎡以下
- 法定耐用年数が30年を超える建物＝床面積が99㎡以下

② **一般的な住宅の場合（賃貸、自社所有）**

小規模住宅に該当しない場合は、2つの金額を比較し多い方となります。その1つ目は、「自社所有の社宅の場合の賃貸料相当額」としての算出です。

自社所有の社宅の場合の賃貸料相当額

1. （その年度の建物の固定資産税の課税標準額）× 12％
   ※ただし、法定耐用年数が30年を超える建物の場合には12％ではなく10％を乗じる。
2. （その年度の敷地の固定資産税の課税標準額）× 6％
3. （1＋2）/ 12 ＝ 自社所有の社宅の賃貸料相当額

2つ目は、法人が家主に支払う家賃の50％の金額です。

賃貸料相当額は、これら2つの計算方法で算出した賃貸料相当額を比較して金額が多い方ということです。

③ **豪華な住宅の場合**

物件の価格・賃料・内装・外装から総合的に判断し、小規模住宅にも一般的な住宅にも該当しないものは、豪華な住宅とみなされます。例えば、床面積が240㎡以上の住宅や、プールや役員の個人的好みの設備が付いているケースです。豪華社宅については上

338

記の計算式が適用されません。通常支払うべき使用料に相当する額が賃貸料相当額になります。そして、この場合は、全額が役員負担であり、法人税の観点から、損金として認められません。

借上社宅制度を導入していることで、求人の際に「福利厚生が充実した企業だ」と求職者にアピールすることができます。すでに働いている従業員に対しても、家賃や税金の負担を軽減できることで、モチベーションやエンゲージメントを高める効果が期待できます。

(2)　外資系金融業界で借上社宅の制度は非常に多くみられます。この理由の1つは、もちろんモチベーションやエンゲージメントを高めたいと思っているからでしょう。別の理由として、対象者が外国人（本国から日本にきたエクスパット）であることが多いことです。外国人は言葉の壁の問題や保証人を立てることが困難である等の問題があり、簡単に賃借人となることができないからです。

なお、日本語が流暢に話せないエクスパットが居住する場合、その家族にとって大変な場合があります。エクスパット自身は平日の昼間に仕事に行っているから気が紛れますが、エクスパットの配偶者にとっては、毎日毎日、いろいろなところで小さな差別に遭遇し、かつ、自分の意思をうまく伝えることもできず、いろいろなことを口頭でも文字でも理解することができないということが積み重なり、精神的にまいって病気になってしまう例が少なくありません。借上社宅制度においては、企業の人事担当者または総務担当者が転貸人として転借人（の家族）に接点を有してしまうため、このような場合に事実上の面倒を見ることを期待される場面が少なくありません。

(3)　実務上の最大の問題点の1つは、*Discussion*で述べられているように、雇用契約がなくなった後も転借人が立ち退かない場合です。最大の問題点のもう1つは、仕事や私生活等で精神的に行き詰まった転借人が部屋で自殺してしまう場合です。この場合、大家さ

第6章　募集・採用およびエンゲージメント　339

ん＝賃貸人から、「事故物件になった。近い将来、貸せなくなったのだから損害賠償を払え」といわれかねません。この場合、大家さんに対し、賃借人たる会社が損害賠償を支払う義務はあるでしょうか。参考になるのは、東京地方裁判所2001年11月29日判決です。

① 貸室において入居者の自殺があると、通常人からみて心理的に嫌悪すべき事由（心理的瑕疵）があるものとして、通常の賃料額よりもかなり減額した賃料額で賃貸せざるを得ない。
② 実際にＸは本件事故を告げた上で他に賃貸したが、その賃料は従前の半額強であった。
③ ＹはＸに対し、本件賃貸借契約上の債務として善良なる管理者の注意をもって本件貸室を使用し、保存すべき債務を負っていたというべき。
④ その債務には通常人が心理的に嫌悪すべき事由を発生させないようにする義務が含まれる。
⑤ Ｙには、履行補助者たるＡが本件貸室において自殺したことにより債務不履行があったものと認められる。
⑥ 本件のような貸室についての心理的瑕疵は、年月の経過とともに稀釈されることが明らか。
⑦ 本件貸室が大都市に所在することを斟酌すると、2年程度を経過すると瑕疵と評することはできなくなるとみるのが相当である。

(4) 従業員が円満に離職する場合、借上社宅について、(i)賃借人を現在の雇用主から新たな雇用主に移管するか、(ii)しばらくの間、従業員自身が一時的に賃借人になるか、(iii)借上社宅から出ていくかの3択となります。うち、(ii)は、家賃をしっかり支払ってくれるか不安だということで、大家さんが渋ることもあります。

340

おわりに

　読者のみなさま、本書を最後までお読みいただきましてありがとうございました。本書が万が一にも好評を得ることができましたら、あまりに気が早いことではありますが、筆者としてはすでに以下を内容とする続編を考えています。ご期待ください。

[A]　労働時間、残業、残業代、安全衛生
　「事業場外労働、フレックスタイム、専門型裁量労働、企画型裁量労働、高度プロフェッショナル、時間外労働、休日労働、深夜労働、割増賃金、管理監督者、衛生委員会、衛生管理者、産業医、健康診断、健康管理、働き方改革」

[B]　情報法、知的財産権、教育研修訓練指導
　「内部通報、企業秘密、競業避止、引抜禁止、職務著作、職務発明、個人情報、教育研修訓練指導、リスキリング」

[C]　女性・非典型労働者、マタハラ、定年・高齢者雇用
　「有期労働者、パート労働者、困難な問題を抱える女性への支援に関する法律、女性活躍推進法、次世代育成支援対策推進法、妊娠・出産・母性保護、育児休業、産前産後・育児休業期間中の健康保険料免除、マタハラ、えるぼし、くるみん、女男平等、介護休業、高齢者雇用、高年齢者雇用継続基本給付金」

[D]　身分の異動
　「メンバーシップ型雇用と配置転換、職種限定契約の場合の配置転換、キャリア権、出向が許される場合、出向の場合の退職

金の勤続年数、労働者供給、労働者派遣」

［E］　労働保険および社会保険、年金

「保険制度の基本的な仕組み、健康保険、標準報酬月額、協会けんぽと健康保険組合、雇用保険、特定受給資格者および特定理由離職者、労働者災害補償保険、業務上の負傷と業務上の疾病との違い、自殺の場合、通勤災害、通勤手当、厚生年金保険、産前産後・育児休業期間中の厚生年金保険料免除、年金の基本的な仕組み（積立方式＝貯金型および賦課方式＝仕送り型）、確定給付企業年金、確定拠出年金（企業型）」

［F］　国際的な視点

「外国人労働者を雇う場合の労務管理の重要事項、入管法、日本を離れる場合の脱退一時金、税法における「居住者」および「非居住者」、ビジネスと人権、輸出規制、FCPA」

［G］　消費者保護

「景品表示法、特定商取引法、消費者契約法」

最後までお読みいただき、いまいちど心より感謝申しあげます。

2024年12月

アンダーソン・毛利・友常法律事務所　外国法共同事業

弁護士　嘉納英樹

サービス・インフォメーション
── 通話無料 ──
① 商品に関するご照会・お申込みのご依頼
　　　　TEL 0120 (203) 694／FAX 0120 (302) 640
② ご住所・ご名義等各種変更のご連絡
　　　　TEL 0120 (203) 696／FAX 0120 (202) 974
③ 請求・お支払いに関するご照会・ご要望
　　　　TEL 0120 (203) 695／FAX 0120 (202) 973

●フリーダイヤル（TEL）の受付時間は、土・日・祝日を除く
　9：00～17：30です。
●FAXは24時間受け付けておりますので、あわせてご利用ください。

弁護士の視点をプラス！トピックス別
税理士のための
中小企業の不正・不祥事対策ブック
～この1冊で顧問先のリスクを未然に防ぐ！～

2025年2月15日　初版発行

著　者　　嘉　納　英　樹

発行者　　田　中　英　弥

発行所　　第一法規株式会社
　　　　　〒107-8560　東京都港区南青山2-11-17
　　　　　ホームページ　https://www.daiichihoki.co.jp/

税不祥事対策　ISBN 978-4-474-09547-2　C2034（1）